本书获得国家社会科学基金一般项目"长三角制造业从低端同构到协同集聚有序升级的路径研究"（14BGL216）、教育部人文社会科学研究规划基金项目"从低端同构到有序分工：长三角制造业协同升级的路径研究"（13YJA630095）和江苏高校"青蓝工程"优秀教学团队（苏教师〔2019〕3号）资助。

学者文库

长三角制造业高质量发展

——从低端同构到协同集聚有序升级的路径研究

王志华◎著

中国社会出版社

国家一级出版社·全国百佳图书出版单位

图书在版编目（CIP）数据

长三角制造业高质量发展：从低端同构到协同集聚
有序升级的路径研究 / 王志华著 . -- 北京：中国社会
出版社，2020.11

ISBN 978 - 7 - 5087 - 6432 - 0

Ⅰ. ①长… Ⅱ. ①王… Ⅲ. ①长江三角洲—制造工业
—经济发展—研究 Ⅳ. ①F426.4

中国版本图书馆 CIP 数据核字（2020）第 206484 号

书　　　名：	长三角制造业高质量发展
	——从低端同构到协同集聚有序升级的路径研究
著　　　者：	王志华
出 版 人：	浦善新
终 审 人：	尤永弘
责任编辑：	陈贵红

出版发行：中国社会出版社　　　　邮政编码：100032

通联方式：北京市西城区二龙路甲 33 号

电　　话：编辑部：（010）58124828

　　　　　邮购部：（010）58124848

　　　　　销售部：（010）58124845

　　　　　传　真：（010）58124856

网　　址：www. shcbs. com. cm

　　　　　shcbs. mca. gov. cn

中国社会出版社天猫旗舰店

经　　销：各地新华书店

印刷装订：三河市华东印刷有限公司

开　　本：170mm×240mm　　1/16

印　　张：17

字　　数：244 千字

版　　次：2021 年 1 月第 1 版

印　　次：2021 年 1 月第 1 次印刷

定　　价：95.00 元

中国社会出版社微信公众号

前　言

　　制造业作为国民经济的支柱，不仅是立国之本，同时也是兴国之器。经过改革开放以来特别是浦东开发开放和我国加入世贸组织以后的快速发展，长江三角洲已经成为我国重要的制造业中心和全球重要的制造业基地。然而长期以来，以生产要素成本优势为依托参与国际分工的发展方式，导致长三角制造业被锁定在全球价值链中低端，造成了升级缓慢的现实困境。同时，由于区域内各地区地缘关系相近、行政分割等原因，导致大部分地区选择发展的产业又十分相似。由此，便形成了制造业的低端同构现象。这一现象的长期存在，不仅反映出该地区产业的分工与合作亟待深化，而且也阻碍着区域内制造业的协同集聚与有序升级。在中国经济进入新常态和中国特色社会主义进入新时代的特定阶段，长三角比以往任何时候都更加需要加快推进制造业的转型升级和有序发展，以尽快实现制造业由大到强的转变，并带动整个区域经济高质量发展。

　　低端同构是起点，协同集聚是目标，有序升级是路径。本书对制造业同构测度方法进行了比较分析，并选择了合理的测度方法与指标；从低端性和同构性两个维度，对长三角制造业低端同构现象进行了考察，以证实低端同构问题的存在；在充分考虑类型差异的基础上，基于合理的产业分类，对长三角制造业各类产业的低端同构现象进行了解析；在区域细分的条件下，考察了长三角省级层面、地市层面、县级层面乃至乡镇层面制造业的低端同构现象；选择分析了影响长三角制造业同构程度的若干主要因素，并分析了这些因素对制造业同构度的影响；分析了长三角地区间制造业同构与经济效益、增长趋同以及产能过剩的关系；将长三角制造业的集聚分为地区内部的集聚和地区间的集聚两种情形进行分析，在合理选择评价方法和指标的基础上对长三角地区内部制造业的协同集聚状态进行了现实考察；在提出地区间制造业协同集聚测度方法的基础上，对长三角地区间制造业协同集聚水平进行了测度，并分析了低端同构与协同集聚的关系；通过科学合理的指标选择与方法设计，测度了长三角制造业升级水平，并对其有序度进行了分析评价，同时分析了有序升级与低端同构、协同集聚的关系；从结构、能力、效率和绿色四个方面给出了长三角制造业升级的目标取向，并从增强各主体创新能力和协同能力两大方面给出了长三角制造业协同升级的路径。

本书是笔者近20年持续不断研究长三角制造业同构问题成果的集中体现，凝结了笔者大量心血，对研究长三角制造业发展问题有一定参考价值。同时，在写作过程中参考借鉴了大量关于产业同构、集聚与升级方面的资料，在此表示感谢。当然由于笔者水平有限，难免有疏漏与不足之处，敬请读者批评指正。

目　录
CONTENTS

第一章

绪　论

制造业既是国民经济的支柱，同时也是实体经济的主体。党的十九大报告明确提出："加快建设制造强国，加快发展先进制造业，推动互联网、大数据、人工智能和实体经济深度融合，促进我国产业迈向全球价值链中高端，培育若干世界级先进制造业集群。"由此可以看出，推进制造业在与新一代信息技术深度融合基础上的转型升级，大力培育世界级先进制造业集群已经成为加快建设制造业强国的重要路径。

第一节　长三角制造业的研究背景与研究意义

一、长三角制造业的研究背景

2017 年，包括上海市、江苏省与浙江省在内的长三角，规模以上制造业主营业务收入总额达到 23.94 万亿元，占全国规模以上制造业主营业务收入总额的比重达到 23.48%。如此巨大的规模为该区域继续引领和拉动中国经济的高质量发展奠定了坚实基础。事实上，改革开放以来长三角的快速发展，主要是该区域在积极争取和利用国家改革开放政策的基础上，依托沿江靠海的优越地理位置和历史累积的强大要素禀赋，在国际产业梯度转移的现实背景下，不断推进基于专业化分工的产业发展而取得的。在上海，改革开放早期就形成了以国有或国有控股重化工企业为主的精品钢材、乘用汽车、石油化工产业。之后，随着跨国公司、大型民营企业将总部或地区总部移至上海，形成了以国有、外资、民营总部经济协调发展为特征、以战略性新兴产业为内容的新一代信息技术、民用航空以及新材料等产业；在江苏，不论是从早期以乡镇企业蓬勃发展为特征的"苏南模式"，还是到后期以外资经济与民营经济协同发展为特征的"新苏南模式"，均是制造业蓬勃发展的真实写照；在浙江，不论是从早期以中小民营企业集聚发展为特征的"温台模式"，还是近期以新经济为内容、以特色小镇建设为载体的"杭州模式"，都是制造业集聚发展的生动体现。

尽管在国家重大工程如载人航天科技、深海探测装备、高速动车生产、大型飞机制造以及高速计算等领域中都有长三角制造的身影，在高铁网络、电子商务、移动支付、共享经济等新兴领域长三角也引领着中国风尚和世界潮流。但经过40年的快速增长，长三角经济发展的人口红利在衰减，制度红利待释放，技术红利待挖掘，过剩产能待纾解，有效供给不足待解决。特别是在科技领域，核心技术受制于人的局面并没有得到根本改变，自主可控待突破。同时，就长三角制造业发展整体现状而言，发展不平衡和不充分的结构性矛盾仍然比较突出。一方面，由于区域内各地区地缘关系相近、行政分割等原因，导致大部分地区选择发展的产业十分相似。另一方面，从国际分工角度来看，许多领域仍集中在低附加值的非核心部件加工制造和劳动密集型装配环节，在全球产业链上处于中低端，发展方式较为粗放、科技创新能力不强、产品附加值不高，转型升级进程缓慢，大而不强的地位没有发生根本改变。尤其在传统领域的制造业甚至出现了被大型跨国公司"俘获"而不能升级的发展困境。由此，便形成了制造业的低端同构现象。这一现象的长期存在，不仅反映出该地区产业的分工与合作亟待深化，而且也阻碍着区域内制造业的转型升级。而与此同时，制造业的升级又是长三角适应新一轮科技革命发展趋势、抢占全球技术创新和产业创新制高点的必然选择。在这样的现实背景下，研究长三角制造业如何实现由低端同构到协同集聚进而实现有序升级的问题，就显得很有必要。

二、长三角制造业的研究意义

当前，我国社会主要矛盾已经转化为"人民日益增长的美好生活需要和不平衡不充分的发展之间的矛盾"，中国特色社会主义进入了新时代。新时代不仅拥有新气象新风范，更面临着新问题新挑战。从外部环境看，国际产业竞争日趋激烈，美国推进"先进制造业国家战略计划"，德国实施"工业4.0"战略，日本部署"互联工业"计划，英国实施"英国制造2050"战略，法国实施"新工业法国"战略，等等，核心都是推进智能制造的发展。尤其是美国、日本等工业发达国家正力图通过智能制造实现"制造业回流"。更为紧迫的是，国际环境近期发生了明显变化，集中表现为以美国为代表的发达国家，甚至企图通过"贸易战"对中国的产业崛起实施全面围堵。从内部环境看，我国制造业整体创新能力不足，关键核心技术受制于人的问题突出，国际分工地位低下，大而不强的特征明显。加之近年来"脱实向虚"倾向明显，导致制造业发展出现了一定程度的困难，整体质量和效益不高。在内外环境条件约束下，产业升级是中国适应新一轮科技革命发展趋势、抢占全球技术和产业创新制高点的必然选择。同时，产业的结构状态、集聚方式和升级路径有着内在的逻辑联系。在多数学者主要关注嵌入全球价值链进而实现产业升级问题的背景下，本书试图以长三角这一具有代表性的区域为研究对象，从国内区域价值链视角分析产业同构、集聚和升级问题，这有助于进一步丰富关于产业升级的研究，也是本研究的理论价值所在。

进一步，本书力图探索长三角制造业在由低端同构向协同集聚转变中如何走有序升级的道路问题，分析它们之间的关系，给出解决问题的路径。这不仅可为长三角制造业转型升级的实践提供一定的理论指导，同时也可为其他地区转变经济发展方式提供一定的借鉴。毕竟长三角是我国经济增长最快、最具发展潜力和活力的经济区之一，是其他地区改革开放和经济发展的"示范区"，其经济发展模式特别是制造业发展方面的经验对我国其他地区的发展进步具有重要借鉴作用。这是本书的实际意义所在。

第二节　长三角制造业的研究内容与研究方法

一、长三角制造业的研究内容

(一) 长三角制造业低端同构问题研究

第一，制造业同构测度方法与指标选择。通过对比分析现有产业同构的测度方法和指标的科学性与合理性，选择设计出更为适合的制造业同构测度的方法与指标。第二，低端同构的概念界定。基于价值链学说，结合产业同构的相关研究，对低端同构的概念进行界定，明确其特点与本质。第三，制造业低端同构的测度方法研究。从低端性和同构性出发，选择合理的指标，构建制造业低端同构水平的测度模型。第四，考虑类型差异的长三角制造业低端同构水平测算。按生产活动领域、组织规模、所有制性质等标准对制造业进行分类，并逐一测算分类后各类产业的低端同构水平并进行比较分析。第五，考虑区域细分的长三角制造业低端同构现象解析。从地域上将长三角分为省级地区、市级地区、县级地区和乡镇地区，分别测算或分析制造业的低端同构水平并进行比较分析。通过产业细分与区域细分条件下的比较分析，形成对长三角制造业同构状况更为深入的认识。第六，长三角制造业低端同构的竞争绩效分析。分别对低端同构与经济效益、经济增长趋同的关系进行分析，以考察低端同构对竞争绩效的影响。在合理确定主要因素的基础上，分析各因素对制造业低端同构的影响。

(二) 长三角制造业协同集聚问题研究

第一，协同集聚的内涵剖析。基于对产业协同集聚文献的梳理，结合现有研究中关于产业集聚的典型定义，对产业协同集聚这一概念进行剖析，明确其概念、特点与本质。第二，长三角各地区内部制造业协同集聚的测度方法选择。从分割集聚这一引致产业低端同构的现象入手，从成本视角构建分析协同集聚程度的指标体系，利用相关性分析方法，构建判断地区内部制造业协同集聚水平方法。第三，长三角各地区内部制造业协同集聚水平测度。在计算各指标数据的基础上，通过相关性分析，从横向和纵向两个角度，对长三角各地制造业的协同集聚状况进行测度和比较分析。第四，长三角地区间制造业协同集聚状况评价。借鉴已有测度产业协同集聚的方法，构建测度地区间制造业协同集聚的指数，并对长三角地区间制造业的协同集聚水平进行测度和比较分析。

（三）长三角制造业有序升级问题研究

第一，产业有序升级的评价指标体系构建。借鉴 Humphrey and Schmitz（2000）的升级层次理论，选择从工艺升级、产品升级、功能升级和跨产业升级等角度研究构建测度产业有序升级的指标体系。第二，长三角制造业升级水平测度。基于构建的指标体系，计算各项指标的数值，基于客观赋权的多目标决策方法，对长三角各地区制造业升级水平进行评价并进行比较分析。第三，产业升级有序度评价的方法选择。借鉴结构熵学理论，选择利用条件结构熵模型作为长三角制造业有序升级水平的评价方法。第四，长三角制造业有序升级水平测度。利用条件熵模型从结构视角测算长三角制造业的有序升级的水平，同时辅之以因果检验法进一步印证长三角制造业升级的有序程度。

（四）长三角制造业低端同构、协同集聚与有序升级的关系研究

第一，长三角制造业地理集中与产能过剩的关系分析。以资源型制造业为典型对象，以低端同构为中介变量，借鉴温忠麟（2014）的中介效应模型，分析地理集中与产能过剩的关系，为清晰认识低端同构可能引发的效应提供依据。第二，长三角制造业协同集聚与低端同构的关系分析。在获得地区间制造业协同集聚水平和低端同构水平的基础上，利用面板数据分析方法，对二者之间的关系进行分析，为明确认识二者的具体关系奠定基础。第三，长三角制造业低端同构与有序升级的关系分析。在合理测度

地区间制造业有序升级水平的基础上，分析长三角制造业低端同构与有序升级的关系，以明确同构对升级的影响。第四，长三角地区间制造业协同集聚与有序升级的关系分析。探讨协同集聚与有序升级之间的逻辑关系，论证二者具有的内在一致性，并用计量经济学方法分析它们之间的数量关系。

（五）长三角制造业有序升级的路径研究

第一，长三角制造业升级目标的取向研究。基于前述研究，拟从结构升级、能力升级以及绿色升级等方面，设计长三角制造业从低端同构到协同集聚的升级目标取向。第二，提升制造业发展各主体创新能力。这是基础性路径，因为只有提升长三角制造业发展各类主体的创新能力，才能真正实现制造业的升级。第三，提升制造业发展各主体的协同性。在提升各主体创新能力这一基础性路径的基础上，另一条路径就是加强各主体的协同性，这样才能为实现长三角制造业的有序升级奠定基础和开辟道路。

二、长三角制造业的研究方法

本书在定性与定量研究方法相结合的基础上以定量方法为主开展研究，用到的定量方法主要有：

（一）多目标决策分析方法

对长三角制造业升级水平进行测度，实际上就是在构建指标体系的基础上，利用多目标决策方法实现的。

（二）面板数据计量经济分析法

在分析长三角地区间制造业低端同构与协同集聚的关系时，本研究用到的就是面板数据计量经济分析方法。

（三）比较分析方法

不论是长三角地区间制造业低端同构水平的剖析，还是协同集聚水平的分析，抑或是有序升级水平的评价，均使用了比较分析方法。

（四）中介变量分析法

在以资源型制造业为对象，以低端同构为中介变量分析地理集中与产能过剩的关系时，用到了中介变量分析方法。

第三节 长三角制造业研究的基本观点与思路

一、长三角制造业研究的基本观点

（一）低端同构是长三角制造业升级的现实起点

长三角制造业在地区间的分割集聚是形成其低端同构的重要原因，低端同构现象的存在一方面显示出了升级的紧迫性，另一方面其也是升级的起点。

（二）协同集聚是长三角制造业升级的目标取向

协同集聚所代表的是产业发展的一种状态，在这种状态下，区域产业链的发展不仅是协调的，而且是富有竞争力的，其当然要成为升级的目标取向。

（三）有序升级是长三角制造业发展的科学路径

不论地区间还是产业间，必然存在发展上的差异性和选择上的优先序。从低端同构到协同集聚的转变就是长三角制造业有序升级的可行道路。

二、长三角制造业研究的思路

本课题按照提出问题、分析问题、解决问题的基本思路开展研究。第一，从长三角制造业低端同构这一现象出发，对其进行理论分析和实证研究。第二，对协同集聚的内涵进行剖析，在合理设计测度方法的基础上，对长三角制造业协同集聚的水平进行测度。第三，对产业有序升级的概念进行界定，在合理选择测算方法的基础上，对长三角制造业有序升级问题进行实证分析。第四，在分析同构与集聚的关系基础上，分析长三角制造业协同集聚与有序升级的关系。第五，提出长三角制造业有序升级的路径选择。

第四节　长三角制造业的研究特色与创新之处

一、长三角制造业的研究特色

（一）贯穿问题导向

长三角作为我国经济的重要增长极，制造业的同构问题尤其是低端同构问题是长期被关注的焦点。其现实状况如何，与另外两个焦点问题即协同集聚与产业升级又是什么关系，这些问题亟须回答清楚。基于此，本研究从该现象出发，在对其本身进行深入分析基础上，研究其与协同集聚、有序升级的关系问题，具有很强的现实针对性。

（二）注重数量实证

毋庸置疑，产业的低端同构、协同集聚与有序升级之间肯定存在某种关系，而且很可能在不同地区有不同的表现。基于此，在研究长三角制造业低端同构与协同集聚以及有序升级的关系过程中，特别注重基于数量分析的实证研究，目的在于增强研究的解释与说服能力。

二、长三角制造业的创新之处

（一）基于制造业细分识别低端同构的具体产业

本研究将在不同分类标准条件下对制造业进行细分，进而考察并识别各类制造业的低端同构水平，为深入认识长三角制造业的低端同构现象提供依据。

（二）从分割集聚视角分析地区内部的协同集聚

本研究将从协同集聚的反面即分割集聚入手，在合理选择度量指标的条件下，测度地区内部制造业的协同集聚水平，这有助于丰富该领域的研究。

（三）从对等角度构建协同集聚与有序升级指数

本研究将从与地区间产业同构对等的角度出发，构建测度地区间产业协同集聚与有序升级的指数，并分析长三角地区间制造业低端同构、协同集聚与有序升级的关系。

第五节 长三角的区域范围与产业界定

一、长三角的区域范围

长江三角洲简称为长三角。目前，对长三角地域范围的划分基本存在四种方式：第一种是从自然地理角度来划分，长三角是指以江苏仪征附近为顶点，扬州、泰州、海安、栟茶一线为北界，大茅山、天目山东麓的洪积－冲积扇直到杭州湾北岸为西南界和南界，由长江泥沙冲淤而形成的面积大约为4万平方千米的大致呈三角形的平原①；第二种从经济地理角度来划分，长三角是指以上海为中心，以苏中南浙东北为两翼的经济带，包括上海、南京、扬州、泰州、南通、镇江、常州、无锡、苏州、杭州、嘉兴、湖州、宁波、绍兴、舟山、台州等城市，面积近11万平方千米的区域；第三种是从省级行政区划角度来划分，长三角包括江苏、浙江、上海两省一市的全部，面积约21万余平方千米的区域。第四种是从发展规划角度界定，包括上海市、江苏省、浙江省、安徽省全域，面积约35万余平方千米的广阔区域，主要体现在《长江三角洲区域一体化发展规划纲

---

① 陈彬. 地理长三角在行政区划下的范围 [J]. 科学中国人，2016（12）：110－116.

要》中。

由于第一种划分方式更多体现的是区域在自然地理意义下的范围，并且在经济研究中已经很少有人使用这种划分方式，因此本书中研究的并不是该种划分方式下的长三角。而对于第二种和第三种划分方式，人们为了简明起见，一般将经济地理意义下的长三角称为狭义长三角，而把省级行政区划下的长三角称为广义长三角。近年来，经济地理意义上的长三角处于不断变动之中，且安徽的纳入是近几年的事情。在这样的前提下，考虑到笔者研究的基础和所研究区域的稳定性，本书中所指的长三角均是指第三种划分方法下的长三角，即包括上海、江苏和浙江全部地域。

二、长三角的产业界定

按照国家统计局颁布的国民经济行业分类标准（GB/T 4754 – 2017），制造业是指第二产业中除采掘业、电力、燃气及水的生产和供应业、建筑业外，对从采掘工业和农业中获得的原料进行加工的工业。该标准把整个制造业划分为一个门类，然后逐步细分为大类、中类和小类产业。在制造业这个门类中，包含有 31 个大类、191 个中类和 525 个小类产业。本书中研究的制造业，就是指这个分类标准下的制造业。

在国民经济行业分类标准（GB/T4757 – 2017）中，门类采用了字母顺序编码法，即用 A、B、C、…，顺次表示门类，制造业这个门类的编码为 C；大、中、小类产业依据等级制和完全十进制形成三层四位数字码的产业类别标识系统。大类产业在参与层次编码的同时，又采用了数字顺序编码法，即代码前两位表示大类，从 01 开始依据分类体系的排列次序按升序给大类赋码；代码的前三位和前四位分别表示中类和小类产业，每层代码从 1 开始编，按升序排列，最多编到 9。如 34 表示大类"通用设备制造业"，345 表示中类"轴承、齿轮和传动部件制造"，3451 表示小类"滚动轴承制造"。

除上述标准的分类外，对制造业还可以按照其他产业分类标准进行分类。如以生产的最终产品是生活资料还是生产资料为标准，可将制造业所包含的各大类行业划分为轻工业和重工业；如以在产业链上所处位置是中游还是下游为标准或以生产过程是初级加工还是深度加工为标准，可将制造业所包含的各大类行业划分为原材料产业和加工组装产业；如以要素密集度相对高低为标准，可将制造业包含的各大类行业划分为劳动密集型产业、资本密集型产业和技术密集型产业；如以组织规模大小为标准，可将制造业各行业中的企业划分为大型、中型、小型和微型企业等。这也是研究产业同构问题常常会用的分类。

第二章

相关研究的梳理

本书的主题主要包括三个方面，即长三角制造业的低端同构、协同集聚与有序升级问题。据此，对已有研究文献的梳理也将从这三个方面展开，意在厘清研究现状，发现现有研究存在的不足，进而为本书的开展奠定基础。

第一节　关于制造业低端同构研究的梳理

对于中国制造业，尤其是长三角制造业而言，绕不开的话题就是同构现象的存在。从 20 世纪 80 年代以来，关于地区间产业同构的研究逐步出现，到目前仍然是学界研究的热点之一。与此同时，自从我国加入世界贸易组织以来，尤其是在经历了 2008 年的全球金融危机之后，关于中国制造业低端性的问题引起了各界的高度重视。与之相伴，出现了大量研究制造业转型升级的研究。鉴于此，本节将从低端和同构两个方面入手，对已有研究尤其是针对长三角制造业的研究展开文献梳理。

一、关于制造业低端问题的研究

近年来，关于制造业低端问题的研究，大量集中在低端锁定方面。时磊（2006）基于对卢卡斯人力资本模型的拓展，通过论证认为，对于模仿型人力资本的大量投入是导致我国制造业产生低端锁定的重要因素。而实现突破的出路在于要从基础教育开始培养大量创新型人力资本，且要依据不同行业的不同需求采取差异化的培养模式①。康志勇（2009）的研究表明，制造业的低端锁定在我国普遍存在，而政府尤其是地方政府的过度干预和制度学习不足是导致市场分割进而产生低端锁定的主要原因。解决问题的关键在于加强学习并且实现资源配置的市场化②。韩云等（2010）认为，低端制造业在我国的存在有其客观性和合理性，是在经济全球化条件下国际分工的结果。但随着国内外条件的变化，极有必要通过转变产业发展方式以及招商引资政策等，尽快实现转型升级③。焦剑等（2010）以苏州为例的分析表明，该地区外商直接投资制造业的增长中技术进步贡献率较低，低端化的特征较为明显④。邹昭晞（2010）认为，改革开放以来，中国凭借低廉的劳动力成本和强大的配套能力优势，从低端切入了制造业的全球化分工，并有被锁定的趋势。而要突破这种锁定，关键在于技术创新⑤。刘维林（2012）认为，在我国制造业处于全球价值链中低端的现实背景下，必须通过功能与产品的双重嵌入，才能顺利实现转型升级⑥。赵玉敏（2012）通过对加工贸易的分析表明，这种贸易方式不仅改变了中国的经济形态，而且随着自身的不断优化和升级，其还在不断推动着制造业的二次创新。把中国制造业低端化发展归咎于加工贸易，显然有失偏颇⑦。何国华等（2012）的研究显示，中国以资源和人口优势为基础，以代工方

---

① 时磊. 制造业技术"低端锁定"和升级困境的摆脱——Lucas"人力资本"模型的修正与深化［J］. 中国经济问题，2006（05）：55-62.
② 康志勇. 禀赋结构、适宜技术与中国制造业技术的"低端锁定"［J］. 世界经济研究，2009（01）：3-7.
③ 韩云，孙林岩. 我国低端制造业的形成路径、内在矛盾与提升方向［J］. 预测，2010，29（02）：1-4.
④ 焦剑，韩云. FDI研发本地化对苏州低端制造业转型的动力分析［J］. 中国科技论坛，2010（07）：51-58.
⑤ 邹昭晞. 我国制造业的低端产业举证及其困境摆脱［J］. 改革，2010（08）：58-68.
⑥ 刘维林. 产品架构与功能架构的双重嵌入——本土制造业突破GVC低端锁定的攀升途径［J］. 中国工业经济，2012（01）：152-160.
⑦ 赵玉敏. 加工贸易是否导致中国陷入低端制造业陷阱研究［J］. 国际贸易，2012（10）：18-21.

式为切入点，在加入世界贸易组织以后，迅速成为低端制造业的世界工厂。但这样的发展方式不可持续，转型升级势在必行。加大研发经费投入、加快城镇化、加强金融支持和产学研合作等是可行的出路①。黄海明（2015）系统梳理了韩国突破低端锁定的做法，并建议以优化营商环境、加强自主创新和完善产业技术创新政策等措施支持企业的转型与产业的升级②。张慧明等（2015）通过设计合理的指标体系遴选了处于低端锁定状态的行业，并通过面板数据计量分析方法研究了影响低端锁定的因素。结果表明，在制造业中有 12 个行业处于低端锁定状态。认为更加注重产业政策的公平性、需求侧的管理以及研发投入，有助于突破这种低端锁定③。杨林生等（2017）的计量分析表明，虽然生产性服务业的集聚在一定程度上有助于制造业升级，但仍然存在一系列制约因素，尤其是制造业自身的创新能力，直接决定着制造业是否能够成功走出低端锁定的困境④。王磊等（2017）通过分析发现，中国制造业的低端锁定是嵌入全球价值链的结果，同时还面临着向发达国家"回流"和向其他发展中国家"外流"的挤出效应。有鉴于此，短期的对策应该是挖掘人口红利的余热，中期的对策是主导构建"一带一路"区域价值链，长期的对策则是要注重人才培养并形成人才红利⑤。陈明等（2018）的研究认为，服务业开放是推动制造业向价值链高端攀升的重要动力，同时的计量分析表明，不论是服务业的引进来还是走出去，对制造业打破低端锁定存在正向影响，但还比较微

---

①　何国华，叶敏文，常鑫鑫. 代工低端制造业升级与产业政策匹配［J］. 重庆社会科学，2012（12）：5 - 11.

②　黄海明. 韩国制造业破解"低端锁定"的策略与借鉴［J］. 改革与战略，2015，31（06）：165 - 169.

③　张慧明，蔡银寅. 中国制造业如何走出"低端锁定"——基于面板数据的实证研究［J］. 国际经贸探索，2015，31（01）：52 - 65.

④　杨林生，曹东坡. 生产者服务业集聚与制造业低端锁定的突破——基于俘获型治理视角的研究［J］. 商业研究，2017（04）：143 - 153.

⑤　王磊，魏龙. "低端锁定"还是"挤出效应"——来自中国制造业 GVCs 就业、工资方面的证据［J］. 国际贸易问题，2017（08）：62 - 72.

弱。因此，有必要进一步扩大服务业的对外开放水平①。胡大立等（2019）通过研究发现，中国制造业企业不仅存在低端锁定现象，而且锁定和程度越高，创新的惰性越大。对于企业而言，走出这样的困境关键是要实现从工艺升级到产品升级的转变。对于地方政府而言，关键是要加强扶持力度和搭建产学研合作平台②。吕越等（2019）认为，在中国制造业目前仍然处于全球分工中低端的条件下，打破低端锁定的有效路径是努力延长中国制造业在全球价值链分工中的长度，伸展制造业国内供给端的链条，进而通过提升生产效率来促进企业自主创新能力的形成③。

除了对制造业低端性的研究外，关于制造业中高技术产业低端性的研究也是近年来学界关注的话题。贾根良（2009）等的研究认为，我国之所以存在"高技术不高"的原因在于，在新的国际分工体系中，中国所发展的高技术产业实际上主要是承接了发达国家高技术产业中低附加值、低技术要求、劳动密集型的加工组装环节而导致的必然结果。对高技术产业的政策支持不能过于笼统，应当细化为具体的生产环节，更不能简单地强化研发（Research And Development，R&D）投入④。高莉（2010）以经济合作与发展组织（Organization for Economic Cooperation and Development，OECD）国家的高技术产业为对象，分析了影响产业增加值率的主要因素，结果表明，研发投入强度对增加值率有着显著的正向影响，而研发广度则恰恰相反。同时该学者认为，中国高技术产业的研发投入强度过低是导致增加值率不高的主要原因⑤。郭晶等（2012）基于完全国内增加值率对高

---

① 陈明，魏作磊．服务业开放打破中国制造业"低端锁定"了吗［J］．经济学家，2018（02）：70－79.

② 胡大立，金晨远．制造业企业低端锁定程度与创新偏好选择［J］．江西社会科学，2019，39（02）：96－103.

③ 吕越，包雅楠．国内价值链长度与制造业企业创新——兼论中国制造的"低端锁定"破局［J］．中南财经政法大学学报，2019（03）：118－127.

④ 贾根良，秦升．中国"高技术不高"悖论的成因与政策建议［J］．当代经济研究，2009（05）：44－49.

⑤ 高莉．OECD国家高技术产业增加值率的影响因素——对中国高技术产业转型升级的启示［J］．科技管理研究，2010（23）：116－119.

技术产业的国际分工问题进行了实证研究，结果表明，人力资本尤其是其中创新型人力资本是影响高技术产业国际分工地位提升的主要因素，而以研发投入的强度和专利水平为代表的研发产出没有对完全国内增加值率即国际分工地位产生积极影响①。朱振锴等（2013）对上海高技术产业发展水平与其增加值率倒挂的现象进行了分析，认为造成这一现象既有产业结构的原因，也有所有制结构的原因，还有出口贸易方式的原因，更有研发投入强度的原因，是综合因素决定的结果②。杜传忠等（2016）通过实证分析发现，我国高技术产业在全球价值链分工体系中处于低端锁定状态，且不恰当的招商引资政策加剧了这一问题。出路在于，要不断扩大内外需求、优化外资政策和加强自主创新③。与此同时，由于高新技术产业与高技术产业关系密切，也有学者对高新技术产业的增加值率问题进行过考察。伍文浩（2013）通过研究发现，作为衡量高新技术产业发展质量优劣重要指标的增加值率，在发达国家存在逐步下降的发展态势④。当然，国内高新技术产业增加值率的变化也存在类似趋势。该学者认为这是由于收益递减规律及其他因素共同作用的结果，具有一定客观性⑤。此外，也有学者研究了战略性新兴产业的低端问题。白雪洁等（2012）的研究表明，由于自我技术创新能力不足等原因，导致战略性新兴产业发展面临处于低端锁定的风险。只有通过创建创新网络、加大关键技术研发、强化金融支持和人才培养才有望突破锁定⑥。

---

① 郭晶，赵越. 高技术产业国际分工地位的影响因素——基于完全国内增加值率视角的跨国实证［J］. 国际商务（对外经济贸易大学学报），2012（02）：87－95.
② 朱振锴，项歌德. 高技术产业增加值率偏低原因探析——以上海、江苏和浙江比较为例［J］. 中国科技论坛，2013（04）：41－47.
③ 杜传忠，冯晶，李雅梦. 我国高技术制造业低端锁定及其突破路径实证分析［J］. 中国地质大学学报（社会科学版），2016，16（04）：114－124.
④ 伍文浩. 美日韩高新技术产业增加值率变化特点研究及启示［J］. 科技管理研究，2013（07）：119－123.
⑤ 伍文浩. 广东高新技术产业增加值率持续走低的原因分析及对策建议［J］. 科技管理研究，2013（06）：26－30.
⑥ 白雪洁，李媛. 我国战略性新兴产业发展如何避免低端锁定——以风电设备制造业为例［J］. 中国科技论坛，2012（03）：50－55.

二、关于制造业同构问题的研究

对产业同构问题的关注始于联合国工业发展组织（United Nations Industrial Development Organization，UNIDO，1979），之后不少学者如钱纳理（Chenery，1986）等对此也进行过深入分析。主要集中在国与国之间的产业同构及其与经济增长趋同关系的讨论上。研究结论也较为一致，即经济发展水平的接近性与产业的同构性之间存在密切联系。从20世纪80年代末到90年代初开始，学界关注到了我国制造业的同构问题。之后，大量关于产业同构的研究逐步出现，对产业同构的水平测度、形成原因、价值判断以及治理对策等进行了深入探讨，极大丰富和深化了人们对产业同构现象的认识。缘于改革开放以来，特别是我国加入世界贸易组织和浦东开发开放之后长三角地区的迅猛发展，有不少学者将研究的目光投向了该区域。通过文献分析发现，但凡涉及长三角产业发展问题的研究，或多或少均会涉及产业同构问题。唐立国（2002）的分析表明，长三角城市群的制造业结构存在较为严重的趋同现象，并可能阻碍区域经济的一体化。有必要通过加强地方政府之间的合作和强化市场在资源配置中的作用，实现制造业的结构协调，进而为产业一体化和区域一体化奠定基础①。范剑勇（2004）基于新经济地理学的分析发现，长三角并不存在严重的制造业结构趋同问题。相反，随着制造业的空间转移，地区间产业结构的差异性正在增强，地区的专业化分工起到了关键作用②。陈建军（2004）认为，长三角制造业同构问题的出现有其客观必然性，对其所引致的后果也没有必要过分夸大。长三角制造业处于相对较高的同构水平，是形成稳定分工的基础。对于产业同构可能产生的负面影响，则需要不断推进区域一体化来

---

① 唐立国．长江三角洲地区城市产业结构的比较分析［J］．上海经济研究，2002（09）：50－56.
② 范剑勇．长三角一体化、地区专业化与制造业空间转移［J］．管理世界，2004（11）：77－84.

加以解决①。王志华等（2005）的研究表明，长三角制造业不论在省级层面还是在市级层面，都存在高度趋同的现象，但并没有引起产业的过度竞争。其原因在于，全球化条件下长三角制造业的产品市场是全球性的②。刘传江等（2005）利用"中心外围模型"分析了长三角制造业结构趋同的形成原因，认为正是制造业从长三角中心地带向苏中南和浙东北的扩散导致了结构的趋同化，是一种产业转移过程中的必然现象③。金永红等（2006）认为，产业同构是长三角经济发展中的一个鲜明特点，其禀赋要素的相似和产业政策的推动是形成这一现象的主要驱动因素，而且这一现象的存在可能会带来恶性竞争等一系列问题，有必要通过规划协调、产业集聚、合理分工等措施缓减产业同构水平④。李清娟（2006）的实证分析发现，长三角制造业实际并不存在严重的同构现象，尤其在市级层面更是如此。而这背后的原因，是长三角制造业正在形成已集聚为基础的分工格局⑤。靖学青（2006）的研究表明，在三次产业层面上长三角存在着严重的同构现象，在制造业层面上同构度并没有那么高，当细分到产品层面，则同构度则进一步下降，即该学者认为，随着产业细分同构度会下降⑥。赵连阁等（2006）利用产业结构相似系数和区位商方法，测算分析了长三角制造业的同构状况。结果表明，同构水平并没有想象的那么高，尤其在同一产业内部存在着明显的专业化分工⑦。赵伟等（2009）从地方专业化

---

① 陈建军. 长江三角洲地区的产业同构及产业定位 [J]. 中国工业经济，2004（02）：19 – 26.

② 王志华，陈圻. 长江三角洲地区制造业结构趋同与竞争绩效 [J]. 统计研究，2005（03）：33 – 36.

③ 刘传江，吕力. 长江三角洲地区产业结构趋同、制造业空间扩散与区域经济发展 [J]. 管理世界，2005（04）：35 – 39.

④ 金永红，奚玉芹. 我国长三角三角洲地区产业同构问题与产业能级提升对策 [J]. 经济纵横，2006（10）：6 – 8.

⑤ 李清娟. 长三角产业同构向产业分工深化转变研究 [J]. 上海经济研究，2006（04）：47 – 56.

⑥ 靖学青. 长三角地区制造业结构趋同的实证分析与理性思考 [J]. 学习与实践，2006（10）：21 – 25.

⑦ 赵连阁，胡颖莹. 对长三角产业同构问题的新认识 [J]. 经济纵横，2007（08）：60 – 63.

和行业集中度两个维度入手，测算分析了长三角与珠三角制造业的趋同发展趋势。结果表明，两个区域大体经历了由趋异到趋同再到趋异的发展历程，且这样的发展变化与两个经济区对内和对外开放的进程密切相关①。李娜（2009）利用专业化指数、分工指数对江苏沿江八市制造业的同构水平进行了测算分析。结果表明，虽然这些地区在重化工业领域存在着比较严重的同构现象，但产品层面存在一定的差异性，总体属于合意性同构②。金戈（2010）利用产业结构相似系数和差异度指数，测算了长三角制造业结构趋同与趋异的走向。结果表明，以2004年为界，之前是趋异化发展，之后则是趋同化发展。基于雁行形态理论，对这种变化进行了分析与解释③。陈勇江（2010）的测算表明，从20世纪90年代到21世纪初，长三角制造业呈明显的结构趋异发展态势，这种变化趋势有利于促进区域的一体化。同时，该学者认为，长三角制造业的高同构度是该区域禀赋要素相似、地理市场邻近与技术紧密联系等相关因素共同作用的结果，有其存在的客观必然性④。赵峰等（2011）测算分析了苏北五市制造业的同构度，结果表明存在明显的结构趋同，同时这种趋同又存在很大的合意性⑤。嵇尚洲（2013）认为，产业同构会带来两种效应，即产业的集聚效应和产业的恶性竞争效应。长三角制造业的同构水平不仅不高而且适度的趋同化发展将更加有利于集聚发展⑥。吴迎新（2013）通过测算发现，我国的长三角地区和日本的东海地区在制造业上存在着普遍同构，但这种趋同对两地

① 赵伟，张萃. 制造业区域同构抑或异构：两大三角洲层面的分析 [J]. 经济学家，2009（04）：29-36.
② 李娜. 江苏沿江地区制造业同构状况及合意性评判 [J]. 人文地理，2009，24（03）：117-121.
③ 金戈. 长三角地区制造业同构问题再考察——基于雁行模式的视角 [J]. 经济地理，2010，30（02）：249-255.
④ 陈勇江. 长江三角洲区域产业结构趋同及其治理建议 [J]. 中国发展，2010，10（02）：69-72.
⑤ 赵峰，姜德波. 产业结构趋同的合意性与区域经济发展——以苏北地区为例 [J]. 财贸经济，2011（04）：125-129.
⑥ 嵇尚洲. 长三角产业同构的效应、发展及演化 [J]. 华东经济管理，2013，27（06）：78-80+165.

收入差距的影响并没给出相关判断①。郝良峰等（2016）以长三角城市群为对象，研究了城市同城化与产业同构化之间的关系。结果表明，同城化促进了产业的同构化。但行政壁垒的存在，影响着同城化与一体化的进程②。谢浩等（2016）基于产业中类制造业数据的分析发现，长三角制造业的同构水平较高，但由于存在着普遍的基础产业和错落的优势产业，这种同构具有合意性，而且产业结构的趋同化发展是长三角一体化的基础③。任毅等（2018）通过比较上海浦东新区和天津滨海新区制造业的结构发现，两个地区在资本密集型产业上存在同构。而且预测表明，两地区在该产业上的结构趋同将在不断的升级中进一步增强④。

对于制造业中的高技术产业，也有不少学者对其同构现象进行了分析。蒋金荷（2005）的研究表明，全国各地区间高技术产业的同构水平在1995—2002 年这个时段内呈下降趋势，与之相对应的是地区间高技术产业专业化水平的强化和提高，这样的研究结论为正确认识高技术产业的同构现状提供了依据⑤。王志华等（2006）考察了1995—2002 年间长三角高技术产业的同构水平与制造业高技术化的关系，结果表明，随着高级化水平的不断提高，长三角区域内高技术产业的同构水平是下降的⑥。郑丹等（2007）对我国长三角、珠三角和环渤海三大区域间高技术产业的同构问题进行了研究，结果表明，长三角与珠三角的高技术产业的同构水平在逐渐增强，环渤海与长三角、珠三角高技术产业的同构水平在逐步下降，地

① 吴迎新. 制造业同构现象与收入变动的国际比较研究——基于中国长三角地区与日本东海地区的比较［J］. 日本问题研究，2013，27（04）：13－20.

② 郝良峰，邱斌. 基于同城化与产业同构效应的城市层级体系研究——以长三角城市群为例［J］. 重庆大学学报（社会科学版），2016，22（01）：22－32.

③ 谢浩，张明之. 长三角地区产业同构合意性研究——基于产业中类制造业数据的分析［J］. 世界经济与政治论坛，2016（04）：156－168.

④ 任毅，东童童，邓世成. 产业结构趋同的动态演变、合意性与趋势预测——基于浦东新区与滨海新区的比较分析［J］. 财经科学，2018（12）：116－129.

⑤ 蒋金荷. 我国高技术产业同构性与集聚的实证分析［J］. 数量经济技术经济研究，2005（12）：91－97.

⑥ 王志华，陈圻. 长三角制造业高技术化与高技术产业同构的关系探析［J］. 科技进步与对策，2006（10）：172－173.

方政府应积极开展区域分工合作，因地制宜发展本地区高技术优势产业①。
王晓硕（2011）对我国东部、中部和西部高技术产业的同构问题进行了分析，结果表明，2006—2009 年，不论是东部和西部、东部和中部，还是中部和西部之间，高技术产业的同构水平均呈现逐年增高的发展态势。要促进高技术产业的持续健康发展，就必须大力转变地方政府职能，加强协调与合作，打破各自为政的局面②。李石勇等（2011）对广东高技术产业的同构问题进行分析，结果表明，广东高技术产业的同构水平较高，且在1995—2008 年间呈现的是先上升、后下降、再上升的发展态势，应适度调整广东尤其是珠三角高技术产业的结构以使之更加合理③。蒋伏心等（2012）利用空间计量经济方法对长三角高技术产业的同构问题进行了分析，研究表明，长三角高技术产业同构度近年来是逐步增大的，而且这种增大不仅促进了本地区的经济增长，而且对其他地区还具有正向的溢出效应存在④。同样，由于高新技术产业与高技术产业存在相似性，有不少学者对高新技术产业的同构问题进行过分析。李光（2001）认为，我国高新技术产业存在同构问题，并以武汉东湖高新技术产业开发区为例，进行了经验分析⑤。徐侠等（2008）利用结构重合度指数，对我国东部沿海地区高新技术产业同构水平进行了测度分析，结果表明东部沿海地区高新技术产业形成了很高的同构度，而且还可能引发恶性竞争⑥。李眶煜等（2012）对环渤海地区高新技术产业的同构问题进了合意性研究，结果表

①　郑丹，吉利．我国三大区域高技术产业同构性的实证分析［J］．商业文化，2007（05）：238.

②　王晓硕．专业化外部性、产业增长与高技术产业同构性的实证分析［J］．中国城市经济，2011（23）：61 – 64.

③　李石勇，马卫华，肖向晨．广东省高技术产业同构研究［J］．科技管理研究，2011（15）：83 – 86.

④　蒋伏心，苏文锦．长三角高技术产业同构对区域经济增长影响的研究——基于空间计量经济的实证分析［J］．江苏社会科学，2012（03）：77 – 82.

⑤　李光．从"光谷热"看高新技术产业的同构化和集中度问题［J］．学习月刊，2001（04）：28 – 29.

⑥　徐侠，安同良．东部地区高新技术产业同构度的测度与分析［J］．科技进步与对策，2008（08）：119 – 121.

明该地区内部高新技术产业的同构度很高，而且呈现逐年增大的发展态势，体现出的是非合意性①。除此之外，还有学者对近年来兴起的战略性新兴产业的同构问题进行过关注。邹艳芬（2013）的分析表明，由于各地重复建设等原因引起的战略性新兴产业的同构现象较为严重，应当从建立动态规制、完善信息服务、健全退出机制等方面采取措施，以促进战略性新兴产业的健康发展②。刘新宇（2012）认为，各地应在充分进行科学论证的基础上，选择自身具有基础和优势的某一特定环节，作为发展战略性新兴产业主攻方向，进而实现错位发展，减少同构风险③。龙慧芳等（2018）通过分析发现，在战略性新兴产业中的某些产业被很多地方政府选择为主导产业，因此形成了严重的产业同构现象，过度竞争不可避免④。

三、关于制造业低端同构研究的简单总结

文献梳理表明，随着我国改革开放进程的不断深化，尤其是加入世界贸易组织之后，中国制造业在承接国际产业转移的过程中，深度融入全球价值链分工，逐步成为"世界工厂"，长三角则成了世界的制造业基地。同时，从国际产业分工角度看，长三角制造业处于全球价值链中低端，且存在被大型跨国公司俘获而升级困难的锁定现象，低端性明显，这一点得到了学界的一致认可。与此同时，尽管部分学者认为长三角制造业并不存在明显的同构问题，但多数学者都承认由于地理位置邻近、资源禀赋相似、地区间行政分割以及彼此间的经济竞争等原因，长三角制造业处于较高的同构状态。对待制造业同构的态度，学界也经历了从过分担忧到承认其合理性和必然性这样一个过程，认为制造业的同构具有一定的合意性。

---

① 李暄煜，孙洋，杨钊. 环渤海地区高新技术产业同构合意性分析［J］. 特区经济，2012（09）：54－56.
② 邹艳芬，陆宇海. 战略性新兴产业的同构隐患、内因探究及其政府规制行为［J］. 改革，2013（05）：42－50.
③ 刘新宇. 战略性新兴产业同构风险的防范研究［J］. 经济纵横，2012（01）：68－71.
④ 龙慧芳，方华. 战略新兴产业同构现状及其政府规制研究［J］. 中国林业经济，2018（03）：39－43.

虽然如此，由于其毕竟还存在非合意性，制约着地区间分工的深化和产业的协同集聚，进而影响一体化进程，因此有必要采取相关措施加以解决。可以说，长三角制造业既低端又同构，是不争的事实。

同时，当我们把目光投向制造业中的高端产业即高技术产业或高新技术产业时，情况又会是什么样呢？文献梳理表明，不论是从全国范围看，还是从长三角区域层面看，多数学者认为中国高技术产业不仅在全球价值链分工中处于低端的位置，而且存在较为严重的同构现象。但就造成高技术产业低端锁定的原因以及高技术产业同构可能带来的影响方面而言，学者们并没有形成一致意见。事实上，由于研究对象、研究方法、研究时段的不同，出现结果上的差异是很正常的现象。当然，正是由于高技术产业同其他制造业一样，处在既低端又同构的状态，采取必要的措施推动其转型升级则是当务之急。

综上所述，从全球价值链分工视角看，长三角制造业乃至其中的高技术产业处于"既低端又同构"的状态，这才是真正需要重视的问题，因为其直接影响着产业的协调发展、转型升级和一体化进程。而这方面的研究还有进一步深化的空间：一方面，虽然研究长三角制造业同构的文献很多，但把低端同构作为逻辑起点的还很少见，甚至对于不同层级的地区间、不同类型的制造业间同构水平的高低及其动态变化还没有系统厘清；另一方面，虽然有关产业同构与产业集聚之间关系的研究已经出现在既有文献中，但很少见到系统研究产业低端同构与产业协同集聚关系的文献。事实上，长三角制造业从低端同构走向协同集聚，进而实现向中高端的有序升级才是需要重点关注的内容。

第二节 关于制造业协同集聚研究的梳理

发端于马歇尔（Marshall，1920）的关于产业集聚的研究虽然很早，但之后很长一段时间该领域有影响的著述并不多。20 世纪 90 年代，由于波特（Porter，1990）、克鲁格曼（Krugman，1991）等人的贡献，对产业集聚的研究再度兴起。之后出现了大量讨论集聚与创新关系的文献。沿着国际研究的脉络，国内大量学者对产业集聚与技术创新的关系进行过深入分析，亦有部分学者对协同集聚相关问题进行过研究分析。

一、关于企业扎堆现象的研究

产业集聚是指在一定的地域范围内，由于彼此之间可以相互学习、共享资源和匹配能力，大量企业或相关机构围绕某类产业或产品形成相对稳定的合作与分工关系网络的一种状态①。企业的集聚形成产业集聚，且在某种程度上讲，就是企业的一种扎堆状态。因此，梳理关于协同集聚的研究，首先从企业扎堆现象出发。易宪容（2000）从朴素意义上对企业扎堆现象进行了解释，认为企业扎堆是一种企业在空间上的新型组织方式，是某一特定领域内地理位置集中且互相联系的公司和机构集聚到一起的经济现象②。鲁宁（2001）以优质民营企业竞相扎堆上海这一现象为出发点，在对交易成本进行较为详细解释的基础上，分析了交易成本对企业扎堆的影响③。这两位学者不仅均以通俗的经济学语言解释了企业扎堆的含义，而且基本上是把企业扎堆与企业集聚等同看待的，并没从深层次上分析二者的差异。王缉慈（2004）认为，由企业扎堆形成的大量产业集群尚属低成本型集群，处在低端道路的发展阶段④。陈佳贵（2005）认为，在我国产业集群的发展中，存在较强的行政区划锁定效应，导致了低水平的重复建设，引发了只有"扎堆"而无"集群"的现象，加剧了集群低端锁定效应⑤。张杰等（2007）的调查研究发现，江苏开发区的产业集群处于一

---

① Massard N, Autant – Bernard C. EditorialL: Geography of innovation: New trends and implications for public policy renewal [J]. Regional Studies, 2015, 49 (11): 1767 – 1771.
② 易宪容. 企业的"扎堆"效应 [J]. 中国企业家, 2000 (11): 26 – 26.
③ 鲁宁. 交易成本与"扎堆效应"[J]. 中国经济快讯, 2001 (21): 9 – 9.
④ 王缉慈. 关于发展创新型产业集群的政策建议 [J]. 经济地理, 2004 (07): 433 – 436.
⑤ 陈佳贵, 王钦. 中国产业集群可持续发展与公共政策选择 [J]. 中国工业经济, 2005 (09): 5 – 10.

种低层次的、扎堆式的集聚状态，模仿、跟随战略及与之相伴的低成本竞争策略在集群内普遍盛行，导致了开发区产业集群创新动力缺失①。郑江淮等（2008）较为明确地区分了企业扎堆与企业集聚的区别，认为企业扎堆主要是由于企业为获取政策租金而进入开发区的一种行为，其不具备一般意义上的产业集聚效应，即靠近要素或者靠近市场所能带来的好处。同时提出，在政策调整和产业转移的大背景下，开发区的企业集群可能面临政策租金耗散的情况，而其可持续发展的关键在于提升非政策性的集聚效应②。类似地，孙亚南（2012）基于江苏国家级开发区经济数据的分析认为，企业入驻开发区的动机只是为了获得政策租金，而并未形成真正意义上的企业集群。基于此，从简单扎堆发展到技术嵌入再演进到产业集群，是开发区转型升级必然经历的三阶段③。石龙等（2013）认为，高新区内企业扎堆式的产业布局没有因地理接近而获得相应益处，据此提出了"企业扎堆→产业集聚→产业集群→创新集群"的转型路径④。事实上，不仅在制造业集中的开发区内存在企业扎堆的现象，而且在金融等服务业领域也存在类似情形。薛梅（2012）认为，寿险公司以银行为载体出现的"扎堆"行为，是为了获取政策租金条件下的规模效应，并没有形成相应的产业组织效应，也没有表现出显著的外部经济性⑤。

二、关于过度集聚现象的研究

在某一有限区域内，若进入的企业和相关机构过多，则有可能形成拥

---

① 张杰，刘志彪，郑江淮. 产业链定位、分工与集聚如何影响企业创新——基于江苏省制造业企业问卷调查的实证研究 [J]. 中国工业经济，2007（07）：47-55.

② 郑江淮，高彦彦，胡小文. 企业"扎堆"、技术升级与经济绩效——开发区集聚效应的实证分析 [J]. 经济研究，2008（05）：33-46.

③ 孙亚南. 简单扎堆、技术嵌入到产业集群——江苏开发区转型升级路径研究 [J]. 南京社会科学，2012（09）：150-156.

④ 石龙，马娜，王崇锋. 高新区"扎堆"式产业空间布局的转型路径研究 [J]. 科学与管理，2013（01）：43-48.

⑤ 薛梅. 银行保险"政策租"效应分析——扎堆、技术升级与经营绩效 [J]. 江西财经大学学报，2012（02）：63-69.

挤进而出现过度集聚现象。亨德森（Henderson，1974）认为，城市经济的集聚存在最优规模，若超过最优规模产生过度集聚时，就会造成拥挤效应大于规模效应的结果，进而导致城市集聚规模不经济的现象①。布罗尔斯玛等（Broersma et al，2009）以荷兰制造业为例的实证表明，拥挤效应要明显大于集聚效应，进而导致了集聚水平的提升与生产率的改进之间呈负相关关系②。玛丽安等（Marian at el，2012）的实证研究表明，从全要素生产率的角度来衡量，城市产业集聚是有极限的，过度集聚会造成全要素生产率的损失③。唐根年等（2009）构造了产业集聚综合规模指数，并以其与相对应的利润之间的关系为出发点，给出了过度集聚的识别方法，并将产业集聚状态分为推进集聚、适度集聚、过度集聚三种类型。研究同时认为东南沿海地区制造业集聚特征明显，但并非所有行业的聚集度与生产效率呈正相关，一些行业已经出现了明显的过度聚集与要素拥挤现象④⑤。陆遥（2009）等通过测算我国五个典型地区的六个集聚趋势明显行业的资本配置效率、劳动生产率与集聚水平的关系发现，某些地区的某些行业已经出现了过度集聚，并导致了效率损失⑥。汪彩君等（2011）沿着上述思路，以长三角六个两位数制造业行业为对象，拟合了产业综合规模与利润之间的关系曲线，进一步验证了推进集聚、适度集聚和过度集聚的存在性，并基于数据包络分析方法，给出了识别输入剩余、输出亏空的产业过

---

① Henderson V. The sizes and types of cities ［J］. American Economic Review, 1974, 64 (04): 640 – 656.

② Broersma L, Oosterhaven J. Regional labor productivity in the Netherlands: evidence of agglomeration and congestion effects ［J］. Journal of Regional Science, 2009, 49 (03): 483 – 511.

③ Marian R, Oskam A, Walsh P. Is there a limit to agglomeration? evidence from productivity of Dutch Firms ［J］. Regional Science and Urban Economics, 2012, 42 (04): 595 – 606.

④ 唐根年，管志伟，秦辉. 过度集聚、效率损失与生产要素合理配置研究 ［J］. 经济学家，2009 (11): 52 – 59.

⑤ 唐根年，沈沁，管志伟. 中国东南沿海制造业集聚过度及其生产要素拥挤实证研究 ［J］. 经济地理，2010 (02): 263 – 267.

⑥ 陆遥，管志伟，唐根年. 制造业集聚过程中的过度集聚与效率损失研究 ［J］. 经济论坛，2009 (12): 76 – 79.

度集聚的方法①。刘哲明（2010）的研究表明，产业集聚过度会引发模仿驱逐创新的"柠檬市场"形成，从而降低集群内企业科研投入收益弹性，降低企业后续科研投入的积极性，进而会影响产业集群升级②。施海燕等（2013）的研究发现，尽管从长期来看东部地区高技术产业集聚水平提高与生产效率改善之间存在均衡，但从短期看集聚水平的提升对生产效率的改善作用并不明显，预示着过度集聚的存在③。叶宁华等（2014）的实证发现，我国出口企业过度集聚的程度处于17%～33%之间，大量企业扎堆与恶性竞争导致负外溢效应的出现。同时，与高技术出口企业相比，低技术出口企业发生过度集聚的可能性更大，中国出口企业追求数量扩张型的增长模式对出口贸易的可持续增长产生了消极影响④。沈能等（2014）基于门限回归分析和数据包络分析的研究表明，产业集聚水平与生产率之间存在"倒U形"的关系，且不同地区和不同行业的系数不同，正是拥挤效应的存在，导致资源配置效率发生了失衡，使得产业在空间上出现了分散趋势⑤。王必达等（2015）认为，由于生产要素投入过多、产品分工过于细化、生产链条过长、交易成本过高等因素导致了产业的过度集聚。提出采用地区与全国平均工资变化率的差异来识别是否存在过度集聚现象⑥。陈旭等（2016）的研究表明，尽管企业出口的扩展边际与集约边际和其空间集聚之间存在"倒U形"关系，但除深圳外，其他城市目前的空间集聚水平尚处于"倒U形"曲线的左侧，并未超越顶点，也没有出现要素拥挤

① 汪彩君，唐根年. 长江三角洲地区制造业空间集聚、生产要素拥挤与集聚适度识别研究 [J]. 统计研究，2011（02）：59-64.
② 刘哲明. 产业集聚过度、技术创新与产业升级——基于珠三角产业集群的研究 [J]. 特区经济，2010（08）：30-32.
③ 施海燕，宣勇，唐根年. 中国高技术产业空间集聚及其适度性检验 [J]. 工业技术经济，2013（05）：59-68.
④ 叶宁华，包群，邵敏. 空间集聚、市场拥挤与我国出口企业的过度扩张 [J]. 管理世界，2014（01）：58-72.
⑤ 沈能，赵增耀，周晶晶. 生产要素拥挤与最优集聚度识别行业异质性的视角 [J]. 中国工业经济，2014（05）：83-95.
⑥ 王必达，魏涛. 过度集聚：形成机制、识别方法及破解途径——基于迂回生产分工模型的视角 [J]. 开发研究，2015（03）：40-46.

现象①。芮明杰等（2017）认为，过度集聚的典型表现就是产业的规模与集聚度不断上升，但效益却显著下降。并以河北省钢铁产业为例证实了政府干预是引发过度集聚、导致产业大而不强甚至产能过剩的重要原因②。

三、关于协同集聚现象的研究

自从埃里森和格莱泽（Ellison and Glaeser，1997）提出协同集聚的概念以来③，学界对该现象进行了大量而深入的研究④。圭列里等（Guerrieri et al，2005）的研究表明，生产性服务业的发展有利于制造业的发展⑤。刘志彪（2008）认为，产业集群在嵌入全球价值链过程中的转型升级至关重要，为此要特别注重生产性服务业与先进制造业之间协同集聚机制的建设，以实现"现代服务业和先进制造业双轮驱动"的发展目标⑥。陈建军等（2011）以浙江69个地区为样本的研究表明，生产性服务业与制造业的协同集聚是推进制造业转型升级的重要途径⑦。席强敏（2014）以天津为例的研究表明，中间品投入的共享效应、知识的溢出效应和劳动力池效应均对制造业与生产性服务业的协同集聚有显著影响⑧。豆建民等（2016）通过对全国285个城市的实证分析认为，协同集聚对城市经济增

---

① 陈旭，邱斌，刘修岩. 空间集聚与企业出口：基于中国工业企业数据的经验研究 [J]. 世界经济，2016（08）：94 – 117.

② 芮明杰，马昊，韩自然. 产业过度集聚的形成机制研究——以河北省钢铁产业为例 [J]. 经济与管理研究，2017（07）：94 – 104.

③ Ellison G，Glaeser E L. Geographic concentration in U. S. manufacturing industries：a dartboard approach [J]. Journal of Political Economy，1997，105（05）：889 – 927.

④ 刘月，邹苗苗，陈建军. 空间经济学视角下的产业协同集聚：一个文献综述 [J]. 江淮论坛，2017（03）：47 – 53.

⑤ Guerrieri P，Meliciani V. Technology and international competitiveness：the interdependence between manufacturing and producer services [J]. Structural Change and Economic Dynamics，2005，16（04）：489 – 502.

⑥ 刘志彪. 生产者服务业及其集聚：攀升全球价值链的关键要素与实现机制 [J]. 中国经济问题，2008（01）：3 – 12.

⑦ 陈建军，陈菁菁. 生产性服务业与制造业的协同定位研究——以浙江省69个城市和地区为例 [J]. 中国工业经济，2011（06）：141 – 150.

⑧ 席强敏. 外部性对生产性服务业与制造业协同集聚的影响——以天津市为例 [J]. 城市问题，2014（10）：53 – 59.

长存在双重门限效应①。陈建军等（2016）的实证研究发现，生产性服务业与制造业的协同集聚对城市生产效率存在明显增进作用，并且城市空间结构与产业协同集聚之间存在累积循环的因果关系②。从这些研究可以看出，有相当一部分学者把注意力集中在了生产性服务业与制造业的协同集聚方面。当然，也有部分学者对制造业内部的协同集聚进行了较为深入的探索。埃里森等（Ellison et al，2010）以美国制造业为对象的研究表明，地理邻近可以显著降低产品运输、劳动力流动、思想交换的成本，进而有利于协同集聚的形成③。朱英明（2009）的研究发现，制造业的协同集聚不仅可以促进城市本地产业集群的升级，同时也可以加速产业的转移与扩散。产业协同集聚与产业有序扩散是促进城市生产率持续增长的重要因素④。陈艺丹等（2014）的研究表明，外资与国有制造业总体上存在协同集聚的现象，但不同地区间协同集聚的程度存在差异⑤。陈曦（2018）较为系统地研究了制造业内部的协同集聚问题，结果表明细分行业间和地区间制造业协同集聚水平存在明显差异。一般而言，相比资本密集型和技术密集型产业而言，劳动密集型产业的协同集聚水平更低。同时，东部地区制造业比中西部地区制造业更具协同性⑥。

四、关于集聚成本效应的研究

从冯·杜能（Von Thünen）到马歇尔（Marshall）都将成本尤其是运

---

① 豆建民，刘叶. 生产性服务业与制造业协同集聚是否能促进经济增长——基于中国 285 个地级市的面板数据［J］. 现代财经（天津财经大学学报），2016（04）：92 - 102.

② 陈建军，刘月，邹苗苗. 产业协同集聚下的城市生产效率增进——基于融合创新与发展动力转换背景［J］. 浙江大学学报（人文社会科学版），2016（05）：150 - 163.

③ Ellison G, Glaeser E L, Kerr W R. What causes industry agglomeration? evidence from coagglomeration patterns［J］. American Economic Review, 2010, 100（06）：1195 - 1213.

④ 朱英明. 区域制造业规模经济、技术变化与全要素生产率——产业集聚的影响分析［J］. 数量经济技术经济研究, 2009（10）：3 - 17.

⑤ 陈艺丹，何鸣. 我国不同所有制结构工业企业的协同集聚——基于城市面板数据的实证研究［J］. 工业技术经济, 2014（09）：88 - 95.

⑥ 陈曦. 中国制造业产业间协同集聚的实证研究［M］. 北京：社会科学文献出版社, 2018：131 - 132.

输成本作为解释专业化或产业集聚产生与发展的重要因素。克鲁格曼（Krugman，1991）更是将运输成本对产业集聚的影响提到了前所未有的高度①。藤田昌久等（Fujita at el，1997）的研究发现，产业集聚能否出现关键在于规模经济效应与成本效应的博弈，只有当成本效应小于规模经济效应时，集聚才可能发生②。贺灿飞等（2001）研究了信息成本与集聚经济之间的关系，发现降低信息成本能有效推进外商投资企业的集聚③。何雄浪等（2007）认为，空间成本、集聚效应、区域效应与产业集聚存在密切关系。改革开放以来，虽然部分地区间还存在着行政垄断、强制交易甚至是市场封锁等行为，但总的来看空间成本是下降的，也正是这种变动有力地促进了产业的空间集聚④。千慧雄（2010）的研究发现，对于城市而言，经济集聚会产生诸如住房成本增加等外部不经济现象，且其经济集聚的极限值与住房边际成本的增速呈显著的负相关关系。因此，扩大城市规模应当合理控制房价的增速⑤。张超（2012）的分析表明，低成本尤其是低工资成本和运输成本，促进了出口企业在空间上的集聚⑥。白积洋（2012）的研究表明，如果一个地区内部的内生交易成本越低，则越能促进该地区产业的集聚，因此加强对生产者的保护、采取宽松的投资政策和贸易政策进而减少交易成本是提高地区吸引力的重要途径⑦。盛丹等（2013）以投资环境调查数据和中国工业企业数据为基础，考察了产业集

① Krugman P. Increasing returns and economic geography [J]. Journal of Political Economy，1991，70：950 – 959.

② Fujita M，Mori T. Structural stability and evolution of urban systems [J]. Regional Science and Urban Economics，1997，27：3.

③ 贺灿飞，魏后凯. 信息成本、集聚经济与中国外商投资区位 [J]. 中国工业经济，2001（09）：38 – 45.

④ 何雄浪，李国平，杨继瑞. 我国产业集聚原因的探讨——基于区域效应、集聚效应、空间成本的新视角 [J]. 南开经济研究，2007（06）：43 – 60.

⑤ 千慧雄. 城市经济集聚的极限——基于住房成本视角的 C – P 模型 [J]. 经济评论，2010（05）：16 – 23.

⑥ 张超. 低成本、出口、空间集聚与城市成长——以沿海开放城市为例 [J]. 中国经济问题，2012（02）：33 – 43.

⑦ 白积洋. 中国制造业集聚机制再研究——基于内生交易成本视角 [J]. 科学决策，2012（10）：18 – 77.

聚与融资成本的关系，认为产业集聚显著降低了企业的融资成本并提高了信贷资源的配置效率①。程艳等（2013）的流通成本与产业集聚关系的研究表明，不论是对于中心地区还是外围地区，降低各自的流通成本是保持集聚优势或避免被进一步边缘化的关键因素②。谭洪波（2013）将贸易成本细化为地方保护成本、信息通信成本和交通运输网成本，实证研究发现制造业的空间集聚受地方保护成本和交通运输成本的影响较为显著③。贺旭辉等（2014）以食品制造业为例分析了集聚的成本节约效应，结果表明，该产业集聚度越高的地区，成本的节约效应越明显④。

五、关于协同集聚研究的简单总结

由以上关于企业扎堆的文献梳理发现，企业扎堆是在地方产业集聚政策引导下形成的"聚而不集、集而不群"的现象。其最显著的特点在于，企业虽然集中在了某一空间范围内，但彼此之间缺少纵向的专业化分工与横向的协同化合作，进而影响到了集聚效应的发挥。到目前，对该现象形成的原因、造成的影响以及治理的方式，学界已基本达成共识。同时，通过对过度集聚的文献梳理发现，虽然不同学者对过度集聚判定或识别的方法不尽相同，基于实证分析得到的结论也不尽一致，但这一现象的存在性得到了多数学者的认可。从本质上讲，企业的简单扎堆更加容易引起要素的拥挤，而要素的拥挤又必然会引发企业的过度集聚。可以说，企业简单扎堆是企业过度集聚的初期表现，而企业过度集聚则是企业简单扎堆进一步加剧后的结果。之所以会形成这样的结果，主要是因为不论是企业扎堆还是过度集聚，都存在企业间缺乏协同性这样一个根本性问题。当然，这

---

① 盛丹，王永进.产业集聚、信贷资源配置效率与企业的融资成本——来自世界银行调查数据和中国工业企业数据的证据［J］.管理世界，2013（06）：85－98.
② 程艳，叶徵.流通成本变动与制造业空间集聚——基于地方保护政策的理论和实践分析［J］.中国工业经济，2013（04）：146－158.
③ 谭洪波.细分贸易成本对中国制造业和服务空间集聚影响的实证研究［J］.中国工业经济，2013（09）：147－159.
④ 贺旭辉，田国英.区域产业集聚成本效应的实证分析——中国省际食品制造业视角［J］.经济问题，2014（06）：89－93.

种主体间协同性的缺乏也是产业发展低端性的一种表现。由此可以看出，协同性的高低就成为决定产业集聚质量的关键因素。正因为如此，关于产业集聚协同性的研究逐步受到学界的重视。

然而，由上述关于协同集聚的文献梳理发现，目前学者们关注最多的主要是制造业与生产性服务业的协同集聚问题，虽然有部分关于制造业本身集聚协同性的研究，但近年来逐步淡出了多数学者的视野。进一步，由上述关于产业集聚成本效应的文献梳理发现，不论是产业集聚的经典理论，还是其现代理论，都认为真正意义上的产业集聚，能带来的最大好处之一就是成本的节约。成本不仅影响着集聚的水平，还影响着集聚的质量，更影响着集聚的效果。然而，鲜见有学者从成本变动角度对一个地区或国家制造业内部集聚的协同性进行过系统分析，这就为本研究的开展提供了一定的余地。

第三节 关于长三角制造业升级研究的梳理

"霍夫曼比例""配第－克拉克定理""库兹涅茨理论""钱纳理标准结构"以及"雁行形态模型"均是研究产业升级的经典理论。美国麻省理工学院工业生产率委员会、日本产业绩效委员会均对本国制造业升级问题进行过深入分析。而在全球价值链框架下，对产品内升级问题的研究已经成为当前产业升级研究的重点。在借鉴国际研究经验的基础上，国内有众多学者探讨了全球价值链下中国制造业的升级问题。尤其在 2008 年国际金融危机之后，包括长三角在内的中国制造业，均面临着内部成本不断攀升，外部需求持续不旺的发展困境，而转型升级则是突破这一困境的必由之路。缘于这样的现实背景，出现了大量研究产业升级的文献，尤其是研究长三角制造业升级问题的文献。

一、关于长三角制造业升级测度的研究

产业升级测度的方法很多，不同学者有着不同的使用偏好，既有使用单一指标的，也有使用多指标的，这与各自的研究目的、数据的可获得性等因素有关。周韬等（2015）认为，从价值链所处位置来看，越是高端的制造业利润率越高，因此其是利用工业利润率这一指标来测度长三角制造业升级水平的[①]。汪德华等（2010）认为，制造业的升级过程就是其效率提升的过程，故而其是利用全员劳动生产率这一指标来衡量制造业升级水平的[②]。徐俊杰等（2014）依据配第－克拉克定理，选择用第二和第三产业增加值占地区 GDP 比重的变化来表征产业升级水平[③]。王志华等（2012）认为，制造业的转型升级核心就是在提高投入要素供给质量的基础上不断提升全要素生产率，所以全要素生产率（Total Factor Productivity, TFP）就是可以用来衡量制造业的升级水平的指标[④]。靖学青（2008）则是从两个维度来衡量长三角产业升级水平的：一是用摩尔（Moore）指数测定产业升级的速率，二是用产业结构超前系数测定产业升级的方向[⑤]。摩尔（Moore）指数由摩尔（Moore）于 1978 年提出，是衡量产业结构动态调整变化的一个结构值[⑥]。谭晶荣等（2012）对长三角制造业升级的测度采取了类似做法，用利连（Lilien）指数和摩尔（Moore）指数同时测度了产业结构升级速度，同时又通过对劳动生产率的考察，测度了产业效率

① 周韬，郭志仪. 城市空间演化与产业升级——以长三角城市群为例［J］. 城市问题，2015（03）：25 - 30.

② 汪德华，江静，夏长杰. 生产性服务业与制造业融合对制造业升级的影响——基于北京市与长三角地区的比较分析［J］. 首都经济贸易大学学报，2010（02）：15 - 22.

③ 徐俊杰，汪浩瀚. 长三角地区金融发展与产业结构升级互动关系分析——基于 Geweke 因果分解检验［J］. 科技与经济，2014（04）：61 - 65.

④ 王志华，陈圻. 江苏制造业转型升级水平测度与路径选择［J］. 生态经济，2012（12）：91 - 95.

⑤ 靖学青. 上海产业升级测度及评析［J］. 上海经济研究，2008（06）：53 - 59.

⑥ Moore J H. A Measure of Structural Change in Output［J］. The Review of Income and Wealth, 1978, 12（03）：105 - 117.

的提升水平①。利连（Lilien）指数由利连（Lilien）于 1982 年提出，是通过测度劳动力在各产业间再分配的变化速度来表征产业升级速度的一个指标②。如果将视野放宽到全国，利用多指标决策方法对产业升级水平的测度则比较普遍。姚志毅等（2011）从产业结构主体升级、网络内升级、网络间升级和国际竞争力升级 4 个一级指标出发，构建了包含 18 项具体指标的产业升级水平测度指标体系，并利用因子分析法，对中国整体和区域产业升级水平进行了评价分析③。岳意定等（2014）从工业发展、技术创新、产业结构、资源节约、两化融合和对外开放 6 个主题出发，设计了 18 项二级指标，并利用多目标决策方法对长株潭地区的产业升级水平进行了测度④。

二、关于长三角制造业升级机理的研究

近年来，随着国际产品内分工理论的不断发展，学界对长三角制造业升级机理研究的重心逐步转移到了全球价值链视角。刘志彪等（2009）认为，长三角制造业在嵌入全球价值链（Global Value Chain，GVC）过程中所走的是"国际代工"的道路，这既是一种内生性的自然选择，也是该地区经济发展重要的驱动力。要突破这种分工方式所产生的低端锁定，企业就必须在加强组织学习、资本积累和技术创新的基础上，渐次走从委托加工（Original Equipment Manufacturing，OEM）到自主设计加工（Own Designing Manufacturing，ODM）再到自主品牌生产（Own Brand Manufactur-

---

① 谭晶荣，颜敏霞，邓强，等. 产业转型升级水平测度及劳动生产效率影响因素估测——以长三角地区 16 个城市为例. 商业经济与管理，2012（05）：72－81.

② Lilien D M. Sectoral Shifts and Cyclical Unemployment［J］. Journal of Political Economy，1982，90（04）：777－793.

③ 姚志毅，张亚斌. 全球生产网络下对产业结构升级的测度［J］. 南开经济研究，2011（06）：55－65.

④ 岳意定，谢伟峰. 城市工业转型升级发展水平的测度［J］. 系统工程，2014（02）：132－137.

ing，OBM）的升级道路①。同时，该学者通过对韩国、新加坡等国家制造业升级现象的分析发现，单纯依赖全球价值链分工来推进长三角制造业升级可能存在较大风险，本地制造业的升级必须根植于国内价值链的构建（National Value Chain，NVC），这既是产业可持续发展的要求，也是该区域加快推进一体化进程的必然选择②。钱方明（2013）持有与刘志彪等相同的观点，认为长三角传统制造业的升级，应基于企业对经济租金追求的内生动力和地区产业政策所产生的外生动力，在逐步实现生产要素高级化与差异化的基础上，依托不断发育的国内中高端需求市场，自主构建国内价值链并在其与全球价值链的互动中实现升级③。秦月等（2014）在利用创新论、劳动论和市场论解释"微笑曲线"成因的基础上，分析了长三角制造业升级的黏性机理。认为地方政府出于对GDP的追求，采取了产业链式的外资招商政策，引致了外资企业产业链的整体移植，本土企业仅能从事加工制造等低端环节，由此形成了黏性。同时，由于地方政府普遍给予外资企业优惠政策，进一步增强了外资企业的竞争优势，进而强化了这种黏性④。杨以文等（2012）依据国际分工的现实背景，创造性地将国际代工制造业的升级分为四个阶段。基于微观调研数据分析发现，长三角国际代工制造业企业通过组织学习、知识融合和知识编码，能够提高其渐进性和突破性创新能力。而且，制造业所处的升级阶段越高，其获得突破性创新的可能性越大⑤。俞荣建（2009）认为，长三角国际代工制造业嵌入全球价值链分工体系存在两大问题：一是由于跨区域价值整合商的缺失导致

① 刘志彪，江静．长三角制造业向产业链高端攀升路径与机制 ［M］．北京：经济科学出版社，2009：1-8.
② 刘志彪，于明超．从 GVC 走向 NVC：长三角一体化与产业升级 ［J］．学海，2009（05）：59-67.
③ 钱方明．基于 NVC 的长三角传统制造业升级机理研究 ［J］．科研管理，2013（04）：74-78.
④ 秦月，秦可德，徐长乐．长三角制造业转型升级的黏性机理及其实现路径——基于"微笑曲线"成因的视角 ［J］．地域研究与开发，2014（10）：6-10.
⑤ 杨以文，郑江淮，黄永春．国际代工制造业升级与技术创新——基于长三角微观调研数据的实证分析 ［J］．中南财经政法大学学报，2012（01）：115-121.

了价值链断层现象，二是由于跨区域价值整合体系的缺位导致了价值节点割裂现象。为此，必须基于全球价值网格（Global Value Grid，GVG），构建产业升级的自主价值体系①。

三、关于长三角制造业升级影响因素的研究

梳理关于长三角制造业升级的文献发现，几乎所有的学者都认为，创新尤其是技术创新是长三角制造业升级的关键因素。刘志彪（2006）认为，产品创新与品牌经营是影响长三角制造业升级的两个最为关键的因素，而且这两个因素都涉及隐性知识的学习与积累，花费的时间长、投入的资本大、存在的风险高②。张艳辉（2010）的研究表明，持续不断地加大研发人员和研发经费投入，并在关键环节上取得突破性创新，是长三角电子及通信设备制造业升级的关键因素③。赵红岩等（2013）通过实证分析发现，长三角高技术产业的内生创新能力和外商投资的技术溢出对产业升级有重要影响。内生创新能力是长三角高技术产业升级的决定性因素，而跨国资本技术溢出是高技术产业升级的主导性因素④。产业的集聚也被不少学者认为是影响制造业升级的重要因素。梁琦等（2005）基于长三角制造业分行业数据的实证分析表明，制造业集聚而造成的过度竞争是由于缺乏创新所引起的，但这种现象仅存在于技术层次较低的行业。总体来看，制造业集聚有利于减少垄断和促进竞争，进而会推动技术进步，最终有利于制造业的升级⑤。江静等（2009）认为，在全球化分工不断深化的过程

①　俞荣建. 价值链升级视角下长三角国际代工产业自主价值体系构建［J］. 商业经济与管理，2009（11）：53－58.
②　刘志彪. 从代工到品牌创新战略——长三角地区制造业的产业升级［J］. 中国质量与品牌，2006（03）：35－38.
③　张艳辉. 全球价值链下长三角产业升级的实证分析——以电子及通讯设备制造业为例［J］. 上海经济研究，2010（03）：51－59.
④　赵红岩，田夏. 本土创新能力、跨国资本技术溢出与长三角高技术产业升级［J］. 上海经济研究，2013（07）：81－90.
⑤　梁琦，詹亦军. 产业集聚、技术进步和产业升级：来自长三角的证据［J］. 产业经济评论，2005（02）：50－69.

中，制造业的升级需要依靠价值链两端的服务业，尤其是生产性服务业的支撑。通过对长三角的分析发现，作为制造业的高级投入要素，生产性服务业的发展提升了制造业的竞争力，促进了该区域制造业向全球价值链高端的攀升①。李振波等（2015）利用长三角16个城市的数据分析了生产性服务业集聚对产业升级的影响。结果表明，长三角生产性服务业的发展已经达到一定的集聚度，并对当地产业结构优化和升级形成了显著的正向推动作用②。施卫东等（2013）的实证研究发现，长三角金融服务业的发展已呈现出较为明显的集聚态势，并对区域内产业结构的升级形成了显著的正向推动作用。当然，这种推动作用的效果才刚刚显现，还有进一步增强的空间③。人力资本也被认为是影响产业升级的重要因素。郭岚等（2009）的研究发现，20世纪90年代以来，大量劳动力流入长三角地区，为该区域经济与产业发展提供了源源不断的人力资源支持，这种人口红利效应的形成促进了长三角地区产业升级和经济发展④。查婷俊（2016）认为，制度的合理性对产业结构升级有着重要影响，基于此，该学者研究了制度约束对长三角产业升级的影响。结果表明，环境规章制度和知识产权制度对产业结构升级有明显的正向影响，而外资引进制度和人才教育制度则对产业结构的升级形成了阻碍⑤。

四、关于长三角制造业升级路径的研究

李永友（2010）给出了长三角制造业的梯度升级路径：一是长三角各

① 江静，刘志彪. 生产性服务发展与制造业在全球价值链中的升级——以长三角地区为例 [J]. 南方经济，2009（10）：36-44.
② 李振波，张明斗. 生产性服务业集聚发展对区域产业结构优化升级的实证研究——基于长三角16个中心城市的面板数据 [J]. 科技与经济，2015（06）：101-105.
③ 施卫东，高雅. 金融服务业集聚发展对产业结构升级的影响——基于长三角16个中心城市面板数据的实证检验 [J]. 经济与管理研究，2013（03）：73-81.
④ 郭岚，张祥建，李远勤. 人口红利效应、产业升级与长三角地区经济发展研究 [J]. 南京社会科学，2009（07）：7-14.
⑤ 查婷俊. 基于制度约束视角的产业结构升级研究——以长三角地区为例 [J]. 武汉大学学报（哲学社会科学版），2016（09）：66-73.

次区域根据自身的比较优势重点发展相对优势突出的产业；二是通过各次区域之间及与区域外地区之间的产业转移，推动优势产业的进一步集中和产业内集聚；三是各次区域通过进一步改良优势产业的技术水平、管理能力、创新能力和产品差异化，推动产业间和产业内升级①。石奇等（2011）从扩大内需角度给出了长三角制造业升级的路径：一是通过开拓内需市场促进升级；二是通过细化内需市场、开发市场的新产品促进升级；三是通过发展符合消费趋势的产品促进升级；四是通过引进先进生产技术和提高自主创新能力促进升级②。黄永春等（2012）提出了长三角制造业集群升级的两条路径：一是渐进式升级，主要就是逐步实现由工艺升级到产品升级，再到功能升级，最后到链条升级的路径；二是跨越式升级，主要是通过构建国内价值链，着力培育具有技术和营销优势的主导企业，并与全球价值链衔接。通过衔接，获取和吸收跨国公司的前沿知识和技术，提升集群创新能力。同时，基于生产性服务业和先进制造业发展的联动效应，推动长三角制造业集群升级③。谭晶荣（2012）为长三角制造业设计了四条升级路径：一是由 OEM 转向 ODM，主要是在加强组织能力与研发能力上下功夫，逐步形成动态学习效应，进而提升企业技术创新能力；二是由 OEM 转向 OBM，这是基于自有品牌基础上的升级过程；三是由 OEM 向 ODM 或 OBM 过渡，这是在拥有了技术创新潜力和品牌提升能力基础上实现的；四是生产转移或外包，即对于那些技术和品牌都欠缺的企业，这可能是比较现实的升级路径④。安礼伟等（2015）从五个方面提出了长三角制造业的升级路径：一是通过提升企业微观竞争力夯实产业转型升级的基础；二是在国际生产网络中实现由参与者向创建者的角色转

---

① 李永友. 比较优势、差异化选择与对抗性利益关系——长三角区域制造业梯度升级战略 [J]. 学术月刊, 2010 (06): 78 – 85.

② 石奇, 王磊磊. 内需增长、代工生产与长三角本土企业升级 [J]. 南京财经大学学报, 2011 (02): 22 – 25.

③ 黄永春, 郑江淮, 杨以文, 谭洪波. 全球价值链视角下长三角出口导向型产业集群的升级路径研究 [J]. 科技进步与对策, 2012 (17): 45 – 50.

④ 谭晶荣. 长三角地区产业转型升级特征、路径与实施方略 [J]. 企业经济, 2012 (09): 5 – 8.

型；三是依托机器换人契机发展装备制造业，提升制造业层次；四是抓住第三次工业革命发展机遇推动制造业转型；五是通过培育国际化企业实现整合全球优势要素的目标①。戴一鑫等（2017）认为，推进长三角制造业转型升级要从三个方面设计路径：一是逐步转变制造业生产模式，即由要素投入型向效率型转变；二是转型升级应以全要素生产率为主线，着力纠正资源配置中的低效和误配；三是根据制造业区域及行业发展的具体特征，切实推进供给侧结构性改革"三去一降一补"的任务②。

五、关于长三角制造业升级研究的简单总结

由以上文献梳理可以发现，在全球价值链或国内价值链视域下，学界对长三角制造业升级的机理、影响因素以及路径选择等均进行了较为深入的研究，极大深化了人们对该地区制造业升级问题的认识。然而，在长三角制造业升级测度方面还存在一定不足，主要体现在以下两个方面。一是关于量化测度方法的研究不深入。关于测度方法既包含指标的设计又包含评价方法的选择。尽管有不少学者分别从结构视角、效率视角和综合视角对长三角制造业的升级水平进行过测度，但总体而言还不够系统和深入，利用单一或少量指标来进行测度的做法比较普遍。即使有利用多指标来测算产业升级水平的研究，但对于升级测度指标的设计和方法的选择，也多是根据研究者自身对产业升级内涵的理解和研究的需要进行的，对被人们普遍接受的从低端到高端、从产业内到产业间升级的层次性体现不够。二是关于产业升级有序性的测度研究不深入。既然产业升级具有层次性，那么产业升级的过程就存在有序性的问题③。即使可能在产业升级过程中存在非线性、不连续，甚至分岔和断档的情况，那么也需要从有序与否的角

---

① 安礼伟，张二震. 全球产业重新布局下长三角制造业转型升级的路径 [J]. 江海学刊，2015（03）：79 - 84.

② 戴一鑫，郑江淮. 供给侧视角下的长三角制造业生产率变迁与转型升级 [J]. 江西社会科学，2017（08）：44 - 53.

③ 毛蕴诗，郑奇志. 基于微笑曲线的企业升级路径选择模型——理论框架的构建与案例研究 [J]. 中山大学学报（社会科学版），2012（03）：162 - 174.

度对其进行考察①。尤其在长三角这样一个特殊地域内，一体化发展战略导向下地区间的有序协调发展是产业升级中的重要内容，测算和分析地区内部以及地区之间产业升级的有序性就显得很有必要，因为这会直接影响人们对该区域产业升级真实状况的判断，但目前关于该方面的研究还不够深入。正是由于上述问题的存在，导致目前对长三角制造业升级状况的认识还不清晰。

本章小结

　　本章从低端同构、协同集聚和有序升级三个方面，对相关研究进行了较为系统的梳理。通过梳理发现，关于制造业低端问题和同构问题的研究很多，但将二者结合起来进行低端同构问题研究的还不多见。同时，关于产业集聚的研究浩如烟海，但产业协同集聚的研究多聚焦于制造业与服务业的协同关系探讨上，鲜见有分析制造业内部协同集聚的研究。进一步，关于产业升级的研究也十分丰富，但从有序性角度对其进行分析的也不常见。源于此，关于低端同构、协同集聚与有序升级关系的研究还存在很大的探索空间。

---

① 张其仔. 比较优势的演化与中国产业升级路径的选择 ［J］. 中国工业经济, 2008 (09): 58-68.

第三章

长三角制造业同构测度方法与指标选择

在以往对产业同构问题的研究中，多数研究者并没有明确区分产业同构和产业结构趋同这两个基本概念，使用上比较混乱。因此，本章首先对同构以及结构趋同这两个概念进行界定。然后，对各种制造业同构测度方法进行比较分析，最终选择出比较合理的测度方法。目前，对产业同构问题的研究虽然很多，但最常见的是人们引用各种测度方法，至于这些方法之间的差别以及还有哪些更为合理的测度方法没有进行深入探讨。同时，对同构测度中统计指标选择也没有进行深入的探讨。尤其对使用不同指标类型测度制造业同构时所得结果的差异没有进行比较分析，影响了各种研究的可比性。

第一节　制造业同构测度方法选择

一、产业同构与结构趋同的内涵界定

由产业结构理论我们知道，从狭义的角度讲，制造业的结构是指整个制造业的行业构成及其相互关系。实证研究中，这种相互关系主要是指制造业各行业的比例关系。那么，制造业的同构就是指地区间制造业这种比例关系上的相同程度。制造业结构趋同是指在制造业过程中表现出的区域间制造业各产业的组成类型、数量比例、空间分布、关联方式等方面演进

变化趋于一致、结构差异逐步缩小的现象。其主要表现在：构成制造业的产业门类逐步齐全、区域间制造业各产业的产出比重趋于接近、各产业的地域属性日益淡化、空间分布走向均衡等方面。

制造业同构与制造业结构趋同是既有紧密联系又有区别的两个概念。如果在一定时期内，地区间制造业的同构度增大了，说明地区间制造业结构正在走向趋同；如果地区间制造业的同构度减小了，说明地区间制造业结构正在走向趋异。这也从一定程度上阐明了地区间制造业同构与制造业结构趋同这两个概念之间的关系，即前者是从静态角度来反映制造业结构的，后者则是从动态角度来考察制造业结构的变化的，并且我们可以通过观察静态的"产业同构"的变化来判明是否存在动态的"结构趋同"。

二、典型的制造业同构测度方法梳理

在测度产业同构的各种方法中，使用最普遍的当属联合国工业发展组织（United Nations Industrial Development Organization，UNIDO）提出的结构相似系数。保罗·克鲁格曼（Paul Krugman）提出的产业分工系数也被不少学者使用。联合国欧洲经济委员会（United Nations Economic Commission for Europe，UNECE）提出的结构差异系数以及迈克尔·兰德斯曼（Michael Landesmann）和伊斯特万·塞克利（István Székely）提出的结构差异系数也曾被少数学者在研究中使用①。除了直接使用国外学者提出的测度方法外，近年来国内也有不少学者探索了新的产业同构水平的测算方法。尹希果（2010）提出了一种新的测度三次产业同构度的方法。该方法的基本思想是：将包含若干地区的某一区域内第一、第二和第三产业的比重视为一个均值，将区域内各地区第一、第二和第三产业的比重视为变量，然后利用类似标准差的计算方法计算得到表征产业同构水平的系数②。

---

① 王志华，陈圻. 测度长三角制造业同构的几种方法——基于时间序列数据的分析［J］. 产业经济研究，2006（04）：35－41.

② 尹希果，李后建. 产业结构趋同测度的一种新方法［J］. 统计与决策，2010（12）：10－13.

石军伟等（2013）构建了分析工业结构发展变化的 SIP 分析框架［结构（Structure）—产业（Industry）—项目（Project）］，基于联合国工业发展组织的结构相似系数，提出了一个测度单个地区产业同构度的可行方法①。该方法与以往测算地区间产业同构度方法的最大区别在于，其是专门针对测度单个地区产业同构度而设计的方法。樊福卓（2013）通过分析评价，指出联合国工业发展组织提出的结构相似系数、王志华等提出的改进克鲁格曼指数可能存在的用法陷阱，给出了更具一般性的可以测度多个地区产业同构水平的产业结构相似指数。该指数的提出，使测度产业同构的方法得到了进一步的丰富。同时，该学者还指出，在测算地区间产业分工水平时，必须要考虑地区间产业规模的影响，否则会高估分工水平②。何大义等（2014）基于信息熵原理，设计出了产业熵指数与产业相对熵指数。产业熵指数主要用来测度和表征某一地区的产业结构差异水平，而产业相对熵指数则主要用来表征两个地区间产业结构的差异性，而且相对熵指数越大，表明地区间产业结构差异越大③。董春诗等（2015）认为，联合国工业发展组织提出的结构相似系数本质上是根据相同产业在两个不同地区比重的乘积来反映该产业在地区间的距离的，随着产业的细分，比重必然会降低，由此计算得到的结构相似系数就会变小，因此该方法可能存在失真问题。同时，该学者认为克鲁格曼提出的结构差异度指数采用了变量值"求差—取绝对值—求和"的计算逻辑，这就有可能出现尽管计算得到的指数值是相同的，但实际产业结构却未必相同的问题。基于对最常用的两种方法所存不足的认识，该学者提出了新的测度产业同构的方法。该方法的基本思路是：先计算各地区各行业的区位熵，并按地区将各行业的区位商集结成集合，并以此代表各地区的产业结构，最后应用正态分布区间估

---

① 石军伟，王玉燕. 中国西部省份工业结构同构度测算及其决定因素——基于 SIP 框架的分析与实证检验［J］. 中国工业经济，2013（3）：33 – 45.

② 樊福卓. 一种改进的产业结构相似度测度方法［J］. 数量经济技术经济研究，2013（7）：98 – 115.

③ 何大义，李冉，黄启. 基于信息熵的产业结构同构化程度的度量研究［J］. 资源与产业，2014（10）：107 – 114.

计方法估计这些集合的相似性，从而实现对产业同构水平的测算。该方法强调了区位熵的优越性，并据此设计出了估计方法，进一步拓展了产业结构相似度的测算手段①。

（一）联合国工业发展组织提出的结构相似系数

该系数法最早由联合国工业发展组织于 1979 年提出，其表达式如下：

$$S_{ij} = \sum_{k=1}^{n}(X_{ik}X_{jk}) / \sqrt{\sum_{k=1}^{n}X_{ik}^2 \cdot \sum_{j=1}^{n}X_{jk}^2} \tag{3.1}$$

其中：S_{ij} 为结构相似系数；

i、j 为两个相比较的地区；

n 为制造业包含的产业数，且 $k = 1, 2, \cdots, n$；

X_{ik} 为区域 i 中，第 k 个产业占整个制造业的比重；

X_{jk} 为区域 j 中，第 k 个产业占整个制造业的比重。

S_{ij} 的值在 1 和 0 之间变动。如果其值为 0，表示两个相比较地区的制造业结构完全不同；如果其值为 1，说明两个地区间制造业的结构完全相同；也就是说，如果它的值越大，说明两个相比较地区间制造业结构的相似程度也越大。

（二）联合国欧洲经济委员会提出的结构差异度指数

1981 年，联合国欧洲经济委员会的有关专家在研究欧洲经济发展问题时，提出了一个衡量国家间产业结构差异度的指数，并利用该指数从劳动力投入和产出的角度分别计算了西欧各国制造业结构的变动，其表达式如下：

$$D_{ij} = \frac{1}{2}\sum_{k=1}^{n}|X_{ik} - X_{jk}| \tag{3.2}$$

其中：D_{ij} 为结构差异度指数；其余参数含义同式（3.1）。

这个指数的值介于 0 到 1 之间，当两个地区的制造业结构完全相同

---

① 董春诗，金龙涛. 能源富集区域产业同构测度研究——以环鄂尔多斯盆地陕甘宁晋蒙五省区为例［J］. 统计与信息论坛，2015（2）：47－53.

时，这个指数值为 0；当两个地区的制造业结构完全不相同时这个指数值为 1。其值越大表示地区间制造业结构的差异也越大。

（三）保罗·克鲁格曼提出的结构差异度指数

1991 年，保罗·克鲁格曼（Paul Krugman）在研究地方化和贸易问题时，提出了另一个衡量地区间产业结构差异度的指数：

$$SI_{ij} = \sum_{k=1}^{n} |X_{ik} - X_{jk}| \qquad (3.3)$$

其中：SI_{ij} 表示 Krugman 提出的指数；其余参数含义同式（3.1）。

这个指数的值介于 0 到 2 之间，当两个地区的制造业结构完全相同时，这个指数值为 0；当两个地区的制造业结构完全不相同时，这个指数值为 2（因为每个地区所有产业的份额都被加总了），而且，其值越大表示地区间制造业结构的差异也越大；同时，克鲁格曼指出，这个指数还可以近似地用来衡量地区间的分工程度，并且利用该指数计算了部分地区和国家间的分工度。

（四）兰德斯曼等提出的结构差异度指数

1995 年，迈克尔·兰德斯曼（Michael Landesmann）和伊斯特万·塞克利（István Székely）也提出了一个测度地区间产业结构差异度的指数：

$$LSI_{ij} = \frac{1}{2} \sum_{k=1}^{n} (X_{ik} - X_{jk})^2 \qquad (3.4)$$

这个指数的值也介于 0 到 1 之间，两个地区的制造业结构完全相同时，其值为 0；当两个地区的制造业结构完全不相同时，这个指数值为 1。其值越大表示地区间制造业结构的差异也越大。

（五）芬格等提出的相似度指数

1979 年，芬格（Finger）和科瑞尼（Kreinin）在研究国家间出口问题时，提出了一个测度产品出口相似度的指数：

$$ESI_{ij} = \left[\sum_{k=1}^{n} \min(EP_{ik}, EP_{jk}) \right] \times 100$$

其中：ESI_{ij} 为 i 国和 j 国的产品出口相似度指数；

n 为 i 国和 j 国出口产品的种类数，且 $k = 1, 2, \cdots, n$；

EP_{ik} 为 i 国出口到第三国的第 k 种产品占 i 国出口到第三国的全部产品的份额；

EP_{jk} 为 j 国出口到第三国的第 k 种产品占 j 国出口到第三国的全部产品的份额。

这个指数的取值范围介于 0 到 100 之间，如果其值为 0，表示 i、j 两国出口到第三国的产品的结构完全不同；如果其值为 100，则说明 i、j 两国出口到第三国的产品的结构完全相同。而且，其值越大表示两国出口到第三国的产品的结构的相似程度也越大。

（六）结构重合度指数的提出

通过对芬格等提出的相似度指数的简单改造，就可以将这个指数转化为测度制造业同构度的指数，本书称之为"结构重合度指数"，其表达式如下：

$$SSI_{ij} = \sum_{k=1}^{n} \min(X_{ik}, X_{jk}) \tag{3.5}$$

其中：SSI_{ij} 表示结构重合度指数；其余参数的含义与式（3.1）相同。

该指数的值介于 0 和 1 之间，如果它们的值为 0，则表示两个相比较区域的制造业结构完全不同；如果其值为 1，则说明两个相比较区域的制造业结构完全相同。值越大说明两个相比较区域的制造业结构的同构程度也越大。

三、各种测度方法的比较分析

从数学含义来看，由式（3.1）知，相似系数 S_{ij} 实际上是向量间的夹角余弦。如果我们把 i、j 两地各产业在各自制造业中所占份额看作是两组向量：$X_i = (X_{i1}, X_{i2}, \cdots, X_{in})$，$X_j = (X_{j1}, X_{j2}, \cdots, X_{jn})$，并设这两个向量的夹角为 θ，则有：

$$\cos\theta = \frac{X_{i1}X_{j1} + X_{i2}X_{j2} + \cdots + X_{in}X_{jn}}{\sqrt{X_{i1}^2 + X_{i2}^2 + \cdots + X_{in}^2}\sqrt{X_{j1}^2 + X_{j2}^2 + \cdots + X_{jn}^2}} = \frac{\sum_{k=1}^{n}(X_{ik}X_{jk})}{\sqrt{\sum_{k=1}^{n}X_{ik}^2 \sum_{k=1}^{n}X_{jk}^2}} = S_{ij}$$

在实际问题中，θ 只可能在 $0° \sim 90°$ 之间变动（因为各个向量的值都为正），那么 S_{ij} 的值也就只能在 1 和 0 之间变动。

依然从数学的角度来看，式（3.2）～（3.4）实际上表示的是两个向量之间的几种空间距离，其中式（3.2）与式（3.3）之间是倍比关系。如果把这些"距离"理解为"差异度"，那么就能得到距离越大差异度越大的结论，也就是说这些指数测度的是差异度，是利用差异度来反映同构度的。虽然后来有学者对式（3.2）的合理性从数学的角度予以了分析，但自从该指数被提出以来，并没有被广泛使用。至今，产业同构测度中使用最广泛的是式（3.1）和式（3.3），也就是 UNIDO 提出的结构相似系数和 Krugman 提出的差异度指数。

再来看式（3.5），其含义是首先取同一产业在两个相比较的地区各自所占份额的最小值，相当于把地区间同一产业的"共有份额"提取了出来，表达的是地区间单个产业的结构重合度；再经加总运算，得出的就是地区间制造业整体的结构重合度，这也是我们把这个指数称为"结构重合度指数"的原因。

事实上式（3.5）与式（3.2）、式（3.3）之间还存在着确切的数量关系：

$$SSI_{ij} = 1 - \frac{1}{2}SI_{ij} = 1 - D_{ij} \tag{3.6}$$

证明如下：

假设有两个地区 i 和 j，它们中的制造业均由 n 个产业组成，由式（3.1）给出的定义可知：

X_{ik}、X_{jk} 满足如下条件：

$0 < X_{ik} \leqslant 1$，$0 < X_{jk} \leqslant 1$，$\sum_{k=1}^{n} X_{ik} = \sum_{k=1}^{n} X_{jk} = 1$，所以：

当 $k = 1$ 时：

$$SSI_{ij} = \sum_{k=1}^{n} \min(X_{ik}, X_{jk}) = \min(X_{i1}, X_{j1}) = \min(1, 1) = 1$$

$$1 - \frac{1}{2}SI_{ij} = 1 - \frac{1}{2}\sum_{k=1}^{n} |X_{ik} - X_{jk}| = 1 - \frac{1}{2}|X_{i1} - X_{j1}| = 1 - \frac{1}{2}|1 - 1| = 1$$

故可得：$SSI_{ij} = 1 - \dfrac{1}{2}SI_{ij}$

当 $k = n$ ，且假定有 m（$1 < m \leq n$）个 $X_{ik} > X_{jk}$ ，则有：

$$SSI_{ij} = \sum_{k=1}^{n} \min(X_{ik}, X_{jk}) = \sum_{k=1}^{m} \min(X_{ik}, X_{jk}) + \sum_{k=m}^{n} \min(X_{ik}, X_{jk})$$

$$= \sum_{k=1}^{m} X_{jk} + \sum_{k=m}^{n} X_{ik} = \sum_{k=1}^{m} X_{jk} + (1 - \sum_{k=1}^{m} X_{ik}) = 1 - \sum_{k=1}^{m} X_{ik} + \sum_{k=1}^{m} X_{jk}$$

$$1 - \frac{1}{2}SI_{ij} = 1 - \frac{1}{2}\sum_{k=1}^{n} |X_{ik} - X_{jk}| = 1 - \frac{1}{2}(\sum_{k=1}^{m} |X_{ik} - X_{jk}| + \sum_{k=m}^{n} |X_{ik} - X_{jk}|)$$

$$= 1 - \frac{1}{2}(\sum_{k=1}^{m}(X_{ik} - X_{jk}) + \sum_{k=m}^{n}(X_{jk} - X_{ik}))$$

$$= 1 - \frac{1}{2}(\sum_{k=1}^{m} X_{ik} - \sum_{k=1}^{m} X_{jk} + \sum_{k=m}^{n} X_{jk} - \sum_{k=m}^{n} X_{ik})$$

$$= 1 - \frac{1}{2}(\sum_{k=1}^{m} X_{ik} - \sum_{k=1}^{m} X_{jk} + (1 - \sum_{k=1}^{m} X_{jk}) - (1 - \sum_{k=1}^{m} X_{ik}))$$

$$= 1 - \frac{1}{2}(2\sum_{k=1}^{m} X_{ik} - 2\sum_{k=1}^{m} X_{jk}) = 1 - \sum_{k=1}^{m} X_{ik} + \sum_{k=1}^{m} X_{jk}$$

所以：$SSI_{ij} = 1 - \dfrac{1}{2}SI_{ij}$

由于 $D_{ij} = \dfrac{1}{2}SI_{ij}$ ，所以可以得到：$SSI_{ij} = 1 - \dfrac{1}{2}SI_{ij} = 1 - D_{ij}$

以上就是几种同构测度方法的区别与联系。

四、制造业同构测度方法的选择

既然最常用的测度产业同构的方法是 UNIDO 提出的结构相似系数和 Krugman 提出的指数，而 Krugman 提出的差异度指数又与结构重合度指数有确切的数量关系，也就是说在对同构的测度上它们之间具有等效性。因此，这里我们主要比较结构相似系数和结构重合度指数的异同，并选择出本书所要使用的测度制造业同构度的方法。

首先，由前面的分析可知，S_{ij} 表示的是两个地区间制造业的结构相似度，而 SSI_{ij} 表示的是两个地区间制造业的结构重合度，二者都可以用来测度区域间制造业的同构度。但如果我们按照前面的定义，把产业同构理解为地区间产业结构上的相同程度，再依据前面对两个指标数学含义的分析，笔者认为结构重合度指数比结构相似系数更能直观、贴切和精确地反映"同构"所具有的内涵。

其次，如果利用结构重合度来测度产业的同构程度，可以把地区间制造业的"同构"与制造业的"分工"联系起来，以制造业"同构"是否大于制造业"分工"来近似确定出判断地区间制造业同构与否的基准值。前面，我们已经证明了 $SSI_{ij} = 1 - SI_{ij}/2$，由于 Krugman 提出的结构差异度指数 SI_{ij} 还可以近似衡量地区间制造业的分工度，那么这个等式可以看作是一个表达地区间制造业结构重合度与分工度的关系式。

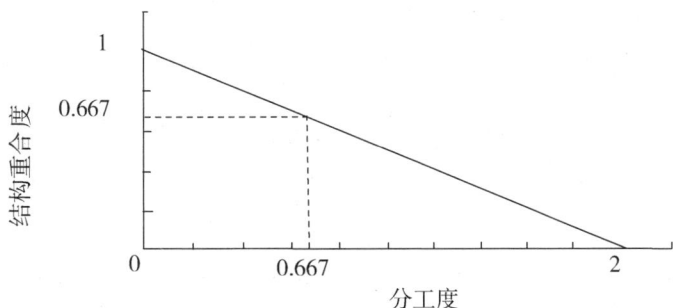

图 3.1　结构重合度与分工度的关系

由图 3.1 可以看出，随着地区间产业分工度的增大，地区间产业的结构重合度会降低，当 SSI_{ij} 与 SI_{ij} 相等时，可以解得：

$$SSI_{ij} = SI_{ij} = 0.667 \tag{3.7}$$

我们可以把 0.667 这个值看作是判断同构与否的一个基准值或临界值，即当地区间制造业的结构重合度大于 0.667 时，认为是同构；小于 0.667，则认为是非同构。在以往对长三角制造业同构问题的研究中，学者们并没有给出一个定量判断同构度高低的合理基准。有的学者认为，如果地区间制造业的结构相似度大于 0.9，则认为是结构相似，在 0.9 以下是正常的，但并没有说明这样一个基准是如何确定出来的，所以很难令人信服。而本书依据制造业"同构"是否大于制造业"分工"确定出了判断地区间制造业同构与否的一个基准值，显然，这样得到的基准值更具有说服力，也更合理。

基于以上分析可以看出，结构重合度指数在某些方面具有比结构相似系数更为优良的特性，因此我们选择结构重合度指数 SSI_{ij} 作为本书中测度制造业同构的方法，并且在以后各章的行文中笔者会不加区别地使用"结构重合度"和"同构度"这两个词，在本书中它们的含义是相同的。

第三节　制造业同构测度中指标类型选择

事实上，既然要研究产业同构问题，那么如何测度产业同构水平就是最基础和最核心的工作。因为，使用不同的方法、不同的指标测度得到的结果就会是不同的。而不同的结果势必会影响到对同构程度及其变化状况的判断。在以往的研究中，尽管有不少学者探讨过各种产业同构水平测度方法之间的异同，但直到目前为止，还很难简单地去评价某个方法的优劣。学术界普遍认为区域性产业同构的测度是一个复杂的问题，还没有一个完全科学合理的测度指标可以用来准确反映特定区域内产业的同构度。进一步，即使在方法相同的前提下，究竟该用产业的哪些指标来进行产业同构水平的测度，也是一个值得深入分析和讨论的话题。既然在实际研究中制造业的结构主要是指制造业各产业的比例关系，那么衡量这种比例关系既可以应用投入指标，也可以应用产出指标。就目前对长三角制造业同构问题研究的现状而言，绝大多数学者是从产出角度来考察的。笔者认为，人们之所以这样做，主要是因为制造业各产业的产出数据比较容易获得。然而我们知道，如果仅从产出角度来衡量地区间制造业的同构度是不全面的，应当比较从投入角度和产出角度衡量制造业同构时所得结果的异同，然后作出指标选择上的判断。进一步，即使仅从产出角度来考察制造业的结构，也存在指标类型可供我们选择，一般有总产值和增加值等指标。这些指标之间究竟有什么区别？使用不同的指标会对制造业同构的测度结果产生什么样的影响？在一定的测度方法下这些指标是否可以相互替代？对于这些问题应当予以关注。基于此，本节将以江苏与浙江制造业同构测度为例，就以上问题进行深入分析，并选择出本书测度制造业同构度时所使用的指标类型。

一、现有测度方法中所用指标的梳理

不论是利用结构相似系数、结构重合度指数等直接测度同构水平的方法，还是利用区位商、区域分工指数等间接测度同构水平的方法，在具体执行的过程中均会涉及指标选择的问题。即选择的是投入指标还是产出指标的问题。进一步，若选择的是投入指标，那么究竟选择的是投入指标中的劳动投入指标还是资本投入指标？若选择的是产出指标，那么究竟选择的是总产值指标还是增加值指标？通过梳理现有关于产业同构的研究发现，在该问题的处理上不同学者有着不同的偏好。多数学者是用产出指标来测度产业同构水平的，而且多用的是总产值指标，如金戈（2010）、石军伟等（2013）以及鲁金萍等（2015）。也有少部分学者用的是增加值指标，如范剑勇等（2011）。当然，还有少数学者用的是从业人数这样的投入指标来测算产业同构水平的，如路江涌等（2006）。当然，也有学者在进行同构度测算时，并没有言明具体用的是哪类指标，如陈建军（2004）等。而对于国外学者而言，在测算地方专业化水平时，多使用的是从业人数这一指标，如克鲁格曼（Krugman，1991）、埃里森和格莱泽（Ellison and Glaeser，1997）、毛雷尔和塞迪洛（Maurel and Sedillot，1999）等。至于国内学者为什么多用产出指标，而很少用从业人数等投入指标，范剑勇等（2011）给出的解释是：对于规模以上制造业企业而言，更倾向于资本替代劳动，因而若用从业人员这一指标来测算同构度可能会带来一定偏差。但对于国外学者为什么偏好用从业人员这一指标的原因，至今未见有关文献予以说明。笔者认为，国内多数学者不倾向于使用从业人员指标的原因可能与中国企业存在的冗员现象有关，该现象的存在使得从业人员数不能真实反映企业的状况。而在国外，尤其是发达国家，缘于市场经济的充分发展，企业的冗员问题较国内而言十分轻微，因此他们更喜欢用从业人数这个指标去研究产业结构相关问题。同时，在已经完成工业化的发达国家，资本深化的推进降低了其回报率，而人力资本则被认为是维持乃至提高资本回报率的持久性因素，因此他们更加重视"人"的作用，缘于此这些国家的学者更加喜欢选择用从业人数作为衡量产业发展的指标就不足为奇了。此外，增加值指标也被部分国外学者所使用，因为他们认为增加值更能真实反映产业的发展状况，而总产值中由于包含了太多的中间投入可能会导致分析偏差的出现。既然总产值指标存在这样的缺陷，那么为什么国内学者又多使用该指标呢？笔者认为原因可能有二：第一，该指标容易获取，尤其在 2009 年以后我国公开的资料中取消了工业各细分行业增加值数据的披露后，总产值就是最为容易获得的产出指标；第二，习惯性从众思维的体现，即前人偏好用总产值数据，那么后来的学者在这样一个细小的问题上未进行更为深入的分析，习惯性地沿用了前人的做法。

二、表征投入与产出的指标类型

（一）表征投入的指标

如果从投入角度来考察一个产业状况，那么主要有两种指标可供选择，一个是劳动力投入指标，另一个是物质资本投入指标。在一般的统计资料中，又把劳动力分为两类，一类是职工人数，另一类是从业人员。所谓职工，是指在国有经济、城镇集体经济、联营经济、股份制经济、外资和港、澳、台投资经济、其他经济单位及其附属机构工作，并由其支付工资的各类人员。从业人员是指从事社会劳动并取得劳动报酬或经营收入的全部劳动力。包括全部职工、城镇私营企业从业人员、城镇个体劳动者等。从业人员这一指标反映了各单位实际参加生产或工作的全部劳动力，说明了一定时期内全部劳动力资源的实际利用情况。因此，研究中常常使用的是从业人员数而不是职工人数来反映企业或产业的运行情况。物质资本受到投入时间以及价格等因素的影响，其存量的大小需要经过估算才能获得，一般统计资料中提供的各个产业的固定资本原值、固定资本净值等指标是不能直接使用的，所以，一般情况下研究产业结构时都不使用物质资本这个指标。相对于物质资本指标来说，劳动力存量指标比较容易获得，因为各地的统计年鉴中均有反映就业情况的数据，所以人们常用劳动力结构来考察产业结构。本书中，也将利用制造业各产业历年的平均从业人员数来从投入角度考察制造业的同构度。

（二）表征产出的指标

表征制造业产出水平的指标主要有：总产值、增加值、主营业务收入、销售产值、商品产值等。在实证研究中使用最多的是前三个指标，简要解释如下：

工业总产值是以货币形式表现的、工业企业在一定时期内生产的已出售或可供出售的工业产品的总量。包括成品价值、工业性作业价值、自制半成品、在产品期末期初差额价值。工业总产值采用"工厂法"计算，即以工业企业作为一个整体，按企业工业生产活动的最终成果来计算。企业内部不允许重复计算，但企业之间、行业之间、地区之间存在着重复计算。

工业增加值是指在报告期内工业企业在工业生产活动中创造的价值，目前统计上主要使用"生产法"来计算增加值，即工业增加值是工业总产值扣除了在生产过程中消耗或转移的物质产品和劳务价值后的余额。计算公式如下：

$$VA = GV - MV + AT \tag{3.8}$$

其中：VA—工业增加值；

GV—工业总产值；

MV—中间投入（是指企业在报告期内用于工业生产活动所一次消耗的外购材料、燃料、动力及其他实物产品和对外支付的服务费用）；

AT—应交增值税。

工业增加值与工业总产值的区别主要是扣除了中间投入，消除了企业、行业间、地区间的重复统计，因此更能直接反映新创造的价值，能更准确地反映工业生产经营的最终成果，增加值又是依生产法计算 GDP 的基础。但从 2009 年起，我国在统计年鉴中不再发布制造业分行业的增加值数据，该指标无法直接获得，也无法进行比较分析。

至于为什么不再发布工业分行业增加值数据，国家统计局官网给出的解释是："从 2009 年起，国家统计局改革了规模以上工业增加值数据计算方法，正式实施工业企业成本费用调查。调查范围是全部大中型工业企业和部分规模以上小型工业企业，共约 10 万家。年度工业增加值的计算步骤是：首先根据工业企业成本费用调查数据计算出每个调查企业的工业增加值；再汇总出分行业中类、大类和总计工业增加值、工业总产值，并计算分行业工业增加值率（工业增加值与工业总产值的比率）；最后，利用调查企业的分行业工业增加值率乘以规模以上工业的分行业工业总产值即得到年度规模以上分行业的工业增加值并汇总出总的工业增加值。工业增加值是计算 GDP 的一项基础性、过程中的指标。所以，自 2008 年开始，不再对外发布年度规模以上工业分行业增加值数据。但在发布 GDP 数据时，会同时发布年度和季度全部工业增加值数据。"

从会计上看，收入是指企业在日常活动中形成的、会导致所有者权益增加的、与所有者投入资本无关的经济利益的总流入。主营业务收入指企业确认的销售商品、提供劳务等主营业务的收入，来源于会计"主营业务收入"科目的期末贷方余额（结转前）。2012 年开始，国家统计年鉴中已不再公布制造业分行业的总产值数据。因此，在以上各项产出指标中，只能选择以主营业务收入来计算同构度。此外，从 2019 年开始，国家统计局在工业行业的统计指标中也以"营业收入"替代了"主营业务收入"，以更加全面反映工业企业的生产经营状况。只不过本书并不涉及 2019 年以后的数据。

三、基于不同指标类型对制造业同构的测度

本书拟以 2010—2017 年江苏、浙江两省制造业为例，来研究在使用不同类型数据时测度结果的异同。投入方面使用的是年均从业人员数这个指

标，产出方面使用的是主营业务收入这个指标，均可以从相关年度的《江苏统计年鉴》和《浙江统计年鉴》中获得。利用式（3.5）便可以计算不同数据类型下江苏与浙江制造业结构重合度，如表 3.1 所示。

对比表中的数据可以看出，用年均从业人数计算得到的同构度要普遍高于用主营业务收入计算得到的同构度，可见从表面上看，用不同指标计算得到的结果是有差异的。但仔细分析可以发现：第一，不论是用年均从业人数计算得到的同构度还是用主营业务收入计算得到的同构度，尽管数值大小有差异，但多数年份均处于相同区间，即在 0.7 ~ 0.8 这个区间；第二，从结算得到的同构度的变化趋势来看，总体都呈波动下降的变化趋势，用年均从业人数计算得到的同构度从 2010 年的 0.824 下降到了 2017 年的 0.785，用主营业务收入计算得到的同构度从 2010 年的 0.760 下降到了 2017 年的 0.710；第三，通过对两组数据的相关性检验发现，它们之间的泊松相关系数为 0.611，在 5% 的水平上是显著的。

表 3.1　不同指标计算得到的江苏与浙江制造业同构度

年份	用年均从业人数计算的同构度	用主营业务收入计算的同构度
2010	0.824	0.760
2011	0.775	0.745
2012	0.805	0.726
2013	0.802	0.715
2014	0.799	0.716
2015	0.786	0.703
2016	0.755	0.696
2017	0.785	0.710

由以上分析可以得出这样的结论：在应用结构重合度指数测度江苏与浙江制造业的同构度时，利用以上两种指标计算得到的结果并无显著差异。即计算结果对使用以上两类指标中的哪一类并不敏感。这样我们就可以选择比较容易获得的数据类型来测算苏浙乃至长三角制造业的结构重合度问题，降低了数据获得难度。本书在后面的研究中，将选择最容易获得

的各行业主营业务收入数据来计算地区间制造业的同构度。

本章小结

　　本章对同构与结构趋同这两个概念进行了界定。对常用的几种测度产业同构的方法进行了比较分析。结果表明，常用的结构相似系数可能高估了长三角制造业的同构度，而结构重合度指数才是比较理想的测算制造业同构度的方法。同时，以同构度是否大于分工度为界限，确定出了判断地区间制造业同构与非同构的一个基准值 0.667。对制造业同构测度中使用的指标类型进行了对比分析。结果显示，无论使用就业数据，还是使用主营业务收入数据来测度长三角制造业的同构度，所得结果并无显著差异。这样就可以选择比较容易获得的数据来计算长三角制造业的同构度。

第四章

长三角制造业低端同构的现实考察

前已述及，长三角制造业的低端同构是本研究的逻辑起点。不论从内部发展需要看，还是从外部竞争环境看，长三角制造业的转型升级，必须解决的就是低端同构问题。那么，长三角制造业的低端同构处于什么样的状态？其动态变化又是什么样的？厘清这些问题是开展后续研究的基础。

第一节　长三角制造业的发展概况

经过改革开放以来 40 多年的持续发展，由上海、江苏和浙江组成的长三角地区已经成长为我国最具经济活力、开放程度最高、综合实力最强的区域之一。其以全国 2.21% 的土地面积和 11.62% 的人口，创造出了全国 20.16% 的生产总值、12.18% 的财政收入、51.68% 的进出口货物贸易和 47.78% 的实际利用外资。中国特色社会主义进入新时代，长三角地区必须在更高起点上深化改革、更高层次上扩大开放和更高水平上协同创新，进而高质量推进区域一体化，继续承担起支撑和引领中国经济发展的战略使命，这既是大势所趋，也是内在要求。

一、长三角制造业发展取得的成就

（一）长三角制造业规模持续壮大

从增长速度方面看，改革开放以来的 40 年间，长三角两省一市制造业总体呈高速增长态势，年均增长速度超过了10%，虽然近年来增速有所回落，但除上海外，其余两省制造业的增长速度均超过了6%，仍然处于中高速的增长区间。从规模变化方面看，2017年，长三角制造业主营业务收入达到23.94万亿元，占全国制造业主营业务收入的比重为23.48%，是我国名副其实的制造业基地。其中江苏制造业的规模最大，主营业务收入达到14.29万亿元，比其余一省一市制造业规模的总和还要大。同时，以名义价格计算，2017年长三角的工业增加值是6.46万亿元，是1978年的170多倍。从产业门类方面看，对照国民经济行业分类标准发现，长三角制造业已经完全覆盖了制造业所包含的31个大类产业。完备齐全的产业门类，不仅为地区间产业的协同分工奠定了坚实基础，也为全球化生产提供了强大的配套服务能力。

（二）长三角制造业质量稳步提升

从结构方面看，长三角制造业优化升级稳步发展。战略性新兴产业实现了由小到大的快速增长。2017年，该类产业的总产值占工业总产值的比重已经超过了30%，且战略性新兴产业在两省一市间发展的均衡性较好，占工业产值的比重均在30%左右。从效率方面看，长三角制造业每个从业人员所创造的主营业务收入由2010年的76.35万元增加到了2017年的127.18万元，年均增长速度为7.61%。其中，江苏年均增长速度最快，达到9.02%。从创新能力看，长三角全社会研发投入占GDP的比重2017年为3.03%，较2010年提高了将近0.8个百分点，呈现创新能力整体提升的良好发展态势。同时，上海在该指标上遥遥领先，已接近4%，浙江也已经突破2%。

（三）长三角制造业分工逐步深化

从制造业的区际转移看，上海和浙江制造业相对规模呈现缩小趋势，而江苏制造业相对规模不断扩大，上海正在逐步将制造业尤其传统制造业向江浙转移，形成分工合作的格局。从优势产业看，上海的汽车制造业最具优势，江苏的计算机、通信和其他电子设备制造业最具优势，浙江电气机械和器材制造业最具优势。从产业链分工看，以大规模集成电路为例，上海已经形成全产业链的格局，而江苏侧重的是封装和测试，浙江侧重的是设计，基本形成了产业互补性发展态势，为推进产业区域分工协作和联动奠定了基础。

二、长三角制造业发展面临的困境

（一）同质竞争问题突出

由于区域内各地区地缘关系相近、行政分割等原因，导致大部分地区选择发展的产业十分相似。由此，便形成了长三角制造业的同构现象。计算表明，2010年长三角制造业平均的结构重合度为0.741，到2017年，这一数字并没有明显下降，仍然高达0.728。尤其江苏与浙江制造业的结构重合度甚至超过了0.8。同时，比较两省一市制造业规模排名前五位的行业发现，电气机械和器材制造业、化学原料和化学制品制造业和通用设备制造业在三个地区同时出现，进一步印证了同构的严峻现状。制造业结构趋同是重复建设导致的结果，极易引发同质化竞争。这一现象的长期存在，不仅反映出该地区产业的分工与合作还有进一步深化的空间，而且也阻碍着区域内制造业的协同升级，更会对制造业高质量一体化进程产生影响。

（二）国际分工地位不高

尽管在大型飞机制造、深海探测装备、高速动车生产等领域都有长三角制造的身影。但就整个长三角制造业而言，发展不平衡和不充分的结构性矛盾仍然比较突出。尤其从国际分工角度来看，许多领域仍集中在低附加值的非核心部件加工制造和劳动密集型装配环节，发展方式粗放，产品附加值不高，转型升级进程缓慢，大而不强的地位没有发生根本改变。尤其在传统制造业领域甚至出现了被大型跨国公司"俘获"而不能升级的发展困境。2017年长三角地区加工贸易出口额占出口总额的比重为36.29%，虽然出现了连年下降的趋势，但仍然高于许多发达国家。尤其江苏，加工贸易出口额占出口总额的比重竟然高达 51.65%，代工经济的特征明显。同时计算发现，2017 年长三角制造业的增加值率为 25.91%，与美国制造业的增加值率相比，大约低了 15 个百分点。这些都表明，长三角制造业在全球价值链分工中仍处于中低端。

（三）技术创新能力不强

虽然近年来长三角制造业的技术创新能力在不断提升，但与世界主要发达国家相比，技术创新能力仍然不强。一是研发投入强度上存在较大差距。2017 年，长三角规模以上工业的研发投入强度仅为 1.36%，与美国制造业接近 4.5% 的研发投入强度相比尚有很大的改善空间。二是研发投入的方向存在偏差。以上海为例，2017 年工业企业的研发投入中，仅有不到 1% 投入到了基础研究和应用研究领域。三是成果转化能力不强。有数据显示，包括长三角在内的整个中国，科技成果的转化率不到 10%，较主要发达国家近 40% 的转化率而言，差距十分巨大。正是缘于上述原因，形成了长三角制造业的自主创新能力较弱，开发设计水平较低，试验检测手段不足，关键共性技术缺失，核心零部件受制于人，基础制造工艺落后，关键材料依赖进口的严峻局面，进而导致低端产能过剩、高端产能不足的现实困境。以集成电路产业为例，长三角的产量已经占据全国产量的半壁江山，但由于缺乏顶尖人才、核心专利、重大原创成果和颠覆性技术，制造工艺与技术落后国际主流 2~3 代，高端芯片的对外依赖依然十分严重，自主可控任重道远。

第二节　低端同构的概念界定

既然低端同构是长三角制造业升级的逻辑起点，那么在梳理长三角制造业发展现状之后和在测度分析制造业低端同构现实状况之前，有必要对"低端同构"这一概念进行界定。

"结构"，是指构成事物整体的各组成部分或构成要素的搭配或安排，体现的是各组成部分或构成要素之间相互作用与联系的方式。其具有稳定性、相对性和有序性特征。同时，其与"功能"相对，结构决定功能，是功能发挥的基础，也是事物整体有序性和组织性的基础。而所谓"同构"，是指两个或两个以上对象之间在结构上相同或相似的程度。结构上的这种相似程度越大，表明同构度越高，反之越低。而且，如果随着时间的推移，对象之间的同构度是升高的，那么称之为"结构趋同"，反之称之为"结构趋异"。可见，"同构"更多是从静态角度表征彼此之间的结构关系的，而"趋同"更侧重的是从动态的角度来表征彼此之间的结构关系的。具体到制造业，其结构是指构成制造业各行业或各部分之间的比例关系。制造业的同构是指地区间制造业在结构上的相同或相似的程度。制造业的结构趋同，是指地区间制造业同构度逐步增大的过程。

"低端"，是指事物在排序上的最低等级、最末位置或最低水平。据此内涵解释可以发现，"低端"是相对于"高端"的一个词，具有相对性，是与其他事物比较形成的一种判断性结果。当某一事物依据某一或某些标准与另一事物进行比较排序时处于低端，并不代表着其在所有事物中是的低端的，因为若把该事物与别的事物进行比较时，其有可能不是低端的。具体到制造业而言，其低端性主要是将其置于全球价值链中，就其国际分工地位而言的。改革开放以来，特别是加入世界贸易组织以来，中国制造业深度参与了全球产业分工，但以加工组装环节为主，处于跨国公司主导的全球价值链低端，利润薄、创新弱、附加值低、资源消耗多、环境污染大，低端性特征明显。

基于对"同构"和"低端"的解析，就可以对"低端同构"进行定义。所谓制造业的"低端同构"是指地区间选择发展的制造业不但在结构上具有较高的相似度，而且由于缺乏创新能力导致其在国际或区域价值链分工中处于低端的一种特定现象。据此内涵，考察制造业的低端同构现象，关键是要识别其是否同时具备低端性和同构性。

第三节　长三角制造业低端同构的现实考察

一、长三角制造业低端性考察

对长三角制造业是否存在低端性的判断需要通过比较才能得出相关结论，这就涉及比较对象与指标的选择问题。关于比较对象的选择，主要考虑国际比较，且主要是与美国的制造业的比较。之所以做这样的选择，原因在于，虽然 2010 年之后中国制造业的总产值超越了美国，但并没有改变美国是世界制造业第一强国的地位，其在高端装备制造、关键核心技术以及产品创意设计等方面一直处于世界领先水平，与其做比较可以发现长三角制造业的差距。

关于比较指标，选择三个，即研发投入强度、增加值率和销售利润率。研发投入强度是研发费用支出占销售收入的比重，增加值率是增加值与总产值的比值，销售利润率是利润与销售收入的比值。众所周知，判断制造业是否处于低端，首先要看其技术水平，而技术水平的高低与研发投入密切相关，因此有必要选择研发强度这样的指标来进行比较。选择增加值率作为指标的主要目的是要考量制造业的附加值的高低。一般而言，某一产业越是高端其增加值率就越高，代表着其附加值就越高。反之，若其增加值率越低，则代表着其附加值越低。尤其从全球价值链分工角度看，对于产业高低端的判断，增加值率是常用的指标。此外，越是高端的产业其盈利能力越好，因此也选择了销售利润率这一指标进行比较。

表 4.1 显示了相关年份美国制造业和长三角制造业在研发投入强度、增加值率和销售利润率方面的数据。需要说明的是，美国制造业的各项原始数据来源于美国经济分析局网站（https：//www. bea. gov/），并经计算得到。长三角制造业的原始数据来源于相关年份的《上海统计年鉴》《江苏统计年鉴》和《浙江统计年鉴》，后经计算得到。就长三角而言，为保

持不同时点上数据的一致性，研发投入强度这一指标取的是大中型工业企业的相关数据，并不是规模以上制造业的数据，因为在 2010 年以前的统计资料中没有关于规模以上工业企业的研发投入数据。同时，由于 2008 年以后公开的统计资料中不再披露制造业各行业的增加值数据，所以在计算增加值率时，用的是规模以上工业的增加值及其对应的总产值。

表 4.1　美国制造业与长三角制造业的比较　　　　　　　　　　%

指标	国家或地区	2000	2005	2010	2015
研发投入强度	美国	3.18	3.56	3.72	3.99
	长三角	0.63	0.83	0.99	1.41
增加值率	美国	36.81	35.72	36.66	37.22
	长三角	36.63	26.75	22.09	22.01
销售利润率	美国	13.99	15.77	18.11	18.59
	长三角	5.68	5.07	7.06	7.26

从研发投入强度这个指标看，美国制造业由 2000 年的 3.18% 增长到了 2015 年的 3.99%，虽然增长缓慢，但经过十几年的努力，已达到接近 4% 的高度。而反观长三角制造业，研发投入强度虽然增长速度较美国制造业快，从 2000 年的 0.63% 增长到了 2015 年的 1.41%，但比较发现，其远低于美国制造业的研发投入强度，而且尽管经历了十几年的变化，差距几乎没有缩小，基本保持在 2.5 个百分点左右。从增加值率看，美国制造业由 2000 年的 36.81% 增长到了 2015 年的 37.22%，而同时期长三角制造业则由 36.63% 下降到了 22.01%。也就是说，初始状态增加值率相差无几的情况下，到目前差距已经扩大到了 15 个百分点，这一变化不仅反映出长三角制造业低端性的特点，而且也体现出了被锁定的迹象。从销售利润率来看，美国制造业由 2000 年的 13.99% 增长到了 2015 年的 18.59%，长三角制造业由 2000 年的 5.68% 增长到了 2015 年的 7.26%，均呈增长态势，但差距明显，而且差距呈不断扩大的态势，由 2000 年的 8.31 个百分点扩大到了 2015 年的 11.33 个百分点。以上分析表明，与美国相比长三角制造业明显处于低端。

二、长三角制造业同构性考察

对于产业同构的测度，已经有大量学者进行过研究和分析，也提出了若干测度方法。本书采用第三章中所提出的结构重合度指数来衡量长三角制造业的同构水平。加入时间因素后，具体方法的表达式如下：

$$SSI_{ijt} = \sum_{k=1}^{m} \min(X_{itk}, X_{jtk}) \tag{4.1}$$

i、j 为被测度的两个地区。k（$k = 1, 2, \cdots, m$）为两个地区制造业所包含的某一行业，m 为制造业包含的行业总数。t 为时期。X_{itk}、X_{jtk} 分别为 t 时期 i 地区、j 地区中第 k 行业占当地制造业所有行业的比重。SSI_{ijt} 是 i、j 两个地区 m 个行业在 t 时期的同构水平，其值介于 0 与 1 之间，且越大表示同构度越高。式中，函数"min"的其含义是：通过计算同一行业在两个地区各自所占份额的最小值，实现对同一行业在两个地区间共有份额的提取，这种共有份额所体现的就是在结构上相重合的部分。把每个行业的重合部分相加，得到的就是地区间整个产业的结构重合度。

在利用上述模型测度得到表征同构水平的重合度结果后，还需要对同构与否以及同构程度作出相对而言有一定区分度的判断，如此才有利于对同构现象的描述和分析。为此，依据前文提出的 0.667 这个判断产业同构与否的标准，在征询专家建议的基础上，笔者定义了判断同构程度高低的判断准则，结果如表 4.2 所示。

表 4.2 产业同构程度的判断标准与相应称谓

同构度的数值范围	对应的称谓或状态	同构度的数值范围	对应的称谓或状态
$0 \leqslant SSI_{ijt} < 0.667$	非同构	$0.800 \leqslant SSI_{ijt} < 0.900$	中度同构
$0.667 \leqslant SSI_{ijt} < 0.700$	微度同构	$0.900 \leqslant SSI_{ijt} < 1.000$	高度同构
$0.700 \leqslant SSI_{ijt} < 0.800$	低度同构	$SSI_{ijt} = 1.000$	完全同构

如无特别说明，本研究报告对同构程度的判断与表述将以此表为准。在以往关于产业同构的测度研究中，对该方面的关注还不是很多。需要说明的是，0.667 这一判断标准仅适用于利用结构重合度模型测度产业同构

水平的情形。

依据上述公式，在获得长三角两省一市制造业各行业总产值数据后，就可以计算得到同构度，结果如表4.3所示。

观察表4.3中的数据发现，就上海与江苏制造业的同构水平而言，总体呈先波动上升然后波动下降的趋势，由2000年的0.785上升到了2005年的0.806，后又下降到了2017年的0.710。也就是说上海与江苏制造业先表现出的是结构趋同，而后又出现了趋异的发展态势。就上海与浙江制造业的同构水平而言，除2000年超过了0.7以外，其余年份均在0.65～0.7之间变动，并没有出现较大的起伏，没有明显的趋同或趋异的发展态势。就江苏与浙江制造业的同构水平而言，总体呈现下降而后微有上升的发展变化趋势，当然总体而言体现出的是结构趋异的走势，同构水平由2000年的0.847下降到了2003年的0.816，之后从2004年开始两地制造业同构水平更是跌破了0.8进入了0.7的阶段，当然，到2017年同构水平又回升到了0.800。进一步的计算发现，2000—2017年间，上海与江苏制造业同构水平的均值为0.754，上海与浙江制造业同构水平的均值为0.675，江苏与浙江制造业同构水平的均值为0.793，由此表明，就平均水平而言，江苏与浙江制造业的同构水平最高，其次是上海与江苏，然后是上海与浙江。依据表3.2给出的判断标准可以判定，上海与江苏之间处于低度同构状态，上海与浙江之间是微度同构甚至某些年份是非同构状态，而江苏与浙江之间处于低度同构状态，但近年来趋同化发展趋势明显，到2017年已经达到中度同构状态。

表4.3　2000—2017年长三角制造业同构水平

年份	上海与江苏	上海与浙江	江苏与浙江	长三角平均
2000	0.785	0.727	0.847	0.786
2001	0.761	0.695	0.844	0.767
2002	0.772	0.693	0.830	0.765
2003	0.759	0.669	0.816	0.748

年份	上海与江苏	上海与浙江	江苏与浙江	长三角平均
2004	0.800	0.659	0.769	0.743
2005	0.806	0.670	0.756	0.744
2006	0.797	0.679	0.775	0.750
2007	0.784	0.677	0.776	0.746
2008	0.780	0.685	0.782	0.749
2009	0.758	0.667	0.785	0.737
2010	0.760	0.666	0.796	0.741
2011	0.745	0.669	0.780	0.731
2012	0.726	0.672	0.773	0.724
2013	0.715	0.661	0.779	0.718
2014	0.716	0.669	0.785	0.723
2015	0.703	0.661	0.788	0.717
2016	0.696	0.661	0.789	0.715
2017	0.710	0.675	0.800	0.728

进一步，为从总体上认识长三角制造业的结构变动情况，计算了上海与江苏制造业同构水平、上海与浙江制造业同构水平、江苏与浙江制造业同构水平的平均值，并以此表示长三角制造业的总体同构状况，数据如表4.2所示。同时，为了能更清楚地观察同构水平的变化情况，用图4.1对其随时间的变化趋势进行了显示。

由图4.1可以看出，长三角制造业的总体同构水平呈波动下降的变化态势，从2000年的0.786下降到了2017年0.728，降幅为0.058。这表明进入21世纪以来，长三角地区制造业呈现的是结构趋异，而不是趋同。这对清晰认识长三角制造业的结构变动提供了事实依据。通过拟合分析发现，长三角制造业同构水平随时间的下降速率为0.0032。当然，从图3.1可以看出，从2016—2017年有同构度的变化"翘尾"现象存在。依据表3.2的判断标准，就长三角制造业整体而言，一直是处于低度同构状态。

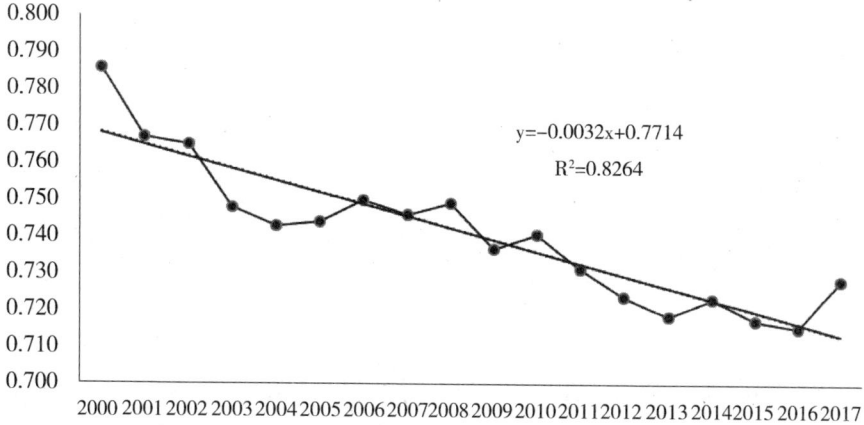

$$y=-0.0032x+0.7714$$
$$R^2=0.8264$$

图 4.1 2000—2017 年长三角制造业总体同构水平变化趋势

综合上述比较分析发现，一方面长三角制造业具有低端性，另一方面又具有同构性，因此长三角制造业处于低端同构状态。

第四节 长三角高技术产业低端同构的现实考察

为进一步证实长三角制造业的低端同构性，在考察了制造业整体的低端同构性后，我们选择制造业中的高技术产业为对象，对其是否存在低端同构现象进行进一步论证。所谓高技术产业，是指以先进高端技术为基础，主要从事高技术含量、高附加值产品或服务研究、开发与生产的产业。其具有研究与开发投入大、知识与技术密集度高、更新与换代速度快、资源集约度高、环境污染少的特点。发展高技术产业对一个国家或地区知识的转移与流动、技术的进步与扩散、产业结构的升级与优化和国际分工与竞争地位的提升具有不可替代的作用。缘于此，当今世界几乎所有国家或地区，均把加快发展高技术产业放在了极其重要的战略地位，作为我国经济发展水平较高区域之一的长三角也不例外。

一、长三角高技术产业低端性考察

根据《国家统计局关于印发高技术产业（制造业）分类（2017）的通知》（国统字〔2017〕200号），高技术产业主要包括医药制造业、航空、航天器及设备制造业、电子及通信设备制造业、计算机及办公设备制造业、医疗仪器设备及仪器仪表制造业、信息化学品制造业等6大类。

与前节相似，对长三角高技术产业是否存在低端性的判断也需要通过比较才能得出相关结论，也涉及比较对象与指标的选择问题。关于比较对象，鉴于高技术产业的特殊性和数据的可获得性，也为了更加全面地识别其是否存在低端性，选择两个：一个是经济合作与发展组织（Organization for Economic Co‐operation and Development，OECD）中部分发达国家的高技术产业，另一个是全国的高技术产业。在高技术产业的比较中，之所以会把比较对象从美国扩展到经济合作与发展组织中其他部分发达国家的原因在于，这样多国别的比较可以提供更多可靠信息，也可以更全面了解发达国家高技术产业的发展状况，这与前面制造业低端性比较时对象的选择有不同之处。同时，之所以与全国高技术产业做比较，目的在于考察长三角作为全国高技术产业集聚区，其实际表现究竟如何。关于比较指标，根据公认的观点，高技术产业最显著的特点是研发经费投入强度相对较高。那么，对长三角高技术产业是否存在低端性的考察首先就应从研发经费投入强度这个指标的比较入手。其次，从国际产业价值链分工角度也可以判断长三角高技术产业所处的地位，即可以通过高技术产业附加值水平的比较来得出长三角高技术产业是否存在低端性的判断。而对于附加值水平的衡量可以用增加值率这一指标来实现。在进行高技术产业的国际比较时，主要使用的是上述两个指标。而在高技术产业的国内比较时，为了更加全面地说明所要研究的问题，将上述两个指标连同新增加的部分指标按照投入、产出、绩效三个大的方面进行梳理比较。同时，除特别说明外，所用数据均来源于历年《中国高技术产业统计年鉴》或根据其计算得到。

（一）国际比较

表4.4 显示了长三角与经济合作与发展组织部分国家高技术产业研发经费投入强度的有关数据。

表4.4　高技术产业研发经费投入强度的国际比较（%）

国家或地区	2001	2003	2007
美国	9.74（2000）	12.50	19.74（2009）
德国	8.08	8.46（2005）	6.87
英国	8.42（2000）	10.64	11.10（2006）
法国	6.28	7.69（2002）	7.74（2006）
日本	10.47	9.96	10.51（2008）
韩国	4.84	5.46（2005）	5.86（2006）
长三角	0.76	0.65	0.88

从横向比较看，美国高技术产业的研发经费投入强度最大，2009年达到了19.74%；其次是英国，该指标在2006年达到了11.10%；然后是日本，2006年该指标为10.51%。这三个国家的研发经费投入强度均超过了10%，处于第一梯队。德国、法国和韩国高技术产业研发经费投入强度分布在5%~10%之间，处于第二梯队。而同时期，长三角高技术产业的研发经费投入强度则相形见绌，甚至连1%都没有达到，可见其间存在的差距有多么巨大。当然从纵向比较看，除德国等少数发达国家外，表中多数国家高技术产业的研发经费投入强度均呈逐步增大的态势，长三角也不例外。

表4.5 显示了长三角与经济合作与发展组织部分国家高技术产业增加值率的有关数据。从横向比较看，美国的表现依然最为抢眼，其高技术产业增加值率在2009年超过了50%，明显领先于其余各国，位于第一方阵。其次是英国，该指标在2006年超过了40%。德国和日本高技术产业增加值率也均在30%以上。法国和韩国高技术产业的增加值率徘徊在25%左右，位于第三方阵。长三角高技术产业的增加值率到2007年已跌破20%，

69

与发达国家形成了较大差距。从纵向比较看，美国、英国高技术产业增加值率呈逐年上升的发展态势，德国、法国、日本和韩国高技术产业增加值率呈两头低中间高的波动态势，而长三角高技术产业增加值率呈现出了明显的下降趋势，与其他国家形成了较大反差。

表4.5 高技术产业增加值率的国际比较（%）

国家或地区	2001	2003	2007
美国	42.63（2000）	43.10	50.53（2009）
德国	35.84	40.58（2005）	38.0
英国	35.82（2000）	38.58	41.41（2006）
法国	26.44	26.90（2002）	23.72（2006）
日本	36.42	38.69	33.59（2008）
韩国	22.23	28.04（2005）	26.56（2006）
长三角	24.22	21.14	19.93

由以上两个关键指标的比较说明，长三角与部分发达国家相比，高技术产业的研发经费投入强度和增加值率均很低。也就是说，从全球价值链分工的角度看，长三角高技术产业低端性明显。

（二）国内比较

表4.6显示了长三角与全国高技术产业研发经费投入和研发人员投入强度的基本状况。

表4.6 长三角与全国高技术产业投入指标的比较（%）

指标	国家或地区	2000	2005	2010	2015
研发经费投入强度	全国	1.07	1.05	1.30	1.87
	长三角	0.83	0.89	0.96	1.61
研发人员投入强度	全国	6.69	5.24	4.24	6.82
	长三角	5.62	4.80	3.55	6.78

研发人员投入强度是由研发活动人员数除以从业人数得到的。比较表中数据发现，不论长三角还是全国，高技术产业的研发经费投入强度基本

呈逐年增加的态势，分别从 2000 年的 0.83%、1.07% 增大到了 2015 年的 1.61% 和 1.87%。而研发人员投入强度则均呈先减弱后增强的发展态势，甚至不论是长三角还是全国，该指标在 2010 年的数值还要低于 2000 年。当然，虽然两个指标的变化趋势一致，但在强度上长三角均要低于全国。尤其在研发经费投入强度上，长三角不仅与发达国家差距巨大，甚至不及全国平均水平，这是造成该区域高技术产业实则技术不高的重要原因之一。

表 4.7　长三角与全国高技术产业产出指标的比较

指标	国家或地区	2000	2005	2010	2015
每万名从业人员有效专利拥有数（件/万人）	全国	2.93	10.04	45.94	187.29
	长三角	2.93	3.77	24.12	117.31
新产品销售收入占主营业收入比重（%）	全国	23.86	20.12	22.09	29.59
	长三角	25.00	17.47	16.49	28.25

表 4.7 显示了长三角与全国高技术产业两个产出指标的基本状况。其中每万名从业人员有效专利拥有数增长迅速。就全国而言，该指标从 2000 年的 2.93 件/万人，增加到了 2015 年的 187.29 件/万人，增长了 60 多倍。就长三角而言，该指标从 2000 年的 2.93 件/万人，增加到了 2015 年的 117.31 件/万人，增长了 40 多倍。尽管该指标都在快速增长，但全国高技术产业的表现要明显好于长三角。因为全国的年均增长速度为 31.94%，长三角的年均增长速度为 27.89%。从新产品销售收入占主营业务收入比重这个指标看，全国呈先降后升的波动发展态势，从 2000 年的 23.86% 增加到了 2015 年的 29.59%，长三角从 2000 年的 25% 增长到了 2015 年的 28.25%，与全国相比仍然低了 1.34 个百分点，形成了一定反差。

表 4.8 显示了长三角与全国高技术产业两个效益指标的基本状况。就主营业务利润率这个指标而言，仅 2000 年长三角高于全国，剩余年份中全国均高于长三角。就增加率这个指标看，长三角高技术产业的表现也要

低于全国。基于此，从效益角度看，长三角高技术产业的表现不及全国。

表4.8　长三角与全国高技术产业效益指标的比较（%）

指标	国家或地区	2000	2005	2007	2010	2015
主营业务利润率	全国	6.70	4.20	4.01	6.55	6.42
	长三角	7.22	3.60	3.56	5.62	6.37
增加值率	全国	26.51	24.50	23.65	–	–
	长三角	23.93	21.14	22.13	–	–

从以上分析发现，除个别指标在个别年份长三角好于全国外，不论是从投入角度、产出角度看，还是从效益角度衡量，长三角高技术产业的表现均逊色于全国的高技术产业。

二、长三角高技术产业同构性考察

依据前节的产业同构测度方法，可以计算得到长三角高技术产业的同构度，结果如表4.9所示。需要说明的是，由于未获取2018年《中国高技术产业统计年鉴》，故同构度仅计算到了2016年。

表4.9　2000—2016年长三角高技术产业同构水平

年份	上海与江苏	上海与浙江	江苏与浙江	长三角平均
2000	0.918	0.738	0.750	0.802
2001	0.884	0.728	0.755	0.789
2002	0.908	0.759	0.710	0.793
2003	0.974	0.618	0.636	0.743
2004	0.920	0.627	0.695	0.747
2005	0.952	0.655	0.702	0.770
2006	0.831	0.577	0.745	0.718
2007	0.793	0.625	0.768	0.729
2008	0.836	0.705	0.784	0.775
2009	0.779	0.605	0.745	0.710

续表

年份	上海与江苏	上海与浙江	江苏与浙江	长三角平均
2010	0.743	0.608	0.774	0.708
2011	0.704	0.543	0.808	0.685
2012	0.699	0.556	0.816	0.690
2013	0.700	0.524	0.824	0.683
2014	0.690	0.540	0.850	0.693
2015	0.822	0.702	0.879	0.801
2016	0.827	0.717	0.881	0.808

由表4.9可以看出，用总产值计算的长三角各地区间高技术产业同构水平的发展变化并不完全一致。上海与江苏、上海与浙江的同构度总体呈波动下降而后又急速跃升的发展态势，分别由2000年的0.918、0.738下降到了2014年的0.690、0.540，2016年又上升到了0.827、0.717。上海与江苏高技术产业处于中度同构状态，上海与浙江高技术产业处于低度同构状态。同时观察发现，就多数年份而言，上海与浙江高技术产业的同构度已经下降到了0.667以下，已不存在同构现象，而其余年份也多处于低度同构状态。江苏与浙江的同构度总体呈波动上升的态势，由2000年的0.750增加到了2016年的0.881，由低度同构发展成了中度同构。缘于这样的发展变化，到2016年，同构度最高的是江苏与浙江，上海与江苏居中，上海与浙江最低，但均呈现的是结构趋同的发展态势。

为从总体上把握长三角高技术产业的同构水平变动情况，计算了上海与江苏、上海与浙江、江苏与浙江高技术产业同构水平的平均值，并以此表示长三角高技术产业的总体同构状况，数据已列入表4.9。同时，为了能更清楚地观察同构水平的变化情况，用图4.2对其随时间的变化趋势进行了显示。

由图4.2可以看出，长三角高技术产业的总体同构水平呈波动下降而后又快速上升的变化态势，从2000年的0.802下降到了2013年0.683，然后又上升到了2016年的0.808。表明近年来长三角高技术产业呈现的是结构趋同的发展变化态势。这对清晰理解长三角高技术产业的结构变动提供了事实依据。依据表 4.2 提供的判断标准，就长三角高技术产业整体而言，处于中度同构状态。

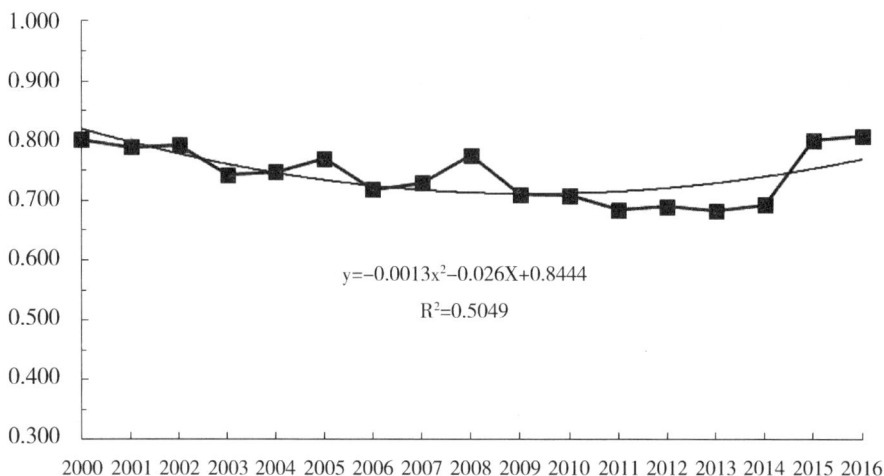

图中折线图描述了 2000—2016 年间数据的变化趋势，纵轴范围从 0.300 到 1.000，横轴为年份 2000 至 2016。

$$y=-0.0013x^2-0.026X+0.8444$$
$$R^2=0.5049$$

图 4.2 2000—2016 年长三角高技术产业总体同构水平变化趋势

以上分析表明，长三角高技术产业的一些关键指标不仅低于发达国家，而且还不及全国的平均水平，体现出了较明显的低端性。与此同时，该区域高技术产业的同构水平有逐步上升的发展趋势，结构重合度仍然较高，具有明显的同构性。这就充分说明，长三角高技术产业的确存在低端同构现象。

虽然我们很难简单地对长三角高技术产业的这种低端同构现象作价值判断，但其必然会影响到该产业乃至整个区域制造业的可持续发展，急需要统筹谋划、科学化解。毕竟长三角高技术产业之所以会出现低端同构现象，主要是由于区域内各地区争相进入相似或相近的高技术产业低端环节，形成低水平重复建设而导致的结果。

本章小结

本章首先对长三角制造业的发展概况进行了梳理，明确了其发展成就，并指出了发展中存在的主要问题。基于对低端性和同构性的理解，设定了甄别低端性的比较对象和比较指标，提出了判断同构程度高低的标准。从整个制造业和高技术产业两个层面论证了长三角制造业是否存在低端同构现象。通过比较分析发现，与美国制造业相比，长三角制造业低端性特征明显，同时发现长三角制造业虽然近年来出现了结构趋异的发展趋势，但仍然处于同构状态。因此，从全球价值链分工的视角看，长三角制造业处于低端同构状态。同时，通过对高技术产业的比较发现，长三角高技术产业不仅与经济合作与发展组织中部分发达国家相比存在明显的低端性特征，而且即使与全国高技术产业比较，也表现出了低端化的倾向，同时长三角高技术产业近年来呈明显的结构趋同化发展态势。表明在长三角即使像高技术产业这样高端类型的产业也处于低端同构状态。

第五章

类型差异条件下的长三角制造业低端同构现象解析

针对长三角制造业存在的同构现象,许多学者从测度方法、影响因素、形成机理、引致后果以及治理机制等不同角度进行了深入研究,极大深化了人们对该现象的认识。事实上,对产业同构问题进行研究,除了需要关注上述几个主要的方面外,如何对产业进行分类进而对其同构水平进行测度也是一个值得深入讨论的话题。因为若选择测度的产业范围不同或对产业进行的分类不同,测度得到的同构水平是有差异甚至是大相径庭的,这必然会对判断该区域产业同构的真实状况产生重要影响。因此,在确认长三角制造业处于低端同构状态的基础上,有必要在考虑类型差异或在不同分类条件下,深入对其进行解析。

第一节 类型差异条件下的长三角制造业
低端同构研究的回顾

一、按生产活动领域细分的制造业低端问题的研究

唐立国(2002)测算了 2000 年长三角 15 城市三次产业的同构度,结果表明,各城市间产业同构水平都比很高,尤其是在地理上邻近的城市之间,表征产业同构水平的产业结构相似系数均在 0.93 以上。同时该学者在产业细分条件下研究发现,15 城市均将食品加工与食品制造业、纺织与

服装制造业、化学原料及制品制造业、电子通信及设备制造业、交通运输及设备制造业等作为主导产业。陈建军（2004）的研究表明，从1998—2002年，上海与浙江工业部门的同构度均超过0.7，上海与江苏工业部门的同构度均超过了0.8，而江苏与浙江工业部门的同构度更高，甚至均超过了0.9，存在严重的同构现象。但当深入到细分产业层面考察，则会出现相反的情况。比如在纺织、化工、机械等领域，两省一市间的产业同构水平是比较低的。邱风等（2005）认为，长三角地区三次产业结构趋同并不能说明什么问题，应当在产业细分条件下深入考察同构问题。为此，其将产业分为细分产业Ⅰ、Ⅱ和Ⅲ，并测算了同构水平。结果发现，长三角细分产业Ⅰ的结构相似系数平均为0.89，比三次产业结构的同构水平下降了8.24%。说明随着产业细分同构水平呈下降趋势。靖学青（2006）测算了长三角15城市三次产业的同构水平，结果表明，除舟山外城市间的相似系数均大于0.9。而当测算5个主要城市制造业、服务业的同构水平时发现，较三次产业出现了不同程度的下降。进一步，当细分到行业层面，其同构度的降低则更为显著。也就是说，随着产业细分，同构水平呈明显的下降趋势。赵连阁等（2007）沿着陈建军的思路，测算了1988—2005年长三角两省一市工业部门的同构度，结果表明，江苏与浙江的同构度最高，均超过0.9；上海与江苏的同构度居中，上海与浙江的同构最低，且呈逐年下降的发展态势。在产业细分条件下对纺织业、化学工业、医药制造业、橡胶制品业同构水平的测算表明，江苏与浙江纺织业的同构水平、三地之间化学工业的同构水平、上海与江苏橡胶制品业的同构水平很高，均超过0.9。这样的结论表明即使细分到大类产业层面，有些产业的同构度依然很高，随着产业细分同构水平并不一定出现下降。李清娟（2006）的分析表明，上海制造业中计算机、通信和其他电子设备制造业以及交通运输设备制造业具有较强竞争优势，是上海制造业层次较高的标志性特征。而浙江这两类行业的产值比重相对较低，同时其纺织服装业和食品加工业比重又很高，是制造业层次较低的标志性特征。说明即使在产业大类层面，长三角的产业同构度也不是很高。细分到产品层面也是如此，如上海的轿车产量是江苏的 6.8 倍，是浙江的 28.6 倍，而江苏纱产量则是浙江的 3.3 倍，是上海的 16.1 倍，差异性很明显，不存在同构问题。吴迎新（2013）的研究表明，从 1999—2007 年，上海与江苏制造业的同构水平由 0.92 下降到了 0.90，上海与浙江制造业的同构水平由 0.86 下降到了 0.68，江苏与浙江制造业同构水平由 0.97 下降到了 0.84，均呈现下降趋势，但仍然处于高位。同时，即使在产品层面，也存在趋同。上海与江苏有 20 余种工业产品产量分别超过 10% 的全国市场份额，江苏与浙江有 9 个产品趋同。蒋伏心等（2012）专门针对长三角制造业中高技术产业的同构问题进行了研究，结果表明，2001—2009 年长三角两省一市高技术产业同构度的平均值呈先下降后上升的发展变化态势：2001—2005 年，高技术产业同构度在波动中小幅下降，之后又在波动中上升，到 2009 年高技术产业结构相似系数的均值已经达到 0.75。说明即使细分到高技术产业，同构度依然比较高。

二、按组织规模分类的制造业低端问题的研究

关于大中型企业同构的研究方面，周新军（2010）对大型跨国公司在华投资行为的研究显示，其公司治理模式在变迁中出现了局部趋同，但结构上的差别仍然是主要方面①。楼园等（2011）研究了我国大型制造型企业的组织结构趋同问题。结果发现，不论企业处于哪些行业，事业部制是其普遍采用的一种组织结构形式，因此趋同性表现明显②。苏屹（2013）的研究表明，在中国仅有约 20% 的大中型企业的技术创新系统发展成了耗散结构，甚至一些经济发达省份的大中型企业也并未形成技术创新的耗散结构③。田雅娟等（2013）利用数据包络分析模型和绝对趋同方法测算了

---

① 周新军. 公司治理模式：变迁与趋同——基于跨国公司在华投资企业的分析 [J]. 山东工商学院学报，2010（02）：36-41.
② 楼园，魏文姬. 大型上市企业组织结构趋同的实证分析——基于新制度主义视角 [J]. 经济与管理研究，2011（07）：111-119.
③ 苏屹. 耗散结构理论视角下大中型企业技术创新研究 [J]. 管理工程学报，2013（02）：107-114.

我国大中型工业企业研发效率和变动趋势，结果显示，虽然西部地区的效率低于东部地区，但其提升速度快于东部，因此存在效率上的趋同①。魏江等（2016）研究了双元制度环境下中国制造型跨国公司海外子公司同构焦点的选择问题。结果发现，同构焦点具有连续性并存在空降式、管道式、浮板式和滩头堡式4种同构模式②。陈立敏等（2016）的研究表明，国际化企业基于制度正当性而进行的模仿同构行为，对其国际化与绩效之间的关系具有显著与积极的调节作用，即能有效增强国际化与其绩效的正向相关③。杨阳等（2016）以104家央企为研究对象，分析了制度同构与决策配置的关系。结果表明，在管理控制制度具有高度同构性的集团化企业中，相对于经营权等低阶权力而言，战略类等高阶权力倾向于集中在集团总部④。

关于中小型企业同构的研究方面，罗文丽（2011）认为，"运输+仓储"是中小物流企业的典型运营模式，这种简单化的趋同，必然会导致严重的同质化竞争，价格战就难以避免。只有通过发展综合物流业务、提高管理能力、改善信息化水平才能改善中小物流企业的绩效⑤。周跃锋等（2012）研究发现，同质化的中小企业在竞争中面临巨大风险，通过一定机制，建立同质化竞争性中小企业联盟是一种具有现实意义的选择方案⑥。肖蓉蓉（2012）认为，我国中小商业银行的同质化主要表现在：竞争地域的同质化、目标客户的同质化、金融产品创新的同质化、业务结构的同质

① 田雅娟，霍娜，甄力，王孟欣. 区域大中型工业企业 R&D 效率比较及差异测度［J］. 商业时代，2013（01）：130 - 131.

② 魏江，王诗翔，杨洋. 向谁同构：中国跨国企业海外子公司对制度双元的响应［J］. 管理世界，2016（10）：134 - 148.

③ 陈立敏，刘静雅，张世蕾. 模仿同构对企业国际化—绩效关系的影响——基于制度理论正当性视角的实证研究［J］. 中国工业经济，2016（09）：127 - 143.

④ 杨阳，王凤彬，戴鹏杰. 集团化企业制度同构性与决策权配置关系研究［J］. 中国工业经济，2016（01）：114 - 129.

⑤ 罗文丽. 中小企业如何逃离"同质化"？［J］. 中国物流与采购，2011（12）：40 - 43.

⑥ 周跃锋，景学青，周辽东，黄智慧. 同质化竞争性中小企业联盟的效应分析［J］. 中国管理信息化，2012（16）：82 - 83.

化等四个方面①。陈畴镛等（2012）通过研究发现，我国相当部分的产业集群是由高度同质化的中小企业组成的，这样的结构虽然有利于集群内的知识扩散和合作研发，但也会产生分散创新资源、抑制研发动力等问题②。吴刚（2014）以珠三角专业镇产业集群中同质化中小企业为研究对象，针对这些企业技术相似和产品相近这一现象背后的原因，利用博弈决策方法分析了自主创新与投资行为之间的交互影响，并提出政府管理部门应当从整体技术推动与制度创新优势协同的角度构建中小企业合作平台的对策建议③。

关于小型企业与大中型企业同构的关系研究方面，汪少华（1996）通过实证分析发现，就浙江省而言小型企业与大中型企业产品的同构现象比较严重，尤其在纺织和食品两个行业表现更为突出，而且这种同构已经导致部分企业产销出现了困难④。董竹等（2011）利用投入导向的数据包络方法测度了我国 11 家大中型商业银行和 12 家小型商业银行效率。结果表明，不论是技术效率、纯技术效率还是规模效率，大中型商业银行比小型商业银行均要高，且技术效率呈现同涨同跌的现象。研究同时发现，大中型商业银行普遍处于规模报酬递减的状态，小型商业银行全部处于规模报酬递增的状态⑤。张慧等（2016）对浙江产业集群的组织同构问题进行了研究，认为集群中的中小企业对处于集群中心的大企业的依赖性越高，集群企业的组织同构性就越高。同时，该学者认为制度环境是集群组织同构产生的主要原因，集群内企业寻求同构的目的不是为了增强竞争力，也不

---

① 肖蓉蓉. 我国中小商业银行的同质化竞争现象研究［J］. 金融经济，2012（10）：66 – 68.

② 陈畴镛，夏文青，王雷. 企业同质化对产业集群技术创新的影响与对策［J］. 科技进步与对策，2012（02）：55 – 58.

③ 吴刚. 自主创新与投资策略：同质中小企业的竞争分析［J］. 顺德职业技术学院学报，2014（01）：33 – 37.

④ 汪少华. 小型企业产品同构化与结构调整［J］. 中国工业经济，1996（02）：64 – 68.

⑤ 董竹，张春鸽. 中国大中型银行与小型商业银行效率的比较——基于投入主导型的 DEA 测度［J］. 经济管理，2011（07）：131 – 138.

是为了提高效率，而是缘于政治权利的制约和对制度合法性的追求①。

三、按所有制性质分类的制造业低端问题的研究

任兆璋等（2005）利用产业结构相似系数以及区位商等指标，测度分析了广西、云南和贵州国有企业的同构状况。结果表明，广西与贵州国有企业的相似度很高，但云南与贵州、云南与广西国有企业的相似度很低，这主要与云南烟草制造业一家独大有很大关系②。谢延钊（2018）探讨了国有企业党建与改革的同构问题，认为，国有企业党建与企业改革发展应当在创新中同构，以更好发挥党对国有企业的领导③。鞠阳（2012）阐述了国有企业创先争优与提升企业竞争力之间关系，认为创先争优是方法，提升竞争力是目标；创先争优是载体，提升竞争力是内核；创先争优是过程，提升竞争力是结果，二者之间具有同构性④。王志华等（2009）利用结构重合度指数测度了苏州外资与民营制造业的同构度，利用结构熵测算了该地区外资与民营制造业的协同度，对二者的关系进行了分析。结果表明，苏州外资与民营制造业在结构趋同中出现了协调发展的格局⑤。

由以上文献梳理可以发现，到目前为止已经有不少学者在产业细分视角下对长三角的产业同构水平进行过考察，有的甚至细分到了产品层面。当然这些学者得到的结论不尽一致，有的学者认为随着产业细分同构水平呈下降趋势，而有的结论却相反。同时，分析这些研究发现，多数学者在进行产业细分时缺乏系统性甚至带有一定的随意性，主要表现在两个方

---

① 张慧，周丹. 制度环境与产业集群的组织同构——基于浙江省产业集群的实证分析 [J]. 浙江学刊，2016（04）：184 – 192.

② 任兆璋，王晓燕. 桂滇黔国有企业结构趋同合意性和非合意性分析 [J]. 广西民族学院学报（哲学社会科学版），2005（06）：122 – 125 + 133.

③ 谢延钊. 浅析现代企业制度中国有企业党建与国有企业改革的问题与创新同构 [J]. 中国管理信息化，2018，21（06）：108 – 109.

④ 鞠阳. 论国有企业创先争优与提升企业竞争力的同构性 [J]. 胜利油田党校学报，2012，25（05）：63 – 65.

⑤ 王志华，高杰. 苏州外资与民营制造业同构与协调的关系分析 [J]. 经济问题，2009（09）：124 – 126.

面：一是在对制造业所包含的大类产业进行同构水平测算时，产业的选择存在缺乏系统性的倾向，仅列出相当少的一部分产业以举例性方式加以呈现；二是在对产品进行细分时，缘于数据资料的限制等原因，也仅是选择部分产品进行同构水平测算，举例性呈现的特征更加明显。正是这些不足的存在，使研究得出结论的可靠性和普遍性受到质疑。

同时，基于上述文献梳理还发现，基于企业组织规模视角，对大中型企业同构现象的研究主要集中在"组织同构"方面，对中小企业同构问题的研究则主要集中在"同质化"方面，而对真正含义上的产业同构的研究涉及不深，认识也不甚清晰。此外，从所有制性质角度分析制造业同构问题的也很少见。基于此，本章将在相对规范的分类基础上，在大类层面上分门别类地系统梳理制造业的分类，并测度每种分类条件下各类产业的同构水平。进一步，还将以企业组织规模和所有制性质分别为划分标准，在对制造业进行分类的基础上，测度长三角不同规模和所有制性质制造业企业的同构水平，并分析它们对制造业整体同构水平的影响，以期为深入认识制造业同构问题提供更多依据，这样不仅可以构建起测度制造业中不同类型制造业同构水平的体系，而且可以为正确认识不同类型制造业同构水平的高低及其变化提供依据。

第二节　不同标准条件下长三角制造业的分类

按照《国民经济行业分类》（GB/T 4754 - 2017）标准，制造业被定义为一个门类，其包含31个两位数大类产业。对这31个大类产业，既可以按行业进行细分，也可以按照所有制性质进行分类，还可以按照组织规模进行分类。

一、基于行业性质的制造业分类

基于行业性质对制造业大类层面各行业的分类主要有以下几种方式：

第一种，以生产的最终产品是生活资料还是生产资料为标准，可将制造业所包含的各大类行业划分为轻工业和重工业。轻工业是指主要提供生活消费品和制作手工工具的工业，重工业是指为国民经济各部门提供物质技术基础的主要生产资料的工业。尽管从 2013 年下半年开始，国家统计局在相关数据发布中不再使用轻工业和重工业这样的分类，但毕竟其是在我国沿用时间最长的一种工业分类方式①。分类结果见表 5.1。

需要说明的是，在国家统计局关于轻工业、重工业的分类统计目录中对某些大类产业细分到了其所包含的中类产业，本书考虑到数据的可获得性，仅从大类层面进行划分。

表 5.1 轻工业与重工业包含的大类行业

分类	包含的大类行业
轻工业	食品加工业、食品制造业、饮料制造业、烟草加工业、纺织业、服装及其他纤维制品制造业、皮革、毛皮、羽绒及其制品业、家具制造业、造纸及纸制品业、印刷业、记录媒介的复制、文教体育用品制造业、医药制造业、化学纤维制造业、仪器仪表及文化、办公用机械制造业、工艺品及其他制造业
重工业	木材加工及竹、藤、棕、草制品业、石油加工、炼焦及核燃料加工业、化学原料及化学制品制造业、塑料制品业、非金属矿物制品业、黑色金属冶炼及压延加工业、有色金属冶炼及压延加工业、金属制品业、通用设备制造业、专用设备制造业、交通运输设备制造业、电气机械及器材制造业、通信设备、计算机及其他电子设备制造业、废弃资源和废旧材料回收加工业

第二种，以在产业链上所处位置是中游还是下游为标准或以生产过程是初级加工还是深度加工为标准，可将制造业所包含的各大类行业划分为资源型制造业和加工型制造业。资源型制造业是指以第一产业和第二产业中采掘业所提供的产品为对象进行加工生产的产业，加工型制造业是指以资源型制造业所提供的产品为对象对其进行进一步加工、组装进而形成最终产品的产业。分类结果如表 5.2 所示。

需要说明的是：第一，分类结果中并没有包含所有制造业行业；第

---

① 顾阳. 统计分类为何不再分轻重工业 [N]. 经济日报, 2013 - 12 - 21 (03).

二,之所以以"资源型制造业"作为分类后的命名,意在与采掘业进行区分,因为习惯上人们总是把采掘业称为资源产业;第三,根据国家统计局的统计分类标准,资源型制造业也属于高能耗产业。

表5.2 资源型制造业与加工型制造业包含的大类行业

分类	包含的大类行业
资源型制造业	石油加工、炼焦及核燃料加工业、化学原料及化学制品制造业、非金属矿物制品业、黑色金属冶炼及压延加工业、有色金属冶炼及压延加工业
加工型制造业	食品制造业、服装及其他纤维制品制造业、家具制造业、金属制品业、普通机械制造业、专用设备制造业、交通运输设备制造业、电气机械及器材制造业、通信设备、计算机及其他电子设备制造业、仪器仪表及文化、办公用机械制造业

第三种,以劳动和资本两种生产要素密集度相对高低为标准,可将制造业包含的各大类行业划分为劳动密集型产业和资本密集型产业①。劳动密集型产业是指主要依靠使用大量劳动力,而对技术和设备依赖程度低的产业,资本密集型产业则正相反。分类结果如表5.3所示。

表5.3 劳动密集型产业与资本密集型产业包含的大类行业

分类	包含的大类行业
劳动密集型产业	食品加工业、食品制造业、纺织业、服装及其他纤维制品制造业、皮革、毛皮、羽绒及其制品业、木材加工及竹、藤、棕、草制品业、家具制造业、印刷业、记录媒介的复制、文教体育用品制造业、塑料制品业、非金属矿物制品业、金属制品业、工艺品及其他制造业
资本密集型产业	饮料制造业、烟草加工业、造纸及纸制品业、石油加工及炼焦业、化学原料及化学制品制造业、医药制造业、化学纤维制造业、橡胶制品业、黑色金属冶炼及压延加工业、有色金属冶炼及压延加工业、普通机械制造业、专用设备制造业、交通运输设备制造业、电气机械及器材制造业、电子及通信设备制造业、计算机及办公设备制造业、医疗仪器设备及仪器仪表制造业

① 韩燕,钱春海.FDI对我国工业部门经济增长影响的差异性——基于要素密集度的行业分类研究[J].南开经济研究,2008(06):143-152.

第四种，以生产技术水平高低或最终产品技术含量的高低为标准，可将制造业包含的各大类行业划分为低端技术产业、中端技术产业和高端技术产业①。分类结果如表5.4所示。

表5.4 低端技术产业、中端技术产业与高端技术产业包含的大类行业

分类	包含的大类行业
低端技术产业	农副食品加工业、食品制造业、饮料制造业、烟草制品业、纺织业、纺织服装、鞋、帽制造业、皮革、毛皮、羽毛（绒）及其制品业、木材加工及木、竹、藤、棕、草制品业、家具制造业、造纸及纸制品业、印刷业和记录媒介的复制、文教体育用品制造业、工艺品及其他制造业、废弃资源和废旧材料回收加工业
中端技术产业	石油加工、炼焦及核燃料加工业、橡胶制品业、塑料制品业、非金属矿物制品业、黑色金属冶炼及压延加工业、有色金属冶炼及压延加工业、金属制品业
高端技术产业	化学原料及化学制品制造业、医药制造业、化学纤维制造业、通用设备制造业、专用设备制造业、交通运输设备制造业、电气机械及器材制造业、通信设备、计算机及其他电子设备制造业、仪器仪表及文化、办公用机械制造业

二、基于所有制性质的制造业分类

根据国家统计局《关于统计上划分经济成分的规定》（国统字〔1998〕204号）的分类，把经济成分分为公有经济和非公有经济两类，其中公有经济又分为国有经济和集体经济，非公有经济又分为私有经济、港澳台经济和外商经济。如表5.5所示。

表5.5 按所有制分类的经济成分

分类	包含的类型
公有经济	国有经济、集体经济
非公有经济	私有经济、港澳台经济和外商经济

---

① 傅元海，叶祥松，王展祥. 制造业结构优化的技术进步路径选择——基于动态面板的经验分析［J］. 中国工业经济，2014（09）：78－90.

以此类推，可以将制造业分为公有制造业和非公有制造业，公有制造业包括国有和集体制造业两类，非公有制造则包括私有制造业、港澳台资制造业、外资制造业等三类。随着改革开放的不断推进，在制造业领域公有制企业尤其国有企业目前主要集中在基础产业和主导产业上，而私营、港澳台资、外资制造业则几乎覆盖了全部行业。同时，为了统计和计算方便，在本章后续具体比较时，仅对国有制造业、私营制造业和外资制造业进行比较。

三、基于企业组织规模的制造业分类

若以企业组织规模大小为标准，可将制造业各行业中的企业划分为大型、中型、小型和微型企业。国家统计局出台的《统计上大中小微型企业划分办法（2017）》（国统字〔2017〕213号），从营业收入和从业人数两个方面明确了不同规模工业企业的划分指标，具体见表5.6。

表5.6 工业企业规模的划分标准

指标名称	计量单位	大型	中型	小型	微型
从业人员（X）	人	X≥1000	300≤X<1000	20≤X<300	X<20
营业收入（Y）	万元	Y≥40000	2000≤Y<40000	300≤Y<2000	Y<300

需要说明的是，大型、中型和小型企业须同时满足所列指标的下限，否则下划一档；微型企业只需满足所列指标中的一项即可。

第三节 不同行业类型制造业低端同构水平测度分析

本节仍然使用式（4.1）来测算制造业的同构度。同时，计算同构水平时，使用的是各行业的总产值指标，在没有公布总产值指标的年份，以各行业的主营业务收入替代。所用数据均来源于相关年份《上海统计年鉴》《江苏统计年鉴》和《浙江统计年鉴》。

一、轻工业与重工业同构水平测度分析

依据表 5.1 中的分类，利用式（4.1），就可以计算得到 2000—2017 年长三角制造业中轻工业和重工业的同构度，结果如表 5.7 所示。

分析表 5.7 中的数据可以发现：

第一，就轻工业而言，从 2000—2017 年，不论上海与江苏、上海与浙江，还是江苏与浙江，同构水平总体均呈波动下降的发展趋势，呈现的是结构趋异，这与上一章测度得到的长三角整个制造业同构度的发展变化趋势是一致的。上海与江苏轻工业的同构度由 2000 年的 0.721 下降到了 2017 年的 0.611；上海与浙江轻工业的同构度由 2000 年的 0.728 下降到了 2017 年的 0.572；江苏与浙江轻工业的同构度由 2000 年的 0.885 下降到了 2017 年的 0.763。与此相对应，整个长三角地区轻工业的平均同构度也呈现出波动下降的趋势，而且比较发现，轻工业下降的速度要明显快于整个制造业同构水平下降的速度。

表 5.7　长三角轻工业与重工业的同构水平

年份	轻工业				重工业			
	上海与江苏	上海与浙江	江苏与浙江	均值	上海与江苏	上海与浙江	江苏与浙江	均值
2000	0.721	0.728	0.885	0.778	0.816	0.741	0.840	0.799
2001	0.701	0.724	0.886	0.770	0.796	0.722	0.838	0.785
2002	0.690	0.701	0.891	0.761	0.814	0.720	0.819	0.784
2003	0.710	0.702	0.918	0.776	0.791	0.695	0.799	0.762
2004	0.679	0.634	0.894	0.736	0.844	0.694	0.750	0.763
2005	0.669	0.643	0.871	0.727	0.861	0.732	0.721	0.771
2006	0.663	0.634	0.857	0.718	0.845	0.754	0.749	0.783
2007	0.665	0.646	0.865	0.725	0.829	0.744	0.757	0.777
2008	0.662	0.629	0.843	0.712	0.828	0.763	0.779	0.790
2009	0.655	0.615	0.821	0.697	0.804	0.744	0.787	0.778

续表

年份	轻工业				重工业			
	上海与江苏	上海与浙江	江苏与浙江	均值	上海与江苏	上海与浙江	江苏与浙江	均值
2010	0.642	0.625	0.815	0.694	0.807	0.729	0.803	0.780
2011	0.618	0.588	0.776	0.661	0.793	0.728	0.813	0.778
2012	0.604	0.589	0.787	0.660	0.766	0.728	0.813	0.769
2013	0.584	0.577	0.772	0.644	0.756	0.703	0.837	0.766
2014	0.579	0.565	0.757	0.633	0.758	0.722	0.842	0.774
2015	0.581	0.556	0.766	0.634	0.758	0.730	0.835	0.774
2016	0.596	0.559	0.760	0.638	0.735	0.726	0.837	0.766
2017	0.611	0.572	0.763	0.648	0.749	0.724	0.836	0.770

第二，就轻工业而言，横向比较发现，不论哪个年份，虽然上海与江苏轻工业的同构度要稍高于上海与浙江轻工业的同构度，但这种差异并不明显，上海与江苏轻工业历年同构度的均值为0.646，上海与浙江轻工业历年同构度的均值为0.627。这组数据同时也说明，从历年平均水平来看，上海与江苏、上海与浙江轻工业的同构度已小于0.667这个基准值，已不存在所谓同构问题。进一步，从2017年看，上海与江苏、上海与浙江轻工业的同构度已经远远小于0.667这个基准值，不存在同构问题。而江苏与浙江轻工业的同构度与之相比明显要高，且即使经过多年趋异式发展，到2017年其同构水平仍然处于高位。当然，就长三角平均水平而言，到近几年已经不存在同构问题，因为同构度已经小于基准值。

第三，就重工业而言，上海与江苏、上海与浙江、江苏与浙江历年同构水平发展变化趋势不尽相同：上海与江苏重工业的同构度呈现的是先在波动中上升而后在波动中下降的发展态势，从2000年的0.816增加到了2005年的0.861，然后又下降到了2017年的0.749；江苏与浙江重工业同构度的发展变化则正相反，呈现的是先在波动中下降而后在波动中上升的发展态势，从2000年的0.840下降到了2005年的0.721，然后又上升到了

2017 年的 0.836；至于上海与浙江重工业同构度的变化则很微弱。

第四，就重工业而言，横向比较发现，近几年江苏与浙江同构度最高，上海与江苏同构度居中，上海与浙江同构度最低。当然，如果从所考察全部年份的平均水平看，同构度最高的是江苏与浙江，均值为 0.803，其次是上海与江苏，均值为 0.797，最低的是上海与浙江，均值为 0.728。不过，不论怎么看，重工业同构度的数值不仅明显高于判断同构与否的基准值，而且还高于整个制造业的同构水平，说明重工业在长三角内部的确处于同构状态。

第五，从长三角平均水平而言，到 2017 年，轻工业的同构度已经降至 0.648，已经不存在同构问题。而重工业的同构度则要高很多，达0.770，仍然处于低度同构状态。

二、资源型与加工型制造业同构水平测度分析

依据表 5.2 的分类，可以计算得到 2000—2017 年长三角资源型制造业和加工型制造业的同构度，结果如表 5.8 所示。

表 5.8 长三角资源型制造业与加工型制造业的同构水平

年份	资源型制造业				加工型制造业			
	上海与江苏	上海与浙江	江苏与浙江	均值	上海与江苏	上海与浙江	江苏与浙江	均值
2000	0.760	0.709	0.816	0.762	0.794	0.732	0.875	0.800
2001	0.733	0.715	0.827	0.758	0.770	0.702	0.871	0.781
2002	0.770	0.733	0.808	0.770	0.773	0.690	0.860	0.774
2003	0.782	0.720	0.787	0.763	0.752	0.657	0.854	0.754
2004	0.836	0.736	0.772	0.781	0.796	0.643	0.800	0.746
2005	0.857	0.769	0.742	0.789	0.801	0.655	0.802	0.753
2006	0.867	0.792	0.750	0.803	0.786	0.666	0.820	0.758
2007	0.870	0.803	0.794	0.822	0.781	0.656	0.816	0.751
2008	0.844	0.839	0.821	0.835	0.786	0.652	0.808	0.749

续表

年份	资源型制造业				加工型制造业			
	上海与江苏	上海与浙江	江苏与浙江	均值	上海与江苏	上海与浙江	江苏与浙江	均值
2009	0.850	0.845	0.836	0.843	0.766	0.626	0.803	0.732
2010	0.849	0.824	0.839	0.837	0.756	0.627	0.800	0.728
2011	0.833	0.828	0.831	0.830	0.744	0.620	0.772	0.712
2012	0.825	0.845	0.858	0.843	0.721	0.624	0.755	0.700
2013	0.813	0.832	0.866	0.837	0.709	0.613	0.753	0.692
2014	0.847	0.846	0.860	0.851	0.705	0.621	0.766	0.697
2015	0.857	0.832	0.858	0.849	0.707	0.620	0.775	0.701
2016	0.884	0.843	0.878	0.868	0.682	0.621	0.777	0.693
2017	0.887	0.835	0.866	0.863	0.687	0.639	0.785	0.704

分析表5.8中的数据可以发现：

第一，就资源型制造业纵向的发展变化看，上海与江苏的同构度是先上升后波动维持的变化态势，由2000年的0.760上升到了2007年的0.870，然后直到2017年基本维持在0.850上下波动；上海与浙江的同构度在波动中上升，由2000年的0.709上升到了2017年的0.835；江苏与浙江的同构度呈先下降后上升的发展变化趋势，由2000年的0.816下降到了2005年的0.742，而后又上升到了2017年的0.866；与这种变化相联系，整个长三角资源型制造业平均同构度的变化呈现出的是逐步增高的发展态势，由2000年的0.762上升到了2017年的0.863。可见，长三角资源型制造业的结构趋同发展趋势很明显，且已经处于中度同构状态。

第二，就资源型制造业而言，近几年的横向比较发现，上海与江苏的同构度最高，江苏与浙江的同构度居中，上海与浙江的同构最低。若以历年同构度的平均值来看，上海与江苏也是最高，均值为0.831，江苏与浙江的同构度居中，均值为0.823，上海与浙江的同构度最低，均值为0.797。

第三，就加工型制造业而言，纵向看，不论是上海与江苏、上海与浙江、江苏与浙江，还是长三角平均水平，同构度均呈现的是波动中下降的变化趋势。上海与江苏的同构度由 2000 年的 0.794 下降到了 2017 年的 0.687；上海与浙江的同构度由 2000 年的 0.732 下降到了 2017 年的 0.639，已经不存在同构现象；江苏与浙江的同构度从 2000 年的 0.875 下降到了 2017 年的 0.785。与此相对应，整个长三角加工型制造业平均同构度的变化呈现出的是逐步下降的发展态势，由 2000 年的 0.800 下降到了 2017 年的 0.704。

第四，就加工型制造业而言，横向比较发现，江苏与浙江的同构度最高，上海与江苏的同构度居中，上海与浙江的同构度最低。即使从全部年份的平均水平看，也是这样的变化规律。

第五，比较均值发现，长三角资源型制造业的同构度要明显高于加工型制造业。

三、劳动密集型与资本密集型产业同构水平测度分析

依据表 5.3 的分类，可以计算得到 2000—2017 年长三角劳动密集型产业和资本密集型产业的同构度，结果如表 5.9 所示。

第一，就劳动密集型产业而言，同构度纵向的发展变化均呈现波动下降的趋势，上海与江苏的同构度由 2000 年的 0.740 下降到了 2017 年的 0.698；上海与浙江的同构度由 2000 年的 0.766 下降到了 2017 年的 0.710；江苏与浙江的同构度由 2000 年的 0.897 下降到了 2014 年的 0.810；相应地，整个长三角劳动密集型产业平均同构度的变化也呈现出的是逐步下降的发展态势，由 2000 年的 0.801 降到了 2017 年的 0.739。当然，尽管总体是结构趋异的发展态势，但仍然处于低度或中度同构状态。

第二，就劳动密集型产业而言，横向比较发现，江苏与浙江的同构度最高，上海与江苏的同构度居中，上海与浙江的同构最低。同时，若以历年同构度的平均值来看，也呈现出类似排序规律，历年江苏与浙江、上海与江苏、上海与浙江同构度的均值分别为 0.831、0.718 和 0.714。

表5.9　长三角劳动密集型产业与资本密集型产业的同构水平

年份	劳动密集型产业				资本密集型产业			
	上海与江苏	上海与浙江	江苏与浙江	均值	上海与江苏	上海与浙江	江苏与浙江	均值
2000	0.740	0.766	0.897	0.801	0.816	0.740	0.826	0.794
2001	0.752	0.74	0.885	0.792	0.777	0.701	0.825	0.767
2002	0.742	0.736	0.884	0.787	0.789	0.701	0.811	0.767
2003	0.783	0.736	0.888	0.803	0.775	0.68	0.785	0.746
2004	0.755	0.703	0.871	0.776	0.828	0.678	0.741	0.749
2005	0.726	0.707	0.859	0.764	0.834	0.708	0.716	0.753
2006	0.719	0.708	0.847	0.758	0.822	0.731	0.743	0.766
2007	0.716	0.710	0.849	0.758	0.808	0.723	0.752	0.761
2008	0.726	0.714	0.833	0.758	0.807	0.741	0.771	0.773
2009	0.724	0.709	0.811	0.748	0.787	0.729	0.784	0.767
2010	0.713	0.725	0.806	0.748	0.791	0.713	0.799	0.768
2011	0.697	0.720	0.794	0.737	0.773	0.710	0.806	0.763
2012	0.695	0.708	0.795	0.732	0.744	0.703	0.802	0.750
2013	0.683	0.703	0.781	0.722	0.735	0.682	0.828	0.748
2014	0.689	0.692	0.785	0.722	0.733	0.699	0.828	0.753
2015	0.684	0.686	0.783	0.718	0.735	0.705	0.822	0.754
2016	0.683	0.677	0.779	0.713	0.715	0.707	0.818	0.747
2017	0.698	0.710	0.810	0.739	0.726	0.710	0.816	0.751

　　第三，就资本密集型产业而言，纵向看，上海与江苏、上海与浙江同构度均呈现的是波动中下降的变化趋势。上海与江苏的同构度由2000年的0.816下降到了2017年的0.726；上海与浙江的同构度由2000年的0.740下降到了2017年的0.710；江苏与浙江的同构度呈现的是先波动下

降而后又波动上升的发展趋势，从 2000 年的 0.826 下降到了 2005 年的 0.716，而后又上升到了 2017 年的 0.816。与此相对应，整个长三角资本密集型产业平均同构度的变化呈现出的也是波动下降的发展态势，由 2000 年的 0.794 下降到了 2017 年的 0.751。

第四，就资本密集型产业而言，横向比较发现，近几年江苏与浙江的同构度最高，上海与江苏的同构度居中，上海与浙江的同构度最低。而从全部年份的平均水平看，江苏与浙江的同构度最高，上海与江苏的同构度居中，上海与浙江的同构度最低。

第五，比较均值发现，长三角资本密集型产业的同构度要高于劳动密集型产业的同构度，且两类产业均处于低度同构状态。

四、低端、中端与高端技术产业同构水平测度分析

依据表 5.4 的分类，可以计算得到 2000—2017 年长三角低端技术产业、中端技术产业和高端技术产业的同构度，结果如表 5.10 所示。

分析表 5.10 中的数据可以发现：

第一，就低端技术产业而言，纵向的发展变化均呈现波动下降的趋势，上海与江苏的同构度由 2000 年的 0.711 下降到了 2017 年的 0.562；上海与浙江的同构度由 2000 年的 0.749 下降到了 2017 年的 0.586；江苏与浙江的同构度由 2000 年的 0.884 下降到了 2017 年的 0.796；相应地，整个长三角低端技术产业平均同构度的变化也呈现出的是逐步下降的发展态势，由 2000 年的 0.782 降到了 2014 年的 0.648。表明就整个长三角而言，低端技术产业已经由同构发展为了非同构，尤其上海与江苏、浙江之间更是如此。若从横向看，江苏与浙江的同构度最高，上海与浙江的同构度居中，上海与江苏的同构度最低。这一点从历年同构度的平均值也能得到印证。

表 5.10　长三角低端技术产业、中端技术产业与高端技术产业的同构度

年份	低端技术产业				中端技术产业				高端技术产业			
	上海与江苏	上海与浙江	江苏与浙江	均值	上海与江苏	上海与浙江	江苏与浙江	均值	上海与江苏	上海与浙江	江苏与浙江	均值
2000	0.711	0.749	0.884	0.782	0.826	0.718	0.850	0.798	0.831	0.789	0.848	0.822
2001	0.705	0.727	0.885	0.772	0.796	0.694	0.836	0.775	0.794	0.737	0.848	0.793
2002	0.691	0.704	0.885	0.760	0.843	0.715	0.809	0.789	0.796	0.722	0.837	0.785
2003	0.721	0.712	0.906	0.780	0.846	0.698	0.796	0.780	0.768	0.692	0.812	0.757
2004	0.684	0.657	0.887	0.742	0.858	0.714	0.754	0.776	0.840	0.675	0.760	0.758
2005	0.679	0.675	0.862	0.738	0.865	0.722	0.722	0.770	0.852	0.716	0.737	0.768
2006	0.672	0.666	0.850	0.729	0.864	0.731	0.739	0.778	0.843	0.743	0.768	0.784
2007	0.657	0.666	0.856	0.727	0.842	0.743	0.749	0.778	0.839	0.725	0.771	0.778
2008	0.644	0.658	0.855	0.719	0.810	0.784	0.782	0.792	0.843	0.734	0.785	0.787
2009	0.626	0.637	0.832	0.698	0.804	0.781	0.787	0.791	0.824	0.717	0.799	0.780
2010	0.609	0.653	0.830	0.697	0.803	0.762	0.815	0.793	0.817	0.699	0.813	0.776
2011	0.589	0.623	0.804	0.672	0.781	0.763	0.802	0.782	0.793	0.691	0.825	0.770
2012	0.576	0.612	0.813	0.667	0.756	0.789	0.805	0.783	0.769	0.691	0.820	0.760
2013	0.551	0.601	0.802	0.651	0.738	0.782	0.801	0.773	0.762	0.669	0.841	0.757
2014	0.538	0.584	0.785	0.636	0.767	0.808	0.802	0.793	0.761	0.686	0.851	0.766
2015	0.539	0.571	0.789	0.633	0.775	0.811	0.811	0.799	0.762	0.704	0.840	0.769
2016	0.554	0.576	0.784	0.638	0.802	0.802	0.810	0.805	0.729	0.702	0.835	0.755
2017	0.562	0.586	0.796	0.648	0.821	0.768	0.816	0.802	0.737	0.712	0.838	0.763

第二，就中端技术产业而言，纵向的发展变化趋势不尽相同，上海与江苏同构度呈现的是波动中上升，后又在波动中下降，然后又上升的变化趋势，由 2000 年的 0.826 上升到了 2005 年的 0.865，然后又下降到了 2013 年的 0.738，最后上升到了 2017 年的 0.821；上海与浙江同构度呈现的是波动中上升的变化趋势，同构度由 2000 年的 0.718 上升到了 2017 年的 0.768；江苏与浙江的同构度呈现的是先波动下降而后又波动上升的发展趋势，从 2000 年的 0.850 下降到了 2005 年的 0.722，而后又上升到了 2017 年的 0.816。在这三种变化的作用下，整个长三角中端技术产业平均同构度的变化呈现出的是在 0.800 上下很小的范围内微幅波动的态势。同时，横向比较发现，到 2017 年，上海与浙江的同构度最高，江苏与浙江的同构度居中，上海与江苏的同构度最低。

第三，就高端技术产业而言，纵向的发展变化趋势也不尽相同，上海与江苏同构度呈现的是波动中上升，而后又在波动中下降的变化趋势，由 2000 年的 0.831 上升到了 2005 年的 0.852，然后又下降到了 2017 年的 0.737，当然，总体呈现的是结构趋异。上海与浙江同构度呈现的是波动中先下降而后又上升的变化趋势，由 2000 年的 0.789 下降到了 2013 年的 0.669，最后上升到了 2017 年的 0.712；江苏与浙江的同构度呈现的变化趋势与上海和浙江的类似，从 2000 年的 0.848 下降到了 2005 年的 0.737，而后又上升到了 2017 年的 0.838，呈趋同的变化趋势。在这三种变化规律的作用下，整个长三角高端技术产业平均同构度的变化呈现出的是在较小的范围内小幅波动的态势。同时，横向比较发现，江苏与浙江的同构度最高，上海与江苏的同构度居中，上海与浙江的同构度最低。

第四，比较低端、中端和高端技术产业的同构度发现，低端技术产业的同构度最低，中端技术产业最高，高端技术产业的同构度居中。而且，低端技术产业已经不存在同构现象，而高端和中端技术产业仍然存在同构现象。

第四节　不同所有制性质制造业同构水平测度分析

在对不同行业类型制造业之间同构水平进行测度分析之后，本节将对不同所有制性质制造业的同构水平进行测度分析，以更加全面地分析和认识长三角制造业的同构现象。

一、不同所有制性质制造业同构水平测度

计算得到的 2008—2017 年长三角不同所有制制造业的同构度如表5.11 所示。

需要说明的是，第一，在江苏与浙江历年的统计年鉴中，仅列出了规模以上国有及国有控股工业企业、私营工业企业、港澳台及外商投资工业企业的数据，因此，本节仅进行这三类企业同构度的测算。第二，由于上海统计年鉴中仅给出了规模以上国有工业企业的统计数据，因此，无法测算另外两种经济类型的同构度，所以没有将上海列入。

分析表 5.11 中的数据可以发现：

表 5.11　江苏与浙江国有、私营、港澳台及外商投资企业同构水平测度

年份	国有及国有控股企业	私营企业	港澳台及外商投资企业
2008	0.548	0.824	0.707
2009	0.387	0.793	0.690
2010	0.560	0.793	0.705
2011	0.548	0.741	0.686
2012	0.581	0.750	0.701
2013	0.588	0.763	0.713
2014	0.554	0.754	0.725
2015	0.673	0.751	0.733
2016	0.682	0.745	0.742
2017	0.607	0.762	0.741

第一，就国有及国有控股企业而言，同构度呈波动上升的发展趋势，由 2008 年的 0.548 上升到 2017 年的 0.607，而且除 2015 年和 2016 年外，其余年份均不存在同构现象。

第二，私营企业的同构度呈波动下降的趋势，由 2008 年的 0.824 下降到了 2017 年的 0.762，但仍然处于低度同构状态。

第三，港澳台及外商投资企业的同构度呈波动上升的发展变化趋势，由 2008 年的 0.707 波动上升到了 2017 年的 0.741，且所有年份均处于低端同构状态。

第四，比较发现，江苏与浙江国有及国有控股企业之间基本不存在同构现象，而私营企业之间、港澳台及外商投资企业之间存在同构现象，而且私营企业的同构度要高于港澳台及外商投资企业的同构度。

二、不同所有制性质制造业同构水平贡献度分析

若把制造业的总体同构度看作是由不同所有制性质制造业同构水平综合作用的结果，那么就有如下模型：

$$SSI_{ijt} = \alpha_0 \cdot SSIG_{ijt}^{\alpha_1} \cdot SSIS_{ijt}^{\alpha_2} \cdot SSIW_{ijt}^{\alpha_3} \qquad (5.1)$$

其中，SSI_{ijt} 为 i、j 两个地区的制造业在第 t 年的同构度，$SSIG_{ijt}$ 为 i、j 两个地区国有制造业在第 t 年的同构度，$SSIS_{ijt}$ 为 i、j 两个地区私营制造业在第 t 年的同构度，$SSIW_{ijt}$ 为 i、j 两个地区港澳台及外资制造业在第 t 年的同构度，α_0 为常数，α_1、α_2 和 α_3 分别为国有制造业、私营制造业和港澳台及外资制造业同构度对整体同构度的弹性。对式（5.1）取对数得：

$$LnSSI_{ijt} = Ln\alpha_0 + \alpha_1 LnSSIG_{ijt} + \alpha_2 LnSSIS_{ijt} + \alpha_3 LnSSIW_{ijt} + \mu_{ijt} \qquad (5.2)$$

利用表 5.11 的数据对式（5.2）进行估计前，对数据分别进行了平稳性的单位根检验，发现它们的原始序列均不平稳，但在一阶差分后都是平稳的，经协整检验发现，它们之间存在显著的协整关系，可以进行回归分析，不用担心谬误问题的产生。关于面板数据平稳性单位根检验和协整检验的有关说明详细在第七章给出。估计结果如下：

$$LnSSI_{ijt} = 0.505 - 0.033 LnSSIG_{ijt} + 0.068 LnSSIS_{ijt} + 0.346 LnSSIW_{ijt}$$

$$t = (3.689) \qquad (-0.665) \qquad (0.638) \qquad (1.886)$$

$$F = 1.579 \quad R^2 = 0.441 \quad \overline{R}^2 = 0.161 \quad D-W = 1.315$$

分析估计结果发现，仅有常数项很显著，F 检验值、判定系数 R^2、$\overline{R}^2$ 的值以及 $SSIG_{ijt}$、$SSIS_{ijt}$、$SSIW_{ijt}$ 回归参数的 t 检验值均通不过检验。为了提高模型的显著性，在自变量中增加制造业整体同构度的滞后项，再进行估计，结果如下：

$$LnSSI_{ijt} = -0.295 + 0.002LnSSIG_{ijt} + 0.353LnSSIS_{ijt} + 0.313LnSSIW_{ijt} + \alpha_4 LnSSI_{ijt}(-1)$$

$$t = (-1.983) \quad (0.106) \qquad (4.956) \qquad (4.279) \qquad (4.791)$$

$$F = 17.095 \quad R^2 = 0.945 \quad \overline{R}^2 = 0.889 \quad D-W = 2.183$$

观察发现，修正后的模型显著性大大提高。模型 F 检验的值为 17.095，整个方程的显著性水平远远超过了 1%；常数项的 t 检验值为 -1.983，在 10% 水平上是显著的；$SSIS_{ijt}$、$SSIW_{ijt}$、$SSI_{ijt}(-1)$ 回归参数的 t 检验值分别为 4.956、4.279、4.791，在 5% 的水平都是显著的，只有 $SSIG_{ijt}$ 的回归参数通不过检验；判定系数 R^2、$\overline{R}^2$ 的值分别达到了 0.945 和 0.889；德宾-沃森统计量 $D-W = 2.183$，大于本模型在 1% 显著水平上自相关检验的上临界值，可以断定不存在自相关问题。这些说明，该模型具有较高的显著性和较强的解释能力。由模型估计得到的参数可以有这样的结论：国有制造业、私营制造业、港澳台及外资制造业同构度每增加一个百分点，制造业整体同构度就会分别增加 0.002、0.353、0.313 个百分点，可见国有制造业同构度对整体同构度的贡献很微弱，而私营制造业、港澳台及外资制造业对制造业整体同构度的贡献明显。

第五节　不同组织规模制造业同构水平测度分析

一、不同组织规模制造业同构水平测度

依据表 5.6 中的分类，利用式（4.1），以计算得到 2008—2017 年长

三角不同组织规模制造业的同构度，结果如表 5.12 所示。

分析表 5.12 中的数据可以发现：

第一，上海与江苏大中型企业制造业的同构度基本呈波动下降的变化态势，由 2008 年的 0.754 下降到了 2017 年的 0.675，从较高的同构水平变为了微度同构的状态。上海与浙江大中型企业的同构度多数年份在 0.600 上下波动，未出现明显趋同或趋异的迹象；2008 年的同构度为 0.620，到 2017 年仅变化为 0.626。由此可以看到一个事实，即这两个地区间大中型企业根本不存在同构现象。江苏与浙江大中型企业的同构度呈波动上升的发展变化趋势，由 2008 年的 0.692 上升到了 2017 年的 0.766，呈现出的是结构趋同。比较发现，江苏与浙江大中型企业的同构度最高，上海与江苏次之，上海与浙江最低。观察均值发现，长三角大中型企业的平均同构度大致在 0.680 上下波动，处于微度同构。由此也可以看出，就长三角平均水平而言，大中型企业基本不存在同构问题。

表 5.12 长三角不同组织规模制造业的同构水平

年份	大中型企业				小型企业			
	上海与江苏	上海与浙江	江苏与浙江	均值	上海与江苏	上海与浙江	江苏与浙江	均值
2008	0.754	0.620	0.692	0.689	0.816	0.780	0.856	0.817
2009	0.732	0.594	0.701	0.676	0.824	0.778	0.847	0.816
2010	0.742	0.612	0.722	0.692	0.827	0.780	0.847	0.818
2011	0.617	0.624	0.676	0.639	0.811	0.763	0.838	0.804
2012	0.707	0.620	0.717	0.681	0.804	0.758	0.820	0.794
2013	0.689	0.608	0.738	0.678	0.789	0.754	0.814	0.786
2014	0.641	0.607	0.708	0.652	0.740	0.742	0.813	0.765
2015	0.676	0.612	0.752	0.680	0.710	0.659	0.811	0.726
2016	0.632	0.613	0.713	0.653	0.746	0.730	0.744	0.740
2017	0.675	0.626	0.766	0.689	0.796	0.762	0.812	0.790

第二，上海与江苏、上海与浙江小型企业的同构度均呈先下降后上升

的变化，分别由 2008 年的 0.816、0.780 下降到了 2015 年的 0.710、0.659，然后又在 2017 年上升到了 0.769、0.762，处于低度同构状态；江苏与浙江小型企业的同构度从 2008 年的 0.856 下降到了 2017 年的 0.812，处于中度同构状态。与此相对应，整个长三角小型企业平均同构度的变化呈现出的是逐步下降的发展态势，由 2008 年的 0.817 下降到了 2017 年的 0.790。观察发现，上海与浙江小型企业的同构度最高，上海与江苏小型企业的同构度居中，江苏与浙江小型企业的同构度最低。对比发现，长三角小型企业的同构度要明显高于大中型企业的同构度。

二、不同组织规模制造业同构水平贡献度分析

同理，若把制造业的总体同构度看作是由大中型企业与小型企业同构度综合作用的结果，那么就有如下模型：

$$SSI_{ijt} = \alpha_0 \cdot SSIM_{ijt}^{\alpha_1} \cdot SSIB_{ijt}^{\alpha_2} \qquad (5.3)$$

其中，SSI_{ijt} 为 i、j 两个地区的制造业在第 t 年的同构度，$SSIM_{ijt}$ 为 i、j 两个地区小型企业在第 t 年的同构度，$SSIB_{ijt}$ 为 i、j 两个地区大中型企业在第 t 年的同构度，α_0 为常数，α_1 为小型企业同构度对整体同构度的弹性，α_2 为大中型企业同构度对整体同构度的弹性。对式（5.3）取对数得：

$$LnSSI_{ijt} = Ln\alpha_0 + \alpha_1 LnSSIM_{ijt} + \alpha_2 LnSSIB_{ijt} + \mu_{ijt} \qquad (5.4)$$

利用表 5.12 中的数据对式（5.4）进行估计，实际上执行的就是面板数据的回归分析。由于是面板数据，在回归前对数据分别进行了平稳性的单位根检验，发现它们的原始序列均不平稳，但在一阶差分后都是平稳的，经协整检验发现，它们之间存在显著的协整关系，可以进行回归分析，不用担心谬误问题的产生。关于面板数据平稳性单位根检验和协整检验的有关说明详细在第七章给出。由于长三角各地之间制造业同构度是有差异的，而变动趋势之间又是具有相似性的，因此本书将采用变截距模型进行回归分析。根据面板数据计量经济分析理论，变截距模型又可以分为固定效应模型和随机效应模型。通过豪斯曼（Hausman）检验，确定采用变截距固定效应模型。同时，有关研究也表明，较变截随机效应模型而

言，变截距固定效应模型有着更好的拟合程优度。估计得到如表 5.13 所示的结果。

表 5.13　模型估计结果

Variable	Coefficient	t – Statistic	Prob.
C	0.014	0.492	0.627
SSIM	0.620	7.235	0.000
SSIB	0.352	3.009	0.006
Effects Specification			
Adjusted R – squared	0.825	Akaike info criterion	– 4.107
F – statistic	69.703	Durbin – Watson stat	2.051

由表 5.13 的数据可以看出，模型的 F 检验值为 69.703，表明整个方程的显著性水平远远超过了 1%；判定系数 R^2、$\overline{R}^2$ 的值分别达到了 0.838 和 0.825，说明该模型具有很高的拟合优度；除截距项回归参数的 t 检验值不显著外，$LnSSIM_{ijt}$ 和 $LnSSIB_{ijt}$ 回归参数的 t 检验值分别为 7.235 和 3.009，在 1% 的水平均是显著的。这些均表明，回归模型具有很高的显著性和很强的解释能力。

由回归估计得到的参数可以得出这样的结论：长三角小型企业同构度每增加一个百分点，该区域内制造业的整体同构度就会增加 0.620 个百分点，大中型企业同构度每增加一个百分点，制造业的整体同构度会增加 0.352 个百分点。说明小企业同构度对制造业总体同构度的影响要明显大于大中型企业同构度的影响。或者说，在长三角大中型企业基本不存在同构问题的前提下，目前制造业的同构现象主要是由于小型企业的高同构导致的。同时，由交叉固定效应的估计结果看，上海与浙江之间最小，上海与江苏之间居中，而江苏与浙江之间最大，这也与它们平均同构水平的高低是一致的。

第六节　对测度结果的分析讨论

第一，从整个制造业来看，到目前为止长三角仍然处于同构状态。但有两点应当明确：一是多年来该地区制造业呈现出的是结构趋异化的发展态势，这是产业结构演进中最大的特点。二是上海与江苏、上海与浙江的同构度已经显著下降，同构明显的是江苏与浙江。尤其上海与浙江制造业已经基本不存在同构现象。因此，讨论长三角的同构问题不能笼统言之，应当明确具体的状况。

第二，长三角两省一市间轻工业、低端技术产业、规模以上大中型工业企业、规模以上国有及国有控股企业的同构度分别呈下降趋势，也就是说出现的是结构趋异的发展态势。而且发展到目前，其同构度已经低于判断同构与否的基准值，即长三角的这些产业已经不存在同构现象。当然，缘于以上这些产业在长三角的地位，我们也不能因这些产业的非同构，就低估长三角制造业的同构问题。毕竟，到目前为止，从产值角度看长三角轻工业占制造业的比重已经下降到25%左右，低端技术产业占制造业的比重也仅有20%左右，国有及国有控股企业占制造业的比重更是不足10%。同时，虽然规模以上大中型工业企业的产值占制造业产值的比重接近65%，但大而不强的问题十分突出。

第三，长三角两省一市间重工业、加工型制造业、劳动密集型产业、资本密集型产业、高端技术产业、规模以上私营工业企业、规模以上小型工业企业分别呈现的是结构趋异的发展趋势。不过，到目前为止，虽然同构度有所下降，但仍然处于低度同构状态，这仍然需要予以关注。在工业化发展进程中，重工业化、高加工度化、资本密集化、高端技术化曾是长三角乃至全国各地最普遍的选择路径。长三角重工业、资本密集型产业产值占制造业产值的比重已分别接近75%，高端技术产业、加工组装产业、非主导产业产值占制造业产值的比重已经分别接近制造业产值的60%、

55%、45%，规模以上私营工业企业、小型工业企业产值占制造业产值的比重已经分别超过50%、35%。一方面这些产业占制造业比重很高，另一面又处于同构状态，理应引起重视。

第四，长三角两省一市间中端技术产业、规模以上港澳台及外商投资工业企业同构度呈现出的是在某一微小的范围内波动的发展变化趋势，未见明显上升或下降的态势。当然，这些产业的同构度均大于判断产业同构与否的基准值，处于低度同构状态。长三角中端技术产业产值占制造业产值的比重超过20%，规模以上港澳台及外商投资工业企业产值占制造业产值的比重超过35%，也应引起重视。

第五，长三角两省一市间资源型制造业呈现的是结构趋同的发展态势，由同构走向了更为严重的同构，这是最值得注意的问题。尽管这类产业所占制造业的比重不是很高，仅接近25%，但一方面这类产业不仅是高能耗的，而且是高排放的，在资源与环境约束日益加大的背景下，转型发展已迫在眉睫。另一方面这些产业也是目前产能过剩集中的行业，行业业绩近年来持续下滑，"去产能"的任务十分繁重。

第六，数据表明，2005年似乎是一个特殊的时间节点。因为，不论从整个制造业看，还是从重工业、加工型制造业、资本密集型产业、中端技术产业、高端技术产业等细分产业看，在本书所考察的时段内，上海与江苏以上产业的同构度在该年份总是最高点，而江苏与浙江以上产业的同构度在该年份总是最低点。究其原因，在新世纪初中国加入世界贸易组织、申办奥运会、世博会的成功，极大地刺激了长三角经济的增长并使其快速融入了全球分工。在江苏追赶上海的过程中，加工贸易在两地迅速发展，由此形成了结构上的趋同。与此同时，浙江与江苏相比而言，则走的是一般贸易的路线，因此出现的是结构上的趋异。当然，经过几年的高歌猛进，当"入世申会"效应逐步消退后，同构的状况又出现了另外一种发展趋势。

本章小结

基于不同分类对长三角制造业的同构水平进行了较为系统的考察，结果表明，部分产业如轻工业、低端技术产业以及规模以上大中型工业企业等，经过多年结构趋异化发展，目前已经基本不存在同构现象。部分产业如重工业、加工型制造业、劳动密集型产业、资本密集型产业等虽然经过了趋异化或徘徊式发展，但仍然处于同构状态。当然，对此应保持谨慎的乐观，不应过分夸大同构带来的影响，应看到其存在的合理性和必然性，也应看到其转型升级已经在路上的积极变化，更应当从长远发展的角度考虑如何促进其转型升级。而资源型制造业、中端技术产业、高端技术产业以及小型工业企业，近年来经历的则是趋同化发展，同构度不降反升，这才是近期值得警惕和需要着力解决的问题。

第六章

区域细分条件下的长三角制造业低端同构现象解析

第五章中，在产业细分的条件下考察了长三角制造业的同构问题。但仅从产业细分的角度还不能完全说明长三角制造业同构度的变动趋势。人们之所以关注长三角制造业的同构，主要是担心在行政区经济模式下，各级地区间会因产业同构而产生过度竞争。在这样的前提下，如果把区域细分，进而考察各级地区间制造业的同构问题，也许更具有针对性，也才能把某些产业的地区专业化趋势充分体现出来。依照这样的思路本章将在区域细分的条件下研究长三角制造业的同构问题。

第一节 长三角主要城市制造业低端同构的现实考察

在省级层面考察制造业以及高技术产业的低端同构现象后，本节将从市级层面考察制造业的低端同构水平。所使用的指标与上一章相同，数据来源于相关年度各城市的统计年鉴。

一、长三角主要城市制造业低端性考察

当细分到城市层面考察制造业低端性时，除上海外，考虑到经济总量、制造业规模等因素，仅选择苏中南和浙东北的城市进行分析。苏中南包括南京、苏州、无锡、常州、镇江、扬州、泰州以及南通，浙东北包括杭州、宁波、绍兴、湖州、嘉兴以及台州。为保持与比较对象时间的一

致，选择 2015 年的数据进行计算，结果如表 6.1 所示。

表 6.1　2015 年美国制造业与长三角主要城市制造业的比较（%）

国家或地区	研发投入强度	销售利润率	增加值率
美国	3.99	18.59	37.22
上海	1.46	7.90	21.57
南京	1.15	6.64	26.31
苏州	1.15	4.83	21.46
无锡	1.65	6.00	26.37
常州	1.18	5.58	20.45
镇江	0.93	3.56	24.22
扬州	0.90	6.67	17.81
泰州	0.77	7.65	14.15
南通	1.14	7.48	18.15
杭州	1.75	7.41	23.16
宁波	1.38	6.01	26.19
绍兴	1.10	5.89	20.08
湖州	1.24	6.25	20.86
嘉兴	1.25	5.32	22.04
台州	1.57	6.08	21.54

　　就研发投入强度而言，杭州最高，达到 1.75%，而泰州最低，仅为 0.77%；就销售利润率而言，上海最高，达到 7.90%，最低的是镇江，仅为 3.56%；就增加值率而言，无锡最高，达到 26.37%，泰州最低，仅为 14.15%。其实，不论是最高的还是最低的，与美国制造业的三个指标相比，长三角 15 个主要城市制造业的差距十分明显。计算表明，15 个主要城市研发投入强度、销售利润率和增加值率的平均值分别为 1.24%、6.22% 和 21.62%，分别低于美国制造业 2.75、12.37 和 15.60 个百分点。可见，即使在主要城市层面，长三角制造业仍然存在低端性特征。

二、长三角主要城市制造业同构性考察

根据前面所提出的制造业同构测度方法，可以计算得到长三角主要城市制造业的同构度，结果如表6.2所示。

观察发现，上海与南京制造业的同构度为0.847，上海与苏州制造业的同构度为0.698，分别处于低度和微度同构状态；上海与无锡、常州、镇江、扬州、泰州以及南通制造业的同构度已经小于0.667，不存在同构现象。同样，上海与杭州制造业的同构度为0.674，上海与宁波制造业的同构度为0.715，处于微度和低度同构状态；上海与绍兴、湖州、嘉兴以及台州制造业的同构度均低于0.667，也不存在同构现象。也就是说，上海除了与南京、苏州、杭州和宁波制造业存在同构外，与其余城市的制造业不存在同构现象。

进一步观察发现，江苏各市与上海制造业的同构度普遍要高于浙江各市与上海制造业的同构度，这与长三角省级地域上制造业同构度相对高低的分布状况是一致的。通过计算还可以发现，江苏省内各主要城市制造业同构度的均值为0.682，浙江省内各主要城市制造业同构度的均值为0.625，低于前者。这说明，就整体水平而言，苏中南各主要城市制造业的同构度比浙东北高。

通过对比观察发现，多数城市之间制造业的同构度要小于省级层面制造业的同构度，尤其对于江苏与浙江之间更是如此。江苏与浙江制造业的同构度为0.788，而江苏各城市与浙江各城市之间制造业的同构度均小于这个数值。

虽然，多数城市间制造业不存在同构现象，但处于同构状态的恰恰是长三角的若干个核心城市，如上海、南京、杭州、苏州、宁波、无锡、南通、常州等。这些城市的发展对长三角举足轻重，而且地理位置上又相互邻近，由此引起必要的重视也是应该的。

表6.2 2015年长三角主要城市制造业的同构度

	南京	苏州	无锡	常州	镇江	扬州	泰州	南通	杭州	宁波	绍兴	湖州	嘉兴	台州
上海	0.847	0.698	0.660	0.580	0.575	0.653	0.598	0.581	0.674	0.715	0.517	0.473	0.542	0.603
南京		0.669	0.654	0.642	0.644	0.698	0.613	0.623	0.643	0.736	0.465	0.461	0.561	0.533
苏州			0.743	0.621	0.543	0.570	0.551	0.574	0.677	0.621	0.533	0.581	0.591	0.499
无锡				0.781	0.661	0.691	0.663	0.716	0.712	0.713	0.604	0.646	0.605	0.532
常州					0.797	0.748	0.719	0.773	0.640	0.675	0.525	0.637	0.612	0.539
镇江						0.756	0.695	0.751	0.640	0.681	0.478	0.592	0.608	0.548
扬州							0.704	0.748	0.639	0.770	0.528	0.573	0.610	0.649
泰州								0.737	0.587	0.661	0.487	0.533	0.564	0.609
南通									0.702	0.672	0.634	0.660	0.657	0.567
杭州										0.689	0.694	0.668	0.729	0.640
宁波											0.584	0.580	0.632	0.604
绍兴												0.653	0.681	0.539
湖州													0.708	0.498
嘉兴														0.482

三、长三角主要城市制造业结构趋同性考察

前已述及，可以通过观察不同年份制造业同构度大小的变化来判断制造业结构的趋同与否。为此，计算了 2003 年和 2015 年长三角主要城市间制造业同构度，如表 6.3 所示，意在通过观察其变化，判断主要城市间制造业的结构趋同性。

表 6.3 长三角几个主要城市制造业的同构度

地区组	2003 年	2015 年
上海 – 南京	0.808	0.847
上海 – 杭州	0.710	0.674
上海 – 苏州	0.734	0.698
上海 – 无锡	0.695	0.660
上海 – 宁波	0.624	0.715
上海 – 常州	0.666	0.580
南京 – 杭州	0.641	0.643
南京 – 苏州	0.707	0.669
南京 – 无锡	0.634	0.654
南京 – 宁波	0.574	0.736
南京 – 常州	0.644	0.642
杭州 – 苏州	0.781	0.677
杭州 – 无锡	0.760	0.712
杭州 – 宁波	0.638	0.689
杭州 – 常州	0.737	0.640
苏州 – 无锡	0.754	0.743
苏州 – 宁波	0.654	0.621
苏州 – 常州	0.783	0.621
无锡 – 宁波	0.630	0.713
无锡 – 常州	0.812	0.781
宁波 – 常州	0.651	0.675
平均值	0.697	0.685

通过观察对比表中的数据发现，除部分城市间制造业同构度是增大的外（如上海与南京制造业的同构度，由 2003 年的 0.808 增加到了 2015 年的 0.847），多数城市间制造业的同构度是减小的。经计算发现，2003 年城市间制造业同构度的平均值为 0.697，到 2015 年则减少到了 0.685，表现出了结构的趋异化发展趋势。这与省级地区间制造业同构度的变化趋势是一致的，即均是结构趋异而不是结构趋同。同时计算同时期省级层面制造业同构的平均值发现，市级层面制造业的同构度要低于省级层面制造业的同构度。也就是说，随着区域细分，就平均水平而言制造业的同构是下降的。这有助于人们正确认识长三角制造业的同构问题。

至于为什么在少数几个中心城市，如上海与南京之间、南京与杭州之间制造业却出现了结构趋同，笔者认为主要原因有以下几点：

首先，在发展经济的基础资源方面，长三角几个主要城市之间的相似性要大于两省一市之间的相似性。虽然从行政角度来看，上海与江浙同属省级，但作为直辖市，它在各方面与长三角其余几个主要城市的相似性要更大一些，毕竟江苏与浙江含有多个不同发展水平的地区。长三角几个主要城市不仅在地理位置比较邻近，就是在其他方面也有许多相似之处，上海是我国最大的经济中心，产业基础良好，工业门类齐全，基础设施充足，有上海交通大学、复旦大学等 40 多所高校，人才优势突出，并拥有多个各级各类开发区。南京有较好的工业基础，基础设施完善，拥有南京大学、东南大学等 30 多所高校，智力密集度高，也拥有多个开发区。杭州的经济实力雄厚，是浙江省的工业重镇，基础设施完善，信息资源丰富，拥有浙江大学等 20 多所高校，科技实力雄厚，拥有国家级高新技术开发区。苏州、无锡、常州区位优越，地域相邻，交通十分便捷，是苏南经济的重心，三地拥有的高校和科研院所的数量也不相上下，且均设有国家级高新区和地区技术开发区，各种条件十分相似。宁波是浙江的第二大工业城市，产业基础良好，经济实力较强。拥有宁波大学等 10 余所高校，交通功能正在逐步增强。可见，长三角几个主要城市在基础资源方面具有较高的相似性，这也正是产业结构发生趋同的重要前提。

其次，缘于发展当地经济和政府官员考核晋升机制的激励，省级政府虽然会制定经济上的赶超战略，但省级政府并不是这一战略的执行者，省级政府是把这些战略任务分解到各个市级地区，尤其是那些较为发达的市级地区去执行的。事实上，市级政府不仅在执行省级政府分解下来的赶超任务，而且，还会主动去发起新的赶超任务。在行政分权改革条件下，市级政府获得了更多发展当地经济的自主权，加之以 GDP 增长为主的官员考核晋升机制，导致市级政府有着极大的冲动去发起资本与技术密集型产业优先发展的赶超战略。正是缘于此，虽然自 1997 年以来长三角各市就自愿组织成立了城市经济协调会，但实质性成果的取得还需要在长三角一体化战略下继续努力。同时，相对发达的地区想保持自己的领先地位，在产业发展上试图赶超国际先进国家，相对落后地区又想赶超发达地区①②，比如，上海在产业的选择与发展上一直在向国际大都市看齐，而南京则正在紧紧地追赶上海，由此造成了制造业结构上的趋同。

除此之外，在省级层面上，改革开放以来特别是 20 世纪 90 年代初邓小平南方谈话和浦东开放以来，上海在长三角重新确立起了核心城市的地位，经济发展与结构调整速度加快，拉大了同江苏与浙江的距离，形成了产业发展上的梯度差异。同时，江苏与浙江则主动接轨上海，接受辐射效应，政府间的协作意识逐步增强，区域内市场机制不断完善，国有企业改革不断推进，乡镇经济与民营经济异军突起，各地企业依据自身优势发展壮大的自主权得到加强。政府也积极转变管理职能，逐步弱化了对当地各类企业的控制（尤其浙江在这个方面走在了前列），使得省际贸易壁垒与市场分割程度逐步降低，这些都对缓减制造业的同构起了积极的作用，因而出现了制造业结构上的趋异。

① 林毅夫，刘培林. 自生能力与国企改革 [J]. 经济研究，2001（09）：60-70.
② 林毅夫. 发展战略、自生能力与经济收敛 [J]. 经济学季刊，2002（02）：269-300.

第二节　长三角县级地区间制造业同构的考察

不论是江苏的乡镇企业还是浙江的民营经济均起源于县级地区，也正是这些县级地区经济的繁荣才推动了长三角经济持续快速发展。古语云："郡县治，天下安。"县域经济不仅是地区经济发展的基石，也是整个国家经济发展的重要组成部分，更是全面建成小康社会的主战场。中国社科院财经战略院发布的2019年全国制造业百强县市排行榜显示，江苏有22个县市上榜，位列全国第一；浙江有18个县市上榜，位列第二。江苏与浙江上榜总数达到40个，其中江苏在排行前10名中占6个席位。此外，赛迪顾问发布的《2020中国县域经济百强研究》中，江苏与浙江就占了43个，而且百强县前十名中，江苏省独占一半，并包揽前三位。可见，长三角的县域经济在全国已经占有重要地位。不仅如此，就是在长三角内部，县域经济也已经占据了半壁江山。江苏县域工业生产总值占全省工业生产总值的比重超过了50%，而在浙江省，约70%的国内生产总值是由县域经济创造的。既然县域经济如此重要，那么考察该区域层次上制造业的结构状况对于认清长三角制造业的同构问题是十分有益的。

对于长三角大多数县级地区来说，获得制造业各产业的统计数据是十分困难的，因此不可能对所有县级地区的制造业进行同构测度。对于那些能够获得制造业各产业数据的地区，我们计算了它们之间的同构度；而对于那些不能获得细分产业具体数据的地区，我们则通过对比各地主要产业的异同来间接反映制造业的同构程度和专业化水平。

一、两个典型地区制造业同构的测度

依据数据的可获得性和测算地区的典型性，我们选择上海的浦东和苏州的昆山进行比较分析。虽然从行政级别看浦东属于地市级，但从地域范围看，其就是一个城市的新区，与苏浙典型的县级市具有可比性。依据历

年《浦东统计年鉴》和《昆山统计年鉴》可以利用计算结构重合度的公式，测算两个地区制造业的同构度，结果如表 6.4 所示。

表 6.4　上海浦东与苏州昆山制造业的同构度

年份	制造业同构度
2010	0.576
2011	0.602
2012	0.614
2013	0.648
2014	0.617
2015	0.621
2016	0.631
2017	0.647

由表中的数据可以看出，历年来浦东与昆山制造业的结构重合度均显著低于 0.667 这个基准值，说明这两个地区制造业专业化趋势明显。同时这两个地区制造业的同构度也小于上海与苏州制造业的结构重合度。表明随着把区域从市级细分到县级，制造业的同构度出现了明显的下降，地区间制造业的专业化分工状况被清楚地显示了出来，也许正是这些县级区域上制造业存在着高度的专业化分工与紧密的协作关系，才使得长三角制造业保持了良好的发展态势。

当然，需要说明的是以上我们只是测算分析了代表性地区制造业的同构度，还不能代表长三角县级地区的整体情况。下面我们就对更多县级地区制造业的结构状况进行分析。

二、长三角全国百强县制造业主要发展行业比较分析

前已提及，对于无法获得制造业各细分产业相关统计数据的地区，我们将通过对比主要产业的异同来说明制造业同构程度的高低。但问题是，长三角两省一市所包含的县级地区数量很多，没有办法对它们逐一进行比较分析。一个变通的办法就是，挑选一些有代表性的县级地区作为研究对

象，借以说明长三角县域制造业结构的整体情况。本书中我们选择 2020 年江苏和浙江进入全国百强县的部分县级地区进行对比分析。结果如表 6.5 和表 6.6 所示。表中的数据信息均来源于各地政府网站公开发布的各种报告或报表。

表 6.5　江苏全国百强县（市）主要产业对比

序号	县（市）	当地主要产业
1	昆山市	电子信息、精密机械、精细化工 2019 年规模以上工业总产值近 1 万亿元。是台资企业的聚集地，是对台合作的典范。拥有 1 个千亿级 IT（通信设备、计算机及其他电子设备）产业集群和 12 个百亿级产业集群。全年生产计算机整机近 5000 万台、移动通信手持机近 4000 万台
2	江阴市	纺织服装、冶金、磷化工 2019 年规模以上工业总产值 6069.31 亿元。海澜集团、中信泰富、澄星实业等 3 家企业集团税务销售超 1000 亿元，三房巷集团税务销售超 500 亿元，新长江实业、华西集团、阳光集团、远景科技等 4 家企业集团税务销售超 300 亿元
3	张家港市	冶金、纺织、机电、化工、食品 2019 年规模以上工业总产值 4530 亿元。沙钢集团连续多年入围"世界 500 强"，7 家企业入围"中国民营企业 500 强"。形成了冶金产业集群、纺织产业集群、机械装备产业集群、化工产业集群以及食品产业集群等 5 大产业集群
5	太仓市	精密机械、汽车零部件、石油化工 2019 年规模以上工业总产值 2360 亿元。是德资企业的重要聚集地，是对德合作的一张亮丽名片。高端装备制造、新材料、生物医药三大主导产业完成总产值 1900 亿元。拥有雅鹿集团和香塘集团等大型企业
6	宜兴市	环保设备、电线电缆、精细化工、陶瓷、冶金、化纤织造、服装服饰 2019 年规模以上工业总产值 4399.42 亿元。拥有远东控股、江苏三木、江苏中超投资、江苏江润铜业等大型企业，培育了鹏鹞环保、远东线缆、灵谷尿素、虎皇油漆、银鱼餐具等一批知名品牌
7	海门市	装备制造、输变电、汽车零部件、纺织服装 2019 年规模以上工业总产值近 2300 亿元。招商局重工、通光集团、中兴能源装备、金轮针布、振康机电等一批发展前景好、主业突出、具备核心技术优势的大型装备制造集团在海门扎根成长

序号	县（市）	当地主要产业
8	泰兴市	化工、机电、医药 2019年规模以上工业总产值近1000亿元。未来着力打造生物医药和新型医疗器械、高端装备和高技术船舶、化工及新材料三大先进制造业集群，拥有济川药业、扬子鑫福等知名企业
9	如皋市	船舶海工及配套、新材料、高端纺织、新能源及新能源汽车、电子信息 2019年规模以上工业企业总产值1190.27亿元。我国著名的长寿之乡。新能源汽车及零部件产业集群特色鲜明，拥有中天科技、通富微电子、罗莱生活科技、中南控股集团等一批知名企业集团
10	启东市	海工装备、新能源及光电、电动工具、新医药、节能环保 2019年规模以上工业企业总产值近2000亿元。形成海工装备、新能源及光电、电动工具、新医药、节能环保等产业集群，拥有中远海工、太平洋海工、韩华新能源、海四达电源、希迪制药、拜耳医药、神通阀门、南方润滑等知名企业

表6.6 浙江全国百强县（市）主要产业对比

序号	县（市）	当地主要产业
1	慈溪市	家用电器、机械基础件、汽车零部件、智能装备、新材料 2019年规模以上工业总产值3261.86亿元。以家用电器、机械基础件、汽车零部件为代表的传统产业不断转型升级，以智能装备、新材料、生命健康为代表的新兴产业不断发展壮大，"3+3"产业体系日渐完善
2	义乌市	服装、袜业、塑料制品、工艺品、饰品 2019年规模以上工业总产值近600亿元。在全国率先创办小商品市场，并形成通信市场、家电市场、旧货市场、汽车城、义乌装饰城、物资市场、义乌农贸城、家具市场、二手车交易市场、木材市场、出版物中心等11个专业市场
3	余姚市	汽车、高端装备、电子信息、新材料、智能家电 2019年规模以上工业总产值近1800亿元。形成了汽车制造、高端装备、电子信息、新材料以及智能家电等产业集群，拥有舜宇智能光电、江丰电子、容百锂电、大丰实业、吉利汽车等知名企业

续表

序号	县（市）	当地主要产业
4	诸暨市	环保新能源、智能装备制造、铜加工及新型材料、纺织服装、袜业 2019年规模以上工业增加值236.94亿元。形成了环保新能源、智能装备制造、铜加工及新型材料、纺织服装、袜业等产业集群。尤其袜业产业集群，享誉全球。诸暨袜业区域品牌价值估值达1100亿元
5	海宁市	经编、家纺、光伏、皮革 2019年规模以上工业总产值突破2000亿元。形成了颇具特色的皮革产业集群。未来着力打造1000亿级的时尚纺织产业集群，500亿级的装备制造产业集群，300亿级的光伏产业集群，200亿级的半导体产业集群，100亿级的厨电产业集群
6	乐清市	高中低压电器及成套设备、电子元器件 2019年规模以上工业增加值516.69亿元。形成独具特色的电器产业集群，是我国最大的自主生长的低压电器产业集群，是国内电气全产业链发育最完整的区域。生产的电器和电子元器件在国内市场的具有很高占有率
7	温岭市	泵阀门压缩机、制鞋业、轴承齿轮及传动部件制造、汽车零部件及配件制造 2019年规模以上工业总产值745.30亿元。形成了泵阀门压缩机及类似机械制造、制鞋业、轴承齿轮及传动部件制造、汽车零部件及配件制造、摩托车制造等特色鲜明的产业集群
8	瑞安市	机械电子、汽摩配、高分子和时尚轻工产业 2019年规模以上工业总产值880.89亿元。形成了独具特色的汽摩配产业集群，享有"中国汽摩配之都"的美誉，汽车、摩托车配件行业的年产值超过600亿元，企业超过1500家
9	桐乡市	化纤、玻纤、纺织、皮革和羊毛衫 2019年规模以上工业总产值1788.99亿元。化纤产品出口覆盖全球50多个国家和地区，在总量规模、创新能力、产业集聚方面均具有明显优势。巨石、桐昆、新澳为代表的行业龙头企业为桐乡传统制造业的转型升级发挥了榜样示范作用
10	平湖市	服装、光机电、纸业、箱包 2019年规模以上工业总产值1867.3亿元。先进装备制造业、新材料是当地两大战略性主导产业，电子信息、节能环保为当地两大成长性产业，服装、箱包是当地两大传统产业特色产业

对于江苏来说，除在化学工业上有一定的重合外，各县级地区间制造业差异化的发展趋势还是比较明显的。比如，昆山市、张家港市同属于苏州市，但两个地区发展的主要产业有着较大的不同，昆山主要以电子信息产业和精密机械产业为主导，张家港则是黑色冶金、纺织服装、汽车及其配件和粮油加工为主。江阴与常熟都发展纺织服装以及化工产业。但江阴的纺织主要是各档面料的生产，而常熟是羽绒服装的生产占重要比重；在化工上，江阴侧重的是磷化工，常熟是精细化工。

浙江县域经济的专业化趋势则更为明显，在慈溪形成了小家电产业集群，在义乌形成了规模巨大的小商品市场，在余姚形成了汽车产业集群，在诸暨形成了袜业产业集群，在海宁形成了皮革产业集群，在乐清形成了低压电器产业集群，在温岭形成了阀门压缩机类制造产业集群，在瑞安形成了汽车、摩托车配件产业集群，在桐乡形成了羊毛衫产业集群，在平湖形成了箱包产业集群。此外，在嵊州形成了领带产业集群，在永康形成了五金产业集群，在桐庐形成了制笔产业集群，等等。这些县级区域上种类各自不同的集群经济的发展，进一步强化了浙江一县一品的专业化趋势。

以上表明，只有在细分区域的条件下才能显示出产业上的细分，也才能体现出地区间制造业结构上的差异。如果不进行区域细分，而只是人为地细分产业，那么在一个较大的区域范围内，产业结构上的差异很难被体现出来。比如从省级层面来考察，江苏与浙江都在发展各种纺织产品，几乎分不出差异。但如果将区域缩小，那么产业上的差异就自然体现了出来，比如江苏苏州的吴江区与浙江绍兴的柯桥区都十分注重轻纺产业的发展，但吴江偏重的是丝绸纺织，而柯桥偏重的是服装面料的织造。江苏的张家港市和浙江的萧山区都发展汽车及相关产业，但张家港偏重的是客车的整车制造，而萧山偏重的是汽车零部件的规模化生产。江苏的江阴市和浙江的上虞区都将发展化学工业作为县域经济的主要增长点，但江阴主要发展的是磷化工，而上虞以化纤产业为主攻方向。由此可见，长三角大部分县级区域间产业差异化发展的趋势是十分明显的，基本不存在同构问题。

第三节　长三角部分乡镇优势产业比较

在江苏尤其是苏南地区，乡镇是乡镇经济的发源地，而在浙江尤其是浙东北地区，乡镇则是民营经济的发源地。存在于乡镇地区的经济对江苏与浙江的发展起着举足轻重的作用，也是江苏与浙江经济发展的活力所在。同时，最为直接的是，乡镇经济支撑了长三角的县域经济，如果一个县级地区内有一两个经济强镇，那么由此会产生很强的拉动和示范效应，对全县经济的增长起到类似于增长极的作用，从而带动整个县域经济的发展。乡镇强则县域强，乡镇兴则县域兴。既然乡镇经济这么重要，那么我们对长三角内的一些经济强镇的优势产业进行对比，以判明在乡镇这一级区域上，制造业的同构状况或专业化分工水平。选择的研究对象是近年来处于江苏和浙江百强乡镇前几位的乡镇。经整理，把各个镇的优势产业列入表6.7中。

表6.7　江苏与浙江部分经济强镇主要产业

江苏乡镇	当地主要产业	浙江乡镇	当地主要产业
娄葑镇	半导体存储产品、集成电路配套件	杨汛桥镇	经编纬编
澄江镇	磷化工	宁围镇	汽车零部件
新桥镇	毛纺	钱清镇	纺织
陆家镇	儿童用品、化纤、轮胎	店口镇	五金制品
虞山镇	办公用品机械、家用电器机械	衙前镇	轻纺
杨舍镇	制冷铜管、纺织服装	大唐镇	袜业
玉山镇	电子、精密机械、精细化工	柳市镇	低压电器
塘桥镇	棉纺织、毛衫织造	福全镇	金银饰品、人造制革、家具

由表中所列产业可以看出，各乡镇的差异化发展趋势是比较明显的。比如江阴市的澄江镇和新桥镇，在发展的主要产业上有重大差异，前者以磷化工为主，后者以毛纺为主，是全国的毛纺之乡。同处于昆山的陆家镇

和玉山镇，前者以儿童用品、化纤、轮胎为支柱产业，后者则以电子、精密机械、精细化工为主要产业。张家港市的杨舍镇以制冷铜管制造闻名全国，而塘桥镇则是我国的棉纺织、毛衫名镇。杨汛桥镇、钱清镇和福全镇都是绍兴市的经济强镇，但它们的优势产业各有特色，杨汛桥镇是我国的经编名镇，钱清镇则是浙江纺织出口第一镇，福全镇的优势则在于金银饰品、人造制革、家具方面的制造。在诸暨市，店口镇形成了五金产业集群、大唐镇则形成了袜业产业集群、枫桥镇以服装业为主、次坞镇以建材业为主、山下湖镇以珍珠业为主。由此可见，在长三角这些经济强镇中，所发展的产业各具特色，基本不存在同构现象，相反在专业化分工中，形成了相互配套、相互补充的产业发展格局。

本章小结

在区域细分条件下，本章考察了长三角制造业的同构问题。结果表明，就平均水平而言，省级地区制造业的同构度大于市级地区制造业的同构度，市级地区制造业的同构度要大于县级地区制造业的同构度。也就是说，随着区域细分，该区域内制造业同构度有明显的下降趋势，这与产业细分条件下制造业同构度的变动趋势是不同的。研究还表明，在长三角，只有在省级地区以及几个主要市级地区间，制造业才存在着同构问题，而其余各级地区间制造业的同构度很小，不存在所谓同构问题。从动态角度来看，长三角几个主要城市间制造业的结构是逐步趋异的。除此以外，本章还从定性角度对比了长三角内全国百强县以及部分乡镇的主要产业，进一步显示了区域细分条件下制造业的专业化发展趋势。

第七章

长三角制造业低端同构的竞争绩效与影响因素分析

在对长三角制造业低端同构水平进行深入测度分析的基础上，本章将对长三角制造业低端同构所引致的绩效进行分析考察，意在厘清长三角制造业低端同构现象对产业发展绩效形成的具体影响。一般而言，制造业低端同构由地区间的低端重复建设引起，而低端重复建设，很可能会引发过度竞争，进而对产业发展的经济效益形成影响。同时，地区间的低端重复建设也可能形成产业在地理上的集聚，而这种集聚很可能进一步引发产能过剩。基于此，本章将分别分析长三角制造业低端同构与经济效益的关系以及以同构为中介变量的产业集中与产能过剩的关系，同时还将分析影响制造业同构的主要因素。

第一节　长三角制造业低端同构与经济效益的关系分析

产业经济效益是指产业经济活动所取得的利益或效果，体现的是产出相对于投入的关系，即尽可能以少的投入获得尽可能多的产出。通过分析同构与效益之间的关系，可以为同构进行价值判断提供最直接的证据。

一、长三角制造业经济效益测度

对于产业经济效益的衡量有许多指标可以选择，出于数据可获性和操作上的方便性，并考虑到研究的必要性，这里我们选择用产值利润率和全员劳动生产率来衡量产业的经济效益。所谓产值利润率，是指在一定时期内，产业的利润总额与产业的总产值之间的比值，含义是该产业单位总产值所能带来的利润，是表征盈利能力的重要指标。全员劳动生产率是指根据产品的价值量指标计算的平均每一个从业人员在单位时间内的产品生产量，即全体从业人员在一定时期内创造的劳动成果与其相适应的劳动消耗量的比值，衡量的是劳动力这一要素的投入产出效率，是显示生产工艺技术水平与生产经营管理水平的重要指标。一般用工业增加值与年平均从业人员数的比值来计算。但由于在 2009 年之后，公开的统计资料中不再披露工业行业的增加值指标，所以无法连续用增加值指标来计算制造业的全员劳动生产率，故本研究中用工业总产值替代工业增加值来计算劳动生产率。当然，由于与增加值相比，总产值很大，用其计算全员劳动生产率会无形当中放大劳动生产率，好在我们重点关注的是全员劳动生产率这个指标的发展变化的趋势，而不是数值本身的大小，所以这样的替代是可以接受的。

通过查阅上海、江苏和浙江各地历年来的统计年鉴，可以获得制造业的总产值、利润总额、年平均从业人员数这些指标，然后计算得到产值利润率和全员劳动生产率，结果如表 7.1 所示。

表 7.1　2000—2017 年长三角各地制造业产值利润率与全员劳动生产率

年份	上海		江苏		浙江	
	产值利润率（％）	全员劳动生产率（万元/人）	产值利润率（％）	全员劳动生产率（万元/人）	产值利润率（％）	全员劳动生产率（万元/人）
2000	5.57	28.21	3.54	20.17	5.35	16.21
2001	6.43	29.18	3.57	22.82	5.83	18.36
2002	7.04	31.54	4.00	26.08	6.20	21.32
2003	7.79	47.01	4.40	31.68	6.17	26.69
2004	7.79	53.93	4.47	31.58	5.28	28.67
2005	6.72	46.25	3.66	32.10	4.79	35.06

续表

年份	上海		江苏		浙江	
	产值利润率（%）	全员劳动生产率（万元/人）	产值利润率（%）	全员劳动生产率（万元/人）	产值利润率（%）	全员劳动生产率（万元/人）
2006	5.91	69.60	4.60	53.47	4.72	40.07
2007	5.88	78.90	5.19	61.92	4.92	45.61
2008	3.85	82.63	5.86	61.41	4.00	50.13
2009	5.94	84.79	5.60	71.33	5.16	52.10
2010	7.64	103.27	6.49	79.78	6.18	59.93
2011	6.95	120.46	6.57	98.62	5.89	78.41
2012	6.74	120.38	6.04	106.14	5.26	82.23
2013	7.53	126.28	6.25	117.56	5.38	87.54
2014	8.11	134.73	6.33	124.27	5.56	92.75
2015	8.56	134.02	6.46	131.65	5.75	94.76
2016	8.49	159.35	6.75	140.84	6.83	94.82
2017	8.56	183.60	6.75	144.46	7.00	98.07

观察表7.1中的数据可以发现，不论上海、江苏还是浙江，产值利润率和全员劳动生产率在2000—2017年这个时段内，均呈上升发展的态势。上海制造业的产值利润率、全员劳动生产率分别由2000年的5.57%和28.21万元/人，增加到了2017年的8.56%和183.60万元/人，年均增长率分别为2.41%和10.97%。江苏制造业的产值利润率、全员劳动生产率分别由2000年的3.54%和20.17万元/人，增加到了2017年的6.75%和144.64万元/人，年均增长率分别为3.65%和11.56%。浙江制造业的产值利润率、全员劳动生产率分别由2000年的5.35%和16.21万元/人，增加到了2017年的7.00%和98.07万元/人，年均增长率分别为1.51%和10.52%。由此可以看出，增长最快的是江苏，其次是上海，最低的是浙江。同时，从数值大小来看，不论产值利润率还是全员劳动生产率，上海最大，浙江其次，江苏最低。这样的结果显示出，尽管三地在两个指标的

数值表现上有差异，但拥有的共同特点就是均呈增长发展的态势，说明进入 21 世纪以来，长三角制造业不论在盈利能力还是在生产效率方面都处于持续改进中，显示出了转型升级正在不断深化之中。

二、长三角制造业同构水平与经济效益的关系分析

为了分析制造业低端同构与经济效益之间关系，我们计算了长三角产值利润率和全员劳动生产率的均值，如表 7.2 所示。同时，为观察方便，把前面章节中计算得到的长三角制造业平均的同构水平也列入了表中。

表 7.2 2000—2017 年长三角制造业平均同构水平、产值利润率与全员劳动生产率

年份	平均同构水平	平均产值利润率（%）	平均全员劳动生产率（万元/人）
2000	0.786	4.82	21.53
2001	0.767	5.28	23.45
2002	0.765	5.74	26.31
2003	0.748	6.12	35.13
2004	0.743	5.85	38.06
2005	0.744	5.05	37.80
2006	0.750	5.08	54.38
2007	0.746	5.33	62.14
2008	0.749	4.57	64.72
2009	0.737	5.57	69.41
2010	0.741	6.77	80.99
2011	0.731	6.47	99.16
2012	0.724	6.01	102.92
2013	0.718	6.38	110.46
2014	0.723	6.67	117.25
2015	0.717	6.92	120.14
2016	0.715	7.36	131.67
2017	0.728	7.44	142.05

对于长三角制造业平均同构水平而言，总体呈波动下降的变化趋势，对此第三章已经进行过分析。对于平均的产值利润率和全员劳动生产率，还是逐年增大的变化趋势。为分析它们之间的相关关系，首先进行相关性检验，若用 *PJTG*、*PJLR* 和 *PJCL* 分别代表长三角制造业的平均同构水平、平均产值利润率和平均全员劳动生产率，检验结果如表 7.3 所示。

表 7.3　相关性检验结果

指标	检验指标	*PJLR*	*PJCL*
PJTG	皮尔逊（Pearson）相关系数	-0.729	-0.881
	显著性	0.001	0.000
PJTG	斯皮尔曼（Spearman）秩次相关系数	-0.789	-0.915
	显著性	0.000	0.000

经过计算发现长三角制造业同构水平与产值利润率、全员劳动生产率之间的皮尔逊（Pearson）相关系数分别为 -0.729 和 -0.881，在 1% 的检验水平上是显著的；检验同时发现，长三角制造业同构水平与产值利润率、全员劳动生产率之间的斯皮尔曼（Spearman）秩次相关系数分别为 -0.789 和 -0.915，显著性水平远远超过 1%。表明在所考察的时段内，长三角制造业同构水平与表征产业经济效益的产值利润率、全员劳动生产率之间存在显著的负相关关系。即随着长三角制造业同构水平的不断下降，其经济效益是逐步改善的。

为了从数量上剖析同构水平与经济效益之间的关系，需要对它们进行回归估计分析。但由于是时间序列数据，为避免谬误回归的产生，需要对数据的平稳性进行检验。依据时间序列计量经济学原理可知，判断某一时间序列是否平稳可用单位根检验方法进行。若不存在单位根，那么序列是平稳的，若存在单位根，则认为序列是非平稳的。这里选择应用较广的增广迪基-富勒检验（ADF，Augented Dickey-Fuller Test）方法进行单位根检验，其基本原理如下①：

设有时间序列 y ，构造检验方程：

$$\Delta y_t = \alpha_0 + \alpha_1 t + \delta y_{t-1} + \sum_{i=1}^{m} \beta_1 \Delta y_{t-i} + \mu_t \qquad (7.1)$$

其中 α_0 为常数项， α_1 为趋势项 t 的系数， δ 为一阶滞后项 y_{t-1} 的系数，m 为滞后阶数， μ_t 为残差项，加入 m 个滞后项的目的是使 μ_t 为白噪音。判断 y 是否存在单位根，关键是对 δ 进行检验，如果 δ 在给定的水平下显著地不为零，说明原序列不存在单位根，其是平稳的，否则其是非平稳的。具体步骤是：

第一步，提出假设 $H_0:\delta = 0$ ；备选假设 $H_1:\delta \neq 0$ ；

第二步，让 Δy_t 对常数项 α_0 、趋势项 t 、Y_{t-1} 、Δy_{t-1} 、Δy_{t-2} 、$\cdots$ 、Δy_{t-m} 做回归，并计算 y_{t-1} 的 ADF 统计量的值；

第三步，如果 Y_{t-1} 的 ADF 统计量的值小于临界值则拒绝原假设 H_0，接受备选假设 H_1，说明 y_t 不存在单位根，是平稳序列。否则存在单位根，即它是非平稳序列。

依据上述原理，进行单位根检验，结果如表7.4所示。

表7.4　单位根检验结果

变量	ADF 检验值	5%临界值	结论
PJTG	-2.703	-3.710	不平稳
PJLR	-2.134	-3.710	不平稳
PJCL	-0.246	-3.052	不平稳
D (PJTG)	-4.502	-3.759	平稳
D (PJLR)	-4.031	-3.759	平稳
D (PJCL)	-6.623	-3.759	平稳

由表中的检验结果可以看出，三个原始时间序列的 ADF 检验值的分别

---

① Dickey D A and Fuller W A. Distribution of the Estimators for Autoregressive Time Series with a Unit Root [J]. Journal of the American Statistical Association, 1979, 74: 427-431.

都大于 5% 水平临界值，表明三个时间序列在 5% 水平上是不平稳的。同时，经过对三个时间序列一阶差分后检验，它们的 ADF 值分别小于 5% 水平临界值，表明一阶差分后三个序列变得平稳了，并且它们是一阶单整的。

由时间序列计量经济学的有关知识我们知道，即使原始时间序列不平稳，但如果它们之间存在协整关系，那么仍然可以对它们进行回归分析，不必担心谬误问题的产生，为此就需要对三个时间序列之间是否存在这种协整关系进行检验。

检验序列之间是否存在协整关系，可以用乔安森（Johansen）和朱斯利叶斯（Juselius）提出的极大似然法来进行[1][2]。该方法的基本思路是在多变量向量自回归（VAR）系统中构造两个残差的积矩阵，计算矩阵的有序本征值（Eigen value），根据本征值得出一系列的统计量判断协整关系是否存在以及协整关系的个数。

考虑阶数为 p 的 VAR 模型：

$$y_t = A_1 y_{t-1} + \cdots + A_p y_{t-p} + B x_t + \varepsilon_t \tag{7.2}$$

其中，y_t 是一个 k 维向量，x_t 是一个确定的 d 维的向量，ε_t 是扰动向量。在上述模型中，确定合适的滞后阶数 p 的基本方法是 AIC 准则和 SC 准则。如出现 AIC 准则和 SC 准则不一致情况，则可通过 LR 检验确认。为了进行协整检验，可把上式写为以下形式：

$$\Delta y_t = \Pi y_{t-1} + \sum_{i=1}^{p-1} \Gamma_i \Delta y_{t-i} + B x_t + \varepsilon_t \tag{7.3}$$

其中：$\Pi = \sum_{i=1}^{p} A_i - I$，$\Gamma_i = -\sum_{j=i+1}^{p} A_j$

如果系数矩阵 Π 的秩 $r < k$，那么存在 $k \times r$ 阶矩阵 α 和 β，它们的秩

①　Johansen S. Statistical Analysis of Cointegration Vectors ［J］. Journal of Economic Dynamics and Control, 1988, 12: 231 – 254.

②　Johansen S, Juselius K. Maximum Likelihood Estimation and Inference on Cointegration with Applications to the Demand for Money ［J］. Oxford Bulletin of Economics and Statistics, 1990, 52: 169 – 210.

都是 r，使得 $\Pi = \alpha\beta'$，并且 $\beta'y_t$ 是稳定的。其中 r 是协整关系的数量即协整秩，并且 β 的每列均是协整向量。α 中的元素是向量误差修正模型中的调整参数。Johansen 方法是在无约束向量自回归的形式下估计 Π 矩阵，然后求出 β，从而检验出协整秩，进而得出协整向量。表 7.5 是对三个时间序列协整检验的结果。

表7.5　协整检验的结果

原假设	特征值	极大似然率	5%水平临界值
PJTG 与 *PJLR* 不存在协整关系	0.512	13.067	12.321
PJTG 与 *PJLR* 至多存在一个协整关系	0.094	1.587	4.129
PJTG 与 *PJCL* 不存在协整关系	0.589	14.281	12.321
PJTG 与 *PJCL* 至多存在一个协整关系	0.011	0.018	4.129

由表中检验结果可以看出，对于长三角制造业同构水平与产值利润率这一对时间序列而言，第一个极大似然率为 13.067，大于显著性水平 5% 时的临界值 12.321，所以在 5% 水平上拒绝原假设，认为两个序列存在协整关系。同时，第二个极大似然率为 1.587，小于显著性水平为 5% 时的临界值 4.129，那么在 5% 水平上接受原假设，认为这两个序列之间只存在一个协整关系。综合以上两方面的检验结果可以认为长三角制造业同构水平与产值利润率之间存在且仅存在一个协整关系。同理，依据表中的检验结果可以发现，长三角制造业同构水平与全员劳动生产率之间也存在且仅存在一个协整关系。既然存在协整关系，就可以对时间序列进行回归分析。

为了考察一个时间序列的相对变化程度对另一个时间序列相对变化的影响程度，采用双对数模型，得到的结果如下：

$$LnPJRL = 0.526 \quad - \quad 4.162LnPJTG \tag{7.4}$$
$$t = (1.794) \quad (-4.279)$$
$$F = 18.318 \quad R^2 = 0.625 \quad \overline{R}^2 = 0.553$$
$$LnPJCL = -2.607 \quad - \quad 22.467LnPJTG \tag{7.5}$$
$$t = (-3.552) \quad (-9.228)$$

$$F = 65.155 \quad R^2 = 0.842 \quad \overline{R}^2 = 0.832$$

由回归结果（7.4）可以看出，F 检验的值为 18.318，整个方程的显著性水平超过了 1%；常数项以及自变量回归参数的 t 检验值分别为 1.794 和 -4.279，分别在 10% 和 1% 的水平是显著的，判定系数 R^2、$\overline{R}^2$ 的值分别为 0.625 和 0.553，表明该结果具有一定的解释能力。由回归结果（7.5）可以看出，F 检验的值为 65.155，整个方程的显著性水平超过了 1%；常数项以及自变量回归参数的 t 检验值分别为 -3.552 和 -9.288，在 1% 的水平上是显著的，判定系数 R^2、$\overline{R}^2$ 的值分别为 0.842 和 0.832，表明该回归结果具有较强的解释能力。

由两个估计结果可以得到这样的结论：就平均而言，在 2000—2017 年这个考察时段内，长三角制造业同构水平每下降一个百分点，其产值利润率和全员劳动生产率就会分别上升 4.162 个百分点和 22.467 个百分点。这进一步印证了相关性检验的结果。

由以上检验和分析结果可以明确，长三角制造业的同构水平与其经济效益之间是负相关关系，进入 21 世纪以来，随着长三角制造业同构水平的下降，其产值利润率和全员劳动生产率在不断改善。由此显示出，在差异化竞争条件下，产业的发展表现出了较好态势。

第二节　长三角制造业低端同构与经济增长趋同的关系分析

长期以来，在对于产业同构的认识中，有相当一部分观点认为，地区间的产业同构是地区间经济增长的趋同引发的，即经济发展水平越是接近的地区，越有可能出现产业结构上的趋同。为检验该现象在长三角是否存在，本节将开展相关工作。

一、长三角经济增长趋同的测度

对于经济发展水平的衡量有多指标可以利用，其中最直接、最有效和最常用的指标当属人均 GDP 这个指标。为此,在利用各地统计年鉴获得人均 GDP 数据的基础上,再利用 2000 年不变价格 GDP 指数对其进行平减,转化为可比的人均 GDP 数据,结果见表7.6。同时,为测算三地人均 GDP 是否存在增长上的趋同,也计算了他们的变异系数,并以其走势来表征是否趋同。

表7.6 2000—2017 年长三角三地的人均 GDP

年份	上海人均 GDP(元/人)	江苏人均 GDP(元/人)	浙江人均 GDP(元/人)	三地 GDP 的变异系数
2000	30307	11765	13415	2.207
2001	32457	12902	14843	2.281
2002	35019	14215	16719	2.371
2003	38242	16192	19176	2.512
2004	42218	18658	21957	2.651
2005	45510	21606	24759	2.888
2006	49607	25020	28195	3.139
2007	54720	28823	32330	3.367
2008	57507	32656	35580	3.779
2009	60266	36771	38751	4.254
2010	64063	41588	43369	4.869
2011	67332	46287	47256	5.528
2012	71168	51194	51018	6.111
2013	75654	56892	55226	6.758
2014	80268	62296	59437	7.303
2015	85884	67903	64168	7.664
2016	91895	73199	69013	7.844
2017	98143	79500	74372	8.224

由表中的数据可以看出,长三角各地的人均 GDP 一直处于增长发展趋势。其中,上海人均 GDP 由 2000 年的 30307 元/人,增长到了 2017 年的

98143 元/人，年均增速为 6.75%；江苏人均 GDP 由 2000 年的 11765 元/人，增长到了 2017 年的 79500 元/人，年均增速为 11.20%；浙江人均 GDP 由 2000 年的 13415 元/人，增长到了 2017 年的 74372 元/人，平均增速为 9.98%。从增长速度看，江苏最快，浙江次之，上海最慢。同时比较发现，上海的人均 GDP 最高，江苏的人均 GDP 在 2012 年超过浙江后，近年来一直居于第二位。若以 2017 年的价格换算为美元，2017 年上海的人均 GDP 为 18761 美元/人，江苏的人均 GDP 为 15880 美元/人，浙江的人均 GDP 为 13630 美元/人。若以国际公认的发达国家人均 GDP 门槛 2 万美元看，上海已经很接近发达经济体水平。作为表征地区经济增长趋同与否的变异系数，出现了逐年增大的发展态势，由 2000 年的 2.207，扩大到了 2017 年的 8.224，体现出的是增长上的趋异，而不是趋同。

二、长三角制造业低端同构与经济增长趋同的关系分析

经检验，长三角制造业同构水平与表征经济增长趋同的变异系数之间的皮尔逊（Pearson）相关系数为 -0.865，在 1% 的检验水平上是显著的；检验同时发现，两个变量之间的斯皮尔曼（Spearman）秩次相关系数为 -0.913，显著性水平远远超过 1%。这表明在所考察的时段内，长三角制造业同构水平与经济增长趋同之间存在显著的负相关关系。

在分析相关性的基础上，为进一步分析同构水平与增长趋同之间可能存在的因果关系，需要进行因果检验。而因果检验的前提是两个序列是平稳的或即使不平稳但要存在协整关系才可以。为此，首先进行序列的平稳性检验，所用方法与上一节相同，若用 $ZZQT$ 代表增长趋同，结果如表 7.7 所示。

由表 7.7 可以看出，两个序列在原始状态下不平稳，而经过一阶差分后经检验结果显示是平稳的。基于此，虽然原始序列不平稳，但它们是同阶单整的，那么就有可能存在协整关系，为此需要进行协整检验。依然使用上一节的方法，检验结果如表 7.8 所示。

表7.7 单位根检验结果

变量	ADF 检验值	5% 临界值	结论
$PJTG$	-2.703	-3.710	不平稳
D（$PJTG$）	-4.502	-3.759	平稳
$ZZQT$	-1.639	-3.052	不平稳
D（$ZZQT$）	-3.361	-3.759	平稳

表7.8 协整检验的结果

原假设	特征值	极大似然率	5% 水平临界值
$PJTG$ 与 $ZZQT$ 不存在协整关系	0.811	25.001	15.495
$PJTG$ 与 $ZZQT$ 至多存在一个协整关系	0.001	0.004	3.841

结果表明，两个序列之间不仅存在协整关系，而且只存在一个协整。既然存在协整关系，就可以进行因果检验。这里使用格兰杰（Granger）因果检验方法进行检验。其主要思想可以这样表述：假设有两个时间序列 y、x，如果序列 x 有助于预测变量 y，即根据 y 的过去值对 y 进行自回归时，如果再加上 x 的过去值，能显著地增强回归模型的解释能力，则称 x 是 y 的格兰杰原因，否则，称 x 是 y 非格兰杰原因。反过来，若变量 y 有助于预测变量 x，即根据 x 的过去值对 x 进行自回归时，如果再加上变量 y 的过去值，能显著地增强回归的解释能力，则称 y 是 x 的格兰杰原因，否则，称为非格兰杰原因。

检验 x 是否为 y 的格兰杰原因的过程如下：

$$y_t = \sum_{i=1}^{k} \alpha_i x_{t-i} + \sum_{j=1}^{m} \beta_j y_{t-j} + \mu_{1t} \tag{7.6}$$

$$x_t = \sum_{i=1}^{k} \lambda_i x_{t-i} + \sum_{j=1}^{m} \delta_j y_{t-j} + \mu_{2t} \tag{7.7}$$

第一，将 x 从方程（7.6）中剔除，使该方程变为一个有约束方程，进行回归得到该方程的残差平方和 ESS_R。

第二，对方程（7.6）进行回归，这是一个无约束的回归，得到的残差平方和记为 ESS_{UR}。

第三，设定假设，原假设 $H_0 : \alpha_i = 0$，即 x 不是 y 的格兰杰原因；备择假设 $H_1 : \alpha_i \neq 0$，即 x 是 y 的格兰杰原因。

第四，检验 F 统计量：

$$F = \frac{(ESS_R - ESS_{UR})/m}{ESS_{UR}/(n - m - k - 1)} \sim F(m, \quad n - m - k - 1)$$

若在选定的显著性水平上计算得到的 F 值大于标准 F 分布的临界值，则拒绝原假设，说明 x 的变化是 y 变化的原因。

第五，重复上述步骤，可以通过对方程（7.7）的检验来判定 y 是否为 x 的格兰杰原因。

依据上述原理，检验结果如表7.9所示。

表7.9　因果检验的结果

原假设	滞后1阶		滞后2阶		滞后3阶	
	F 值	P 值	F 值	P 值	F 值	P 值
$PJTG$ 不是 $ZZQT$ 的格兰杰原因	1.686	0.215	0.217	0.808	0.074	0.972
$ZZQT$ 不是 $PJTG$ 的格兰杰原因	3.564	0.080	3.788	0.056	6.244	0.017

不论滞后几阶，在"$PJTG$ 不是 $ZZQT$ 的格兰杰原因"假设的检验结果中，三个 P 值分别为0.215、0.808和0.972，即使在10%水平上也不显著，故只能接受原假设，认为长三角制造业同构水平不是经济增长趋同的格兰杰原因。同时，在"$ZZQT$ 不是 $PJTG$ 的格兰杰原因"假设的检验结果中，三个 P 值分别为0.080、0.056和0.017，分别在10%、5%水平上是显著的，那么就可以拒绝原假设，认为长三角经济增长趋同是制造业同构水平的格兰杰因。综合以上两方面可以得到这样的结论，长三角经济增长趋同是制造业同构水平的原因，但反过来却不成立。由于本研究是以人均 GDP 的"变异系数"表征经济增长趋同的，因此该系数越大表明越是趋异，该系数越小表示越趋同。据此，21世纪以来长三角经济增长表现出的是趋异，与此相伴制造业的结构也是趋异化发展，即经济增长上的差异强化了制造业结构上的差异。

第三节 长三角制造业地理集中与产能过剩的关系分析

近年来，随着国内经济增速的放缓和外部需求的持续不振，结构性产能过剩问题日益严重，特别是在钢铁、有色金属、水泥、石化等资源型制造行业表现得更为突出。与此同时，综观长三角改革开放特别是进入 21世纪以来的发展历程发现，在以制造业发展为核心的产业竞赛中，区域内资源型制造业出现了明显的集聚化趋势，并由此而形成了同构现象。由第五章的分析可知，该类产业在长三角制造业中的同构程度是最高的。基于此，以产能过剩集中的资源型制造业为例，分析集中化、趋同化和产能过剩的关系，有助于进一步认识结构趋同与产能过剩的关系。

一、资源型制造业的特点分析与相关研究的简单梳理

依据第五章的定义和分类，资源型制造业是专指对从第二产业的采矿业中获得的各种矿物资源进行加工的行业。其主要功能是实现加工对象从原料到材料的转变，以为后续的直接使用或深度加工提供方便。其主要包括：石油加工、炼焦及核燃料加工业、化学原料及化学制品制造业、非金属矿物制品业、黑色金属冶炼及压延加工业和有色金属冶炼及压延加工业等 5 个行业。该类产业具有如下几方面的主要特点：一是具有高度资源依赖性。资源型制造业是以对矿物资源的加工为主要内容的，所以该类产业具有矿产资源的高度依赖性，离开了矿物原料生产制造无法进行，就像黑色金属冶炼及压延加工业不能离开铁矿石这样的原料一样。二是具有高度的资本密集性。资源型制造业的运行高度依赖大型成套技术装备，投资规模大且资产专用性高，因此在资源型制造业的生产要素投入中，资本与劳动相比所占比重很大，劳动者人均所占用的固定资本和流动资本也很高。三是具有基础性。资源型制造业在整个制造业中处于基础地位，对其他产业的发展有着制约和决定作用。因为该产业所生产的产品通常要成为后续

产业部门加工及生产过程中不可或缺的投入品或消耗品。四是具有"三高"性。即资源型制造业具有高耗能、高排放、高污染的特点。

对于资源型制造业的产能过剩问题已经有不少学者进行过关注。万岷（2006）认为，造成我国钢铁产业产能过剩的主要原因是企业规模小、市场集中度低，难以形成规模效应①，张群等（2014）的分析发现，铁矿石价格、产能利用率、钢材出口率以及市场集中度等均对钢铁产业的产能过剩有重要影响②，何维达等（2015）对钢铁产业产能过剩的原因进行了分析，并给出了化解的对策建议③。魏如山（2013）对水泥产业的分析表明，市场结构分散和市场集中度低是导致产能过剩的主要原因④。以上这些以定性推理分析为主的研究均认为市场集中度不高是导致产能过剩的重要影响因素。但定量实证分析类的研究却显示出了不同的结果。曾繁梅（2007）通过实证分析得到的结论是，在整个制造业层面，市场结构与产能过剩之间不存在明显的关系或线性规律⑤，路楠林（2007）的研究也得出了类似结论⑥。而张日旭（2012）对电解铝行业的研究表明，市场集中度的提升并没有缓减产能过剩⑦。齐鹰飞等（2015）则发现，产能利用率与市场集中度之间存在显著的倒"U"形关系⑧。可见，到目前为止，学者们对市场集中度与产能过剩关系的研究，还没有形成统一的结论，尤其从定量实证的角度看更是如此。同时，在现有研究产能过剩的文献中，关

① 万岷. 市场集中度和我国钢铁产能过剩 [J]. 宏观经济管理, 2006 (09)：52-54.
② 张群, 冯梅, 于可慧. 中国钢铁产业产能过剩旳影响因素分析 [J]. 数理统计与管理, 2014 (02)：191-202.
③ 何维达, 潘峥嵘. 产能过剩的困境摆脱：解析中国钢铁行业 [J]. 广东社会科学, 2015 (01)：26-33.
④ 魏如山. 中国传统产业市场势力研究——基于水泥产业的实证分析 [J]. 北京师范大学学报（社会科学版），2013 (06)：132-138.
⑤ 曾繁梅. 我国工业市场结构与过剩产能关系的实证分析 [D]. 长春：吉林大学, 2007：40.
⑥ 路楠林. 产能过剩与市场结构的相关性研究 [D]. 长春：吉林大学, 2007：39.
⑦ 张日旭. 重化工业产能过剩的困境摆脱：解析电解铝行业 [J]. 改革, 2012 (11)：61-67.
⑧ 齐鹰飞, 张瑞. 市场集中度与产能过剩 [J]. 财经问题研究, 2015 (10)：24-30.

注最多的是产业市场集中度的影响，而研究产业地理集中度与产能过剩之间关系的著述还不多见。进一步，就长三角这一对整个中国经济增长具有示范意义的区域而言，除了产业的地理集中度与产能过剩问题之外，产业同构问题也是被各界频繁关注的问题。那么，在长三角制造业领域，产业地理集中、结构趋同与产能过剩之间究竟存在什么样的关系，就是一个值得研究和讨论的话题。

二、长三角资源型制造业地理集中水平的测度分析

依据产业经济学的基本理论，产业市场集中度是指在该产业所涉及的市场内规模最大的若干家企业占有的市场份额的总和，其衡量的是产业的垄断程度或竞争程度。依据新经济地理学的基本理论，产业地理集中度是指特定产业在某一区域的规模占该产业全部样本区域规模的比重，衡量的是产业在一定区域空间的集聚程度①。国内外大量的产业发展事实和理论研究已经证明，产业地理集中不仅可以使企业降低成本、提升生产效率，而且还可以促进技术创新与扩散，提升产业竞争能力。既然如此，那么是不是随着产业地理集中度和集聚水平的提升，产能过剩的发生概率就会降低呢？这就是我们所关心的主要问题。

测度产业地理集中的方法很多，这里选择用变异系数法来测算长三角资源型制造业的地理集中度，公式如下：

$$CV(S_i^t) = SD(S_i^t)/A(S_i^t) \tag{7.8}$$

式中，i $(i = 1, 2, \cdots, n)$ 为地区；t $(t = 1, 2, \cdots, T)$ 为时期；S_i^t 为地区 i 资源型制造业占整个样本区域资源型制造业的比重；$CV(S_i^t)$ 为变异系数，用以表征地理集中度，其数值越大，表明地理集中度越高；$SD(S_i^t)$ 为标准差；$A(S_i^t)$ 为均值。

利用上述公式，计算长三角资源型制造业地理集中度的基本操作流程

---

① 翁媛媛，高汝熹，饶文军. 地区专业化与产业地理集中的比较研究 [J]. 经济与管理研究，2009（04）：39－46.

是：首先通过查阅上海、江苏与浙江相关年份的统计年鉴，获得资源型制造业所包含各行业的总产值指标。其次将每个地区资源型制造业各行业的总产值加总，并计算每个地区该产业占长三角整个区域的比重。最后在计算均值和标准差的基础上，得到变异系数。需要说明的是，本书所考察的时段为 2000—2017 年。计算结果如图 7.1 所示。

图 7.1　2000—2017 年长三角资源型制造业地理集中度与同构水平

同时，为观察方便，将资源型制造业的同构水平也绘入图中。由图 7.1 可以看出，长三角资源型制造业的地理集中度总体呈波动上升态势，由 2000 年的 0.397 增加到了 2017 年的 0.897，年均增长速度达到了 4.63%，表明该区域资源型制造业的集聚水平是提高的。通过进一步的数据分析发现，这种地理集中主要是缘于资源型制造业在由上海向江苏与浙江扩散的过程中，更多地积聚于后两个地区所形成的。上海资源型制造业占整个制造业的比重由 2000 年的 23.47% 下降到了 2017 年的 20.11%，同时期，江苏与浙江该类产业的比重则分别由 24.18% 和 17.89% 上升到了 25.43% 和 22.65%。由 2017 年的数据还可以发现，长三角各地区资源型制造业占整个制造业的比重均接近或超过了 20%，鉴于其所具有的"三高"特点，这样一个结构状况给区域制造业的生态化、绿色化发展带来了巨大挑战。

为了进行地理集中度与市场集中度的对比，笔者也计算了长三角资源型制造业的市场集中度。计算时选取了两个指标：一个是大中型企业产值占全部规模以上企业产值的比重，另一个是大中型企业户均产值。结果表明，就第一个指标而言，整个长三角由 2000 年的 51.17% 上升到了 2017 年的 63.87% 。就第二个指标而言，整个长三角由 2000 年的 3.18 亿元增长到了 2017 年的 27.32 亿元。可见，该区域资源型制造业的市场集中度的变化与地理集中度的变化类似，也呈波动提升的发展态势。这也从一个侧面说明，在长三角资源型制造业领域，市场集中度的提升与地理集中度的提升是相伴的，即从长期发展趋势看，"双集中化"同时出现。

整个长三角资源型制造业的同构水平呈波动上升态势，由 2000 年的 0.762 上升到了 2017 年的 0.863，结构趋同化发展趋势明显。之所以产生这样的结果，是同时期上海与江苏、上海与浙江、江苏与浙江同构度的持续上升导致的。计算结果显示，上海与江苏、上海与浙江、江苏与浙江资源型制造业的同构度分别由 2000 年的 0.760、0.709、0.816 上升到了 2017 年的 0.887、0.835、0.866，地区间的结构趋同状况进一步加深。

三、长三角资源型制造业产能过剩的测度分析

从目前学界较为普遍的做法来看，测算产能过剩均是通过考察产能利用率来实现的。对于如何测算产能利用率，主要有两大类方法：调查统计法和宏观计量法。宏观计量法又包括状态分解方法、结构性方法和混合性方法①。本书使用 HP 滤波这种状态分解方法来测算长三角资源型制造业的产能利用率。HP 滤波方法是由霍德里克和普雷斯科特（Hodrick and Prescott，1997）在研究战后美国商业循环的论文中首次提出的②。利用 HP 滤波方法可以将时间序列中的长期增长趋势和短期波动分离出来，并

---

① 高伟. 产能过剩的测量、成因及其对经济增长的影响 [J]. 经济研究参考，2014 (03)：25 – 38.

② Hodrick R, Prescott E C. Postwar U. S. Business Cycles: An Empirical Investigation [J]. Journal of Money, Credit and Banking, 1997, 29 (01): 1 – 16.

把短期波动看成是对长期趋势的偏离，经过滤波处理得到的数据即为平稳序列，其主要思想如下。

时间序列 y_t 由趋势部分 y_t^T 和周期波动部分 y_t^C 构成，即：

$$y_t = y_t^T + y_t^C,\ t = 1,\ 2,\ \cdots,\ T \tag{7.9}$$

HP 滤波法就是要从 y_t 中得到不可观测的 y_t^T，为此将 y_t^T 定义为以下最小化问题的解：

$$\min\left\{\sum_{t=1}^{T}(y_t - y_t^T)^2 + \lambda\sum_{t=1}^{n}[B(L)y_t^T]^2\right\} \tag{7.10}$$

式中，$B(L)$ 是延迟算子多项式：

$$B(L) = (L^{-1} - 1) - (1 - L) \tag{7.11}$$

将式（7.10）代入式（7.9），则变为损失函数的最小化问题：

$$\min\left\{\sum_{t=1}^{T}(y_t - y_t^T)^2 + \lambda\sum_{t=1}^{n}[(y_{t+1}^T - y_t^T) - (y_t^T - y_{t-1}^T)]^2\right\} \tag{7.12}$$

式中，大括号中多项式的第一部分是对波动成分的度量，第二部分是对趋势成分"平滑程度"的度量，λ 为正数，称为平滑参数，用以调节趋势成分与波动成分的比重。随着 λ 的增大，趋势也增大，估计的趋势逐渐变得光滑，当 λ 趋近无穷大时，HP 滤波变为最小二乘法。由此可以看出，不同的 λ 值即不同的滤波器，决定了不同的周期方式和平滑度。尤其在处理年度数据时 λ 取值的分歧较大。雷文和乌利希（Ravn and Uhlig, 2002）认为 λ 的值应取 6.25[1]，贝克斯特和金（Baxter and King, 1999）认为取值为 10 更合理[2]，库利和奥坎尼（Cooley and Ohanian, 1991）认为 λ 的取值应为 400[3]。本书遵循国内多数学者的观点，沿用 λ 取值为 100 的做法进行滤波分析。

---

[1] Ravn M, Uhlig H. On Adjusting the HP – Filter for the Frequency of Observations [J]. Review of Economics and Statistics, 2002 (02): 371 – 376.

[2] Baxter M, King R G. Measuring Business Cycles Approximate Band – pass Filters for Economic Time Series [J]. Review of Economics and Statistics, 1999, 81 (04): 575 – 593.

[3] Cooley T J, Ohanian L E. The Cyclical Behavior of Prices [J]. Journal of Monetary Economics, 1991, 28 (01): 25 – 60.

实际上，利用 HP 滤波法的主要目的是要实现对实际产出序列 y_t 进行频率过滤后得到潜在产出序列 y_t^T，进而就可以通过比较潜在产出和实际产出来判断产能过剩情况。定义表征产能过剩的产出缺口如下[①]：

$$GAP_t = (y_t - y_t^T)/y_t^T \tag{7.13}$$

当产出缺口 $GAP_t > 0$ 时，产能处于不足状态，且数值越大产能不足越严重；当 $GAP_t = 0$ 时，实际产能与潜在产能一致，产能发挥正常；当 $GAP_t < 0$ 时，产能处于过剩状态，且数值越小产能过剩越严重。

本书对产出缺口的计算步骤是：首先利用工业总产值指数对长三角资源型制造业产值数据作平减处理，以消除价格因素的影响；其次对其作 HP 滤波处理，获得趋势成分；然后计算得到产出缺口数据，结果如图 7.2 所示。

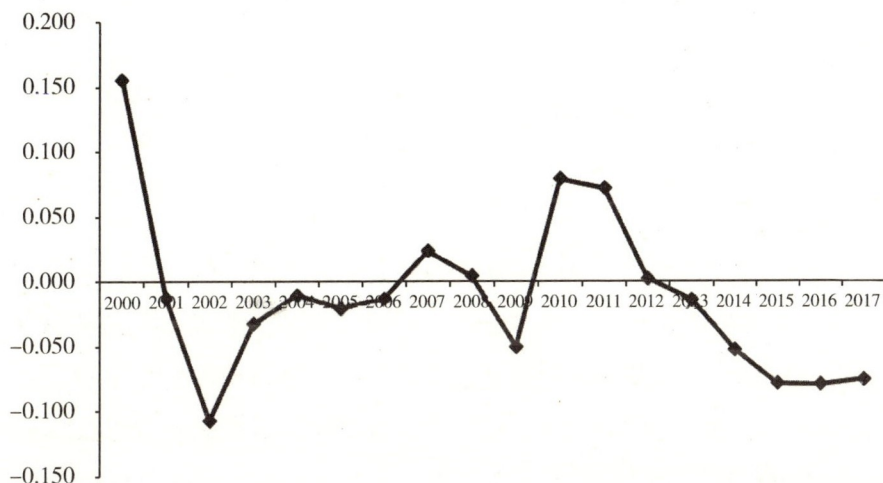

图 7.2　长三角资源型制造业产出缺口变化趋势

由图 7.2 可以看出，长三角资源型制造业的产能不足与过剩交替出现，但多数年份处于产能过剩状态。观察发现这种交替性变化具有明显的周期性，发生转折的时间界限一个是 2001 年前后，一个是 2009 年前后。

[①]　吴松泉，刘金周. 我国汽车行业产能过剩的计量测度及对策研究——基于产出缺口法对我国汽车产能过剩的计量分析 [J]. 科技和产业，2014（12）：7 – 11.

缘于 20 世纪 90 年代中后期国家对资源型制造业严格的产能调控，投资增速得到了较为有效的控制，到世纪之交时产能过剩局面得到了彻底扭转，甚至出现了产能不足的现象，图 7.2 中 2000 年的产出缺口不仅为正，而且数值也较大，就表明了这一点。随着 2001 年加入世贸组织，包括长三角在内的中国经济进入了一个快速增长期，带动了资源型制造业的迅猛发展，该领域的投资高歌猛进，很快就出现了产能过剩问题。图中 2002 年的缺口值就证明了这一点。于是，国家很快出台了一系列严格的治理产能过剩的政策与措施，2004 年"江苏铁本"事件就是对此的真实写照。此轮调控伴随着 2008 年金融危机的到来发生了戏剧性的变化，一方面继续严控产能，另一方面又实施了大规模的刺激，不仅缓减了产能过剩，甚至到 2010、2011 年出现了产能不足的情况。但随着刺激政策效应的减弱，加上国际经济回升乏力，2013 年开始过剩现象再次集中暴露出来，而且到目前为止已发展到了非常严重的程度，以至于资源型制造业去产能已经成为供给侧结构性改革的一项重要任务。

四、长三角资源型制造业地理集中与产能过剩的关系分析

本书借鉴温忠麟等（2014）提出的模型分析以结构趋同为中介变量的长三角资源型制造业地理集中与产能过剩的关系[1]。假设有一自变量 X_t，其通过 M_t 这一中介变量来影响因变量 Y_t，那么就可以通过对 $Y_t = cX_t + e_1$、$M_t = aX_t + e_2$、$Y_t = c'X_t + bM + e_3$ 三个方程的检验来判断是否存在中介效应。上式中 c 为自变量 X_t 对因变量 Y_t 的总效应，a 为自变量 X_t 对中介变量 M_t 的效应，b 为在控制了自变量 X_t 的影响后中介变量 M_t 对因变量 Y_t 的效应，c' 为在控制了中介变量 M_t 的影响后自变量 X_t 对因变量 Y_t 的直接效应。中介效应大小为 ab，且 $ab = c - c'$。具体检验步骤如图 7.3 所示。

---

[1] 温忠麟，叶宝娟. 中介效应分析：方法和模型发展 [J]. 心理科学进展，2014（05）：731 – 745.

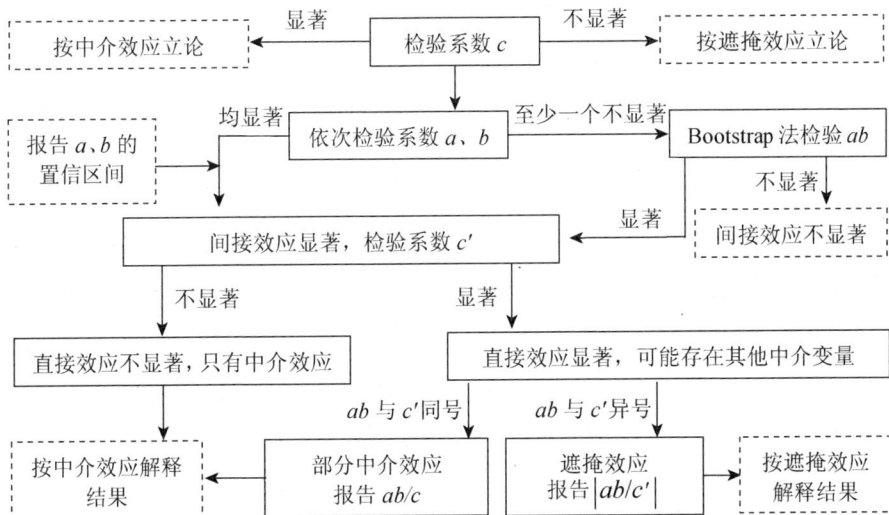

图 7.3　中介效应检验流程

在按上述模型和流程进行分析时，还要需要对前文计算得到的资源型制造业的产出缺口数值再进行一次 HP 滤波，并把获得的趋势成分当作是因变量 Y_t。对前文计算得到的同构度做一次 HP 滤波，并把获得的趋势成分视为中介变量 M_t，同理，对前文计算得到的地理集中度也做一次 HP 滤波，并把获得的趋势成分视为自变量 X_t。

之所以这样处理原因有二：一是分析三者之间的长期关系，更需要关注的是趋势成分，而非周期成分，而经滤波后就可以获得趋势成分；二是时间序列回归分析中，一个很重要的任务就是要对序列的平稳性进行检验，因为两个非平稳的时间序列进行回归时有可能产生伪回归的问题。而通过 HP 滤波得到的趋势成分，已经是平稳序列，无须担心伪回归问题的产生。检验结果如表 7.10 所示。

表 7.10　检验结果

系数	回归值及显著性	检验结果
c	-0.028^{**} （0.031）	在 5% 水平上显著
a	0.231^{***} （0.000）	在 1% 水平上显著

系数	回归值及显著性	检验结果
b	-0.876^{**} （0.027）	在5%水平上显著
c'	-0.163^{*} （0.068）	在10%水平上显著

由对各系数的检验结果可以看出，长三角资源型制造业地理集中度与同构度之间显著正相关，说明伴随着地理集中度的提升，同构水平也有逐步升高的趋势。同时，随着地理集中度、产业同构度的升高，长三角资源型制造业的产能过剩有加剧的趋势。进一步，按照上述中介效应检验步骤可以看出，由于 c 显著，所以按中介效应立论；同时 a、b 也均显著，说明间接效应显著；c' 也显著，且 ab 与 c' 同号，说明存在的是部分中介效应，中介效应的大小为 $ab = -0.202$，中介效应/总效应 $= ab/c = -7.227$。

之所以会产生这样的结果，其机理在于，当长三角资源型制造业更多地集中于江苏和浙江时，不仅该产业的地理集中度得到了提高，而且伴随着产业由上海这个中心向外围的江浙扩散，引致了地区间结构趋同的加剧，形成了同质化的发展格局。同时，由于规模扩张过快、产业升级缓慢、缺乏创新支撑，实际上形成的是低端同质化的格局。这种格局在内需增长缓慢、外需持续不振的现实背景下，很容易形成产能过剩，而且是结构性的低端产能过剩。以浙江为例，2000—2017 年间，资源型制造业的产值由 1102.9 亿元增加到了 13625.6 亿元，年均增速接近 15%，明显高于同时期 10.5% 的长三角地区生产总值的增速。而技术创新投入增长缓慢，以江苏省黑色金属冶炼与压延加工大中型企业为例，其研发投入占强度的比重在 2017 年仅为 0.17%，不仅低于同期全部制造业 1.12% 的投入强度，而且也低于自身 2010 年 0.87% 的强度，造成了低端徘徊和升级缓慢的锁定现象，形成了低端产能过剩问题。虽然目前钢铁产业产能过剩，但模具钢的生产能力还不足，甚至就在前两年我国圆珠笔头上的"圆珠"仍然需要进口，以高性能、长寿命为特点的新型钢铁材料也非常紧缺。

以上分析表明，长三角资源型制造业有"越集中、越趋同、越过剩"的趋势。这预示着在目前现实的产业发展状态下，要想通过干预地理集中状况来改变产能过剩的政策取向是必须要谨慎的。同时，长三角资源型制造业地理集中对产能过剩的一部分影响是通过集聚形成的低端同构引发的，所谓的产能过剩实际上是结构性的低端产能过剩。

第四节　长三角制造业低端同构的影响因素分析

对于长三角制造业长期存在的同构问题，已经有大量学者对其影响因素进行过分析，综合这些研究，本节拟系统化梳理主要的影响因素，并进行深入分析。

一、长三角制造业低端同构的影响因素梳理

经过仔细分析，选择地理邻近、要素禀赋、政策环境、对外开放以及科技进步五个方面作为主要影响因素逐一进行梳理。

地理上的邻近被许多学者认为是产生产业同构的主要影响因素之一，就长三角这样一个特定的地区而言更是如此。因为，地区间不论是产业的发展，还是经济的增长，抑或是技术的进步，均有溢出效应的存在，地理上越是邻近的地区越容易接受这种溢出或辐射效应。比如，苏州因为邻近上海，从而获得了上海巨大的辐射带动效应。不仅如此，地理上越是邻近的地区间，越是容易发生模仿效应，尤其后发地区选择发展的产业、发展的模式均会模仿先进地区。源于以上两方面的原因，地理邻近会影响地区间制造业的结构的相似度。对于地理邻近，本研究选择用"人均公路通车里程长度"这一指标来衡量。之所以选择这个指标的原因在于，随着基础设施条件的不断改善，对于地理邻近不能再简单以地区间的距离来衡量，应当以基础设施的建设水平来进行表征。公路通车里程越长，预示着运输越方便，这样可以更方便人员、物资的流动。

通过各地统计年鉴中的数据，可以计算得到上海、江苏与浙江人均公路通车里程长度，如图7.4所示。

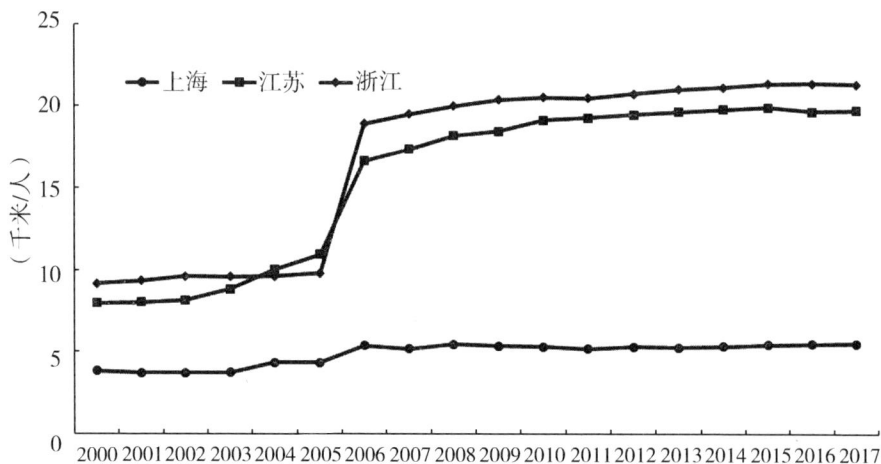

图 7.4 2000—2017 年长三角人均公路通车里程长度

由图可以看出，三个地区人均公路通车里程长度均呈逐年增加的发展态势。从纵向比较看，上海人均公路通车里程长度由 2000 年的 3.83 千米/人增长到了 2017 年的 5.51 千米/人，年均增速为 2.04%。江苏人均公路通车里程长度由 2000 年的 7.98 千米/人，增长到了 2017 年的 19.77 千米/人，年均增速为 5.17%。浙江人均公路通车里程长度由 2000 年的 9.17 千米/人，增长到了 2017 年的 21.36 千米/人，年均增速为 4.81%。上海增长最慢，最快的是江苏。从横向比较看，上海人均公路通车里程长度明显低于江苏与浙江，尤其在 2005—2006 年间，江苏和浙江的公路建设甚至出现了一次飞跃，进一步拉大了与上海的差距。同时，相比之下，浙江人均公路通车里程长度又要略胜于江苏。

要素禀赋实际上是指生产要素丰裕的程度。我们知道，任何产业的发展都离不开一定基础的要素禀赋。基于此，若要素禀赋相似，那么很有可能会导致相似的产业结构，这也是为什么要把这一指标作为主要影响因素之一的原因所在。要素禀赋包含的内容很多，既有物质资源方面的，比如矿产资源等，又有人力资源方面的，比如技术人员等。为简单起见，这里选择以人力资本质量来衡量各地的要素禀赋情况，具体用"本科及以上学历从业人员占全部从业人员比重"来表征。利用《中国人口与就业统计年鉴》中的数据，可计算得到该指标，如图7.5所示。

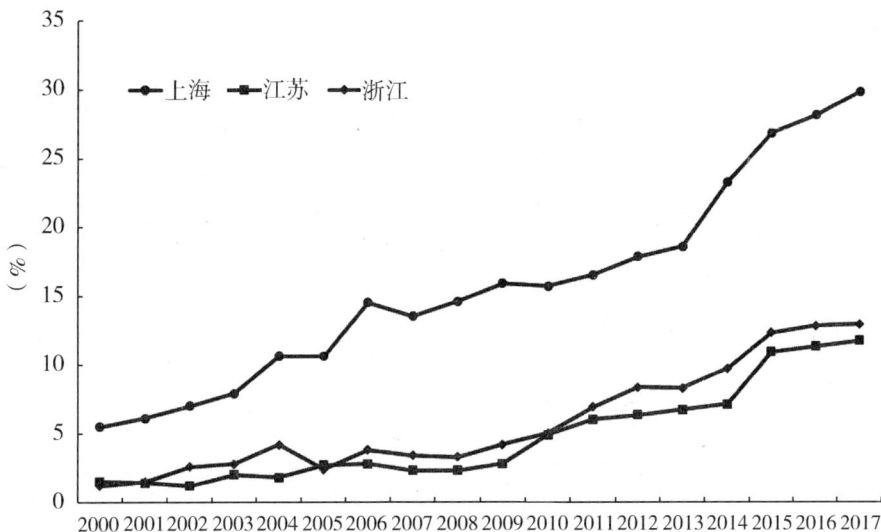

图7.5 2000—2017年长三角本科及以上学历从业人员占比

由上图可以看出，三个地区本科及以上学历从业人员占比均呈快速增长的发展态势，上海本科及以上学历从业人员占比由2000年的5.5%增长到了2017年的29.8%，年均增速为9.84%。江苏本科及以上学历从业人员占比由2000年的1.5%增长到了2017年的11.7%，年均增速为12.09%。浙江本科及以上学历从业人员占比由2000年的1.2%增长到了2017年的12.9%，年均增速为14.11%，在三地区中增速是最快的。比较发现，上海本科及以上学历从业人员占比明显高于江苏与浙江，2017年上海本科及以上学历从业人员占比分别是江苏和浙江的2.55倍和2.31倍，显示了上海在人才吸引力方面的巨大优势。就江苏和浙江而言，江苏甚至要低于浙江，这也表明江苏未来在人才的吸引方面还有巨大的改善空间。

就政策环境而言，其是政府为产业发展创造机会的重要途径，对产业转型升级有很大影响。但对于该因素的直接度量存在很大困难，为此我们近似用"民营与外商投资占投资总量的比重"表征政策环境。在新中国的历史上，经社会主义改造后民营与外资经济曾一度消失。而正是源于以制度创新为主要内容的改革开放才使得民营与外资企业重新出现在中国大地

上，并迅速发展。基于此，我们认为这样的近似表征是基本合理的。图
7.6 显示了对该指标的计算结果。

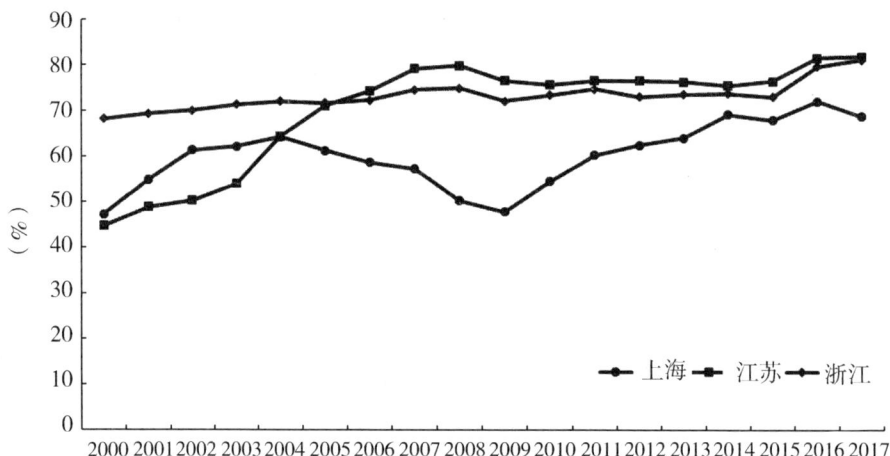

图 7.6　2000—2017 年长三角民营与外商投资占比

由上图可以看出，三个地区民营与外商投资占比的变化不尽相同，上
海呈现的是先波动上升而后又波动下降，最后又波动上升的态势，由 2000
年的 47.25%，上升到了阶段性高点即 2004 年的 64.28%，后下降到了
2009 年 47.83%，然后又波动上升到了 2017 年的 68.9%。江苏呈现的是先
快速波动上升而后又缓慢上升的发展趋势，由 2000 年的 44.72% 上升到了
2017 年的 81.97%，年均增速 3.42%，是三个地区中最快的。浙江维持的
是低速平稳增长的发展态势，由 2000 年的 68.21% 增加到了 2017 年的
81.29%，年均增长速度甚至不足 1%。到 2017 年，该指标江苏最高，浙
江略低于江苏，而上海最低。尤其江苏的民营与外商投资占比，由最初在
三地中最低，发展到在三地当中最高，占比超过了 80% 并超过浙江，这从
一个侧面说明，江苏政策环境正在持续不断地改善之中。

对外开放是长三角地区得以迅速发展的重要原因，尤其是在浦东开发
开放和我国加入世贸组织以后更是如此。正是不断扩大的对外开放，使得
长三角在国际分工中快速成长为世界制造业基地。这里我们用"出口总额
占 GDP 比重"来衡量对外开放程度，计算的结果如图 7.7 所示。

由下图可以看出，除 2009 年因为众所周知的国际金融危机的原因，该指标出现异常波动外，三地的变化趋势大体类似，总体经历的是先上升而后下降的趋势。最高点均出现在 2007 年，上海达到 84.45%，江苏为58.96%，浙江为 52.05%，到 2017 年分别下降到了 42.68%、27.53% 和37.55%。上海依然是最高的，浙江次之，江苏最低。

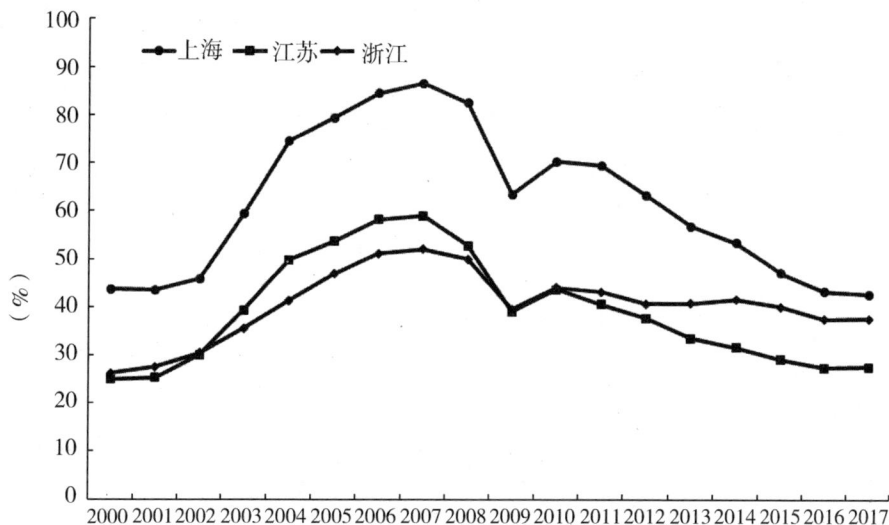

图 7.7　2000—2017 年长三角出口总额占 GDP 比重

当然，出现下降的原因主要在于，2009 年的全球金融危机后，世界主要经济体复苏乏力，导致外部需求疲软，限制了出口。当然，从图中也可以看出，三个地区从 2016—2017 年是止跌回升的，也许这是一个新的转折点，寄希望在这个转折点之后，三地的出口能够再次出现回升，当然这既与各主要经济体相继出现复苏的迹象有关，也与在"一带一路"倡议下，逐步开拓沿线国家市场的努力有关。

科学技术是第一生产力，其能有效促进产业发展与升级，这已经毋庸置疑。综观工业革命以来的世界历史，每一次科学技术的大飞跃都推动了经济社会的大发展。当前，新一轮科技革命和产业变革引发了全球经济结构的重塑，科学技术与实体经济深度融合，经济发展的质量越来越取决于其中的科技含量。可以说，没有高质量科技供给，就没有高质量经济发展。当然，科技进步不会凭空产生，而是需要源源不断地创新投入，基于此我们用"全社会研发投入占地区生产总值的比重"来间接衡量科技进步程度，计算结果如图7.8所示。

由下图可以看出，三地全社会研发投入占地区生产总值比重均呈稳定增长的变动趋势，上海由2000年的1.59%上升到了2017年的3.93%，年均增速5.16%。江苏由2000年的0.85%上升到了2017年的2.63%，年均增速6.48%。浙江由2000年的0.60%上升到了2017年的2.45%，年均增速8.13%。全社会研发投入占地区生产总值比重上海最高，江苏次之，浙江最低。浙江该指标虽然在三地中最低，但增速最快，显示了其发展的强劲势头。

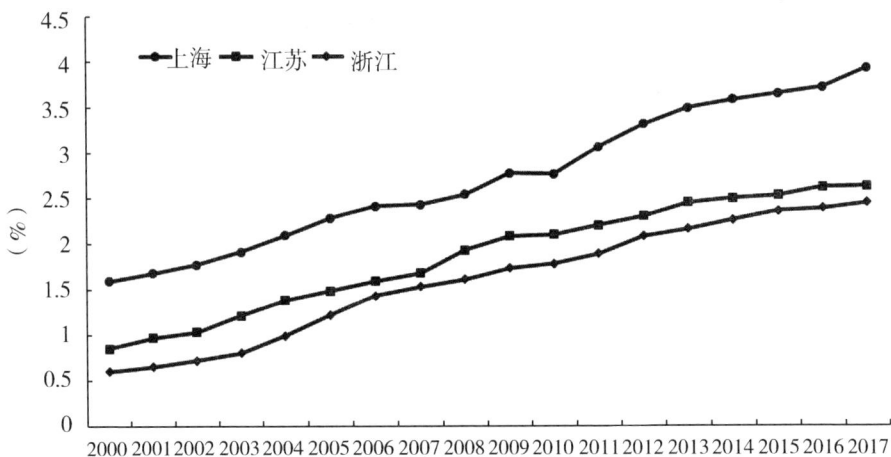

图7.8 2000—2017年长三角全社会研发投入占地区生产总值比重

二、长三角制造业低端同构的影响因素分析

在分析了各类主要影响因素之后，我们进行长三角制造业同构水平与主要影响因素的回归分析。由于因变量是长三角制造业平均的同构水平，那么对于上述五类因素也计算三地的平均值，结果如图7.9所示。

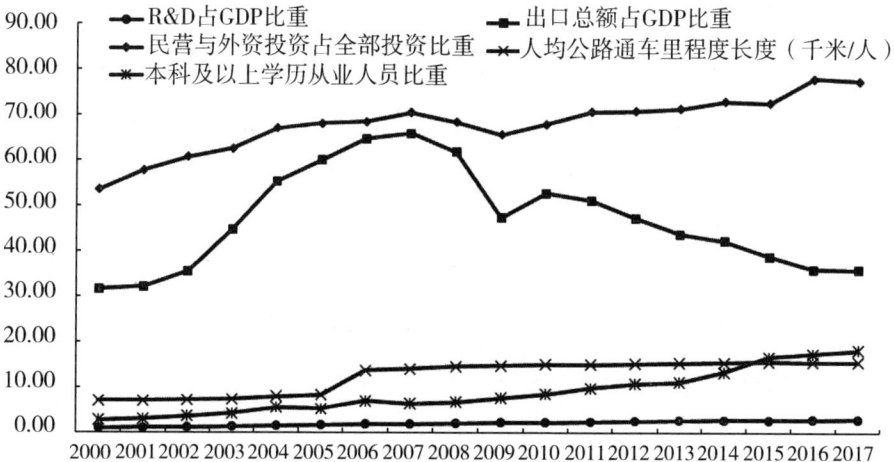

图 7.9 影响长三角制造业同构水平的五类因素

同时，由于是时间序列数据，回归分析前需要进行平稳性检验。利用本章第一节中的平稳性检验方法，对本节所涉及的 5 个影响因素的时间序列进行单位根检验，结果表明，它们的原始序列并不平稳，但一阶差分后是平稳的，为避免与前节的简单重复，此处略去检验过程和结果。进一步，利用本章第一节所述的协整检验方法，对参与回归的因变量即长三角制造业同构水平与各个自变量即地理邻近、要素禀赋、政策环境、对外开放以及科技进步之间是否存在协整关系进行了检验，结果表明，它们之间是协整的。出于避免简单重复的考虑，不再给出协整检验的过程与检验结果。在时间序列数据回归分析中，除了要进行平稳性和协整性的判断外，还有一个最常见的问题是参与回归的各个自变量之间可能会出现多重共线性问题，若有此现象，直接进行回归的结果是不可靠的。因此，必须进行事先的诊断和规避。

在众多解决多重共线性问题的方法中，岭回归（ridge regression）是一种较好的办法。首先进行线性回归，观察 VIF 均超过 10，可以确定存在各自变量之间存在多重共线性问题。利用 SPSS 软件，以岭参数步长为 0.05 得到各自变量的岭迹图，通过观察由岭迹图可以确定，当岭参数 $K \geqslant$ 0.25 后，各变量的岭迹曲线趋于稳定。故取岭参数 $k = 0.25$ 进行估计。结果为：

$$LnPJTG_t = -0.246 - 0.058LnDLLJ_t - 0.041LnYSBF_t - 0.012LLnDWKF_t$$
$$t = (-3.115) \quad (-4.962) \quad (-3.434) \quad (-0.466)$$
$$- 0.239LnZCHJ_t - 0.067LnJSJB_t$$
$$t = (-8.489) \quad (-4.056)$$
$$F = 25.163 \quad R^2 = 0.886 \quad \overline{R^2} = 0.850$$

采用的是双对数估计模型，$PJTG$ 代表长三角制造业平均同构水平，$DLLJ$ 代表地理邻近，$YSBF$ 代表要素禀赋，$DWKF$ 代表对外开放，$CEHJ$ 代表政策环境，$JSJB$ 代表技术进步。由上述回归结果可以看出，不论是方程的总体显著性，还是拟合优度都处于较好水平。除代表对外开放的变量的回归参数不显著外，其余因素的回归参数均是显著的，而且均为负值，说明随着地区间运输条件的改善、人力资本素质的提高、政策环境的改善以及科学技术的不断进步，地区间制造业的同构水平会逐步下降，这也是近年来长三角制造业发展的真实写照。

本章小结

制造业的低端同构会对制造业的绩效产生什么样的影响，是研究制造业同构必须要弄清的问题，基于此，首先选择以产值利润率和全员劳动生产率表征制造业的经济效益，分析了这两个指标与低端同构的关系，结果表明，随着制造业低端同构水平的下降，经济效益出现了持续的改善。对长三角制造业低端同构与经济增长趋同的关系进行了分析。结果表明，随着制造业低端同构水平的下降，长三角地区的经济增长出现的是趋异化发展，并且增长上的趋异是导致制造业结构趋异的原因之一。将资源型制造业作为研究对象，以制造业低端同构水平为中介变量，分析了地理集中与产能过剩的关系，结果表明，长三角资源型制造业有"越集中、越趋同、越过剩"的趋势。预示着在目前现实的产业发展状态下，要想通过干预地理集中状况来改变产能过剩的政策取向必须要谨慎。同时，长三角资源型制造业地理集中对产能过剩的一部分影响是通过集聚形成的低端同构引发的，所谓的产能过剩实际上是结构性的低端产能过剩。选择地理邻近、要素禀赋、政策环境、对外开放以及科技进步5个方面作为主要影响因素，在对它们进行测度与解析的基础上，分析了这些因素对长三角制造业低端同构的影响，结果表明，地区间运输条件的改善、人力资本素质的提高、政策环境的改善以及科学技术的不断进步，均有利于促进地区间制造业同构水平的下降。

第八章

长三角地区内部制造业协同集聚的现实考察

在对长三角制造业低端同构问题进行深入分析的基础上，本章将对长三角各地区内部制造业的协同集聚问题进行考察，意在厘清长三角制造业目前的集聚状态以及绩效表现，并为研究地区间制造业的协同集聚奠定基础。

第一节　协同集聚的内涵剖析

一、产业集聚的内涵剖析

在对协同集聚的概念进行界定之前，需要首先明确产业集聚的概念。经过学者们多年的研究，目前学界对产业集群的基本概念和含义形成了两大类理解。一是从集聚的动因和机制方面对产业集聚进行了界定。认为产业集聚是为获取新的和互补的技术、从互补资产和利用知识的联盟中获得收益、加快学习过程、降低交易成本、取得协作经济效益、分散创新风险，相互依赖性很强的企业、知识生产机构、中介机构和客户通过增值链相互联系形成的网络①。二是从集聚的特征出发进行的定义。认为产业集

---

① Roelandt T J A. Various Approaches, Early Results and Policy Impli – cations ［R］. Prepared for the OECD – Secretariat and the OECD TIP – group Presented at2nd DECD – workshop on Cluster Analysis and Cluster – based Policy. Vienna, 1998.

聚是某一特定领域内相互联系的、在地理位置上集中的公司和机构的集合。这个集合包括一批对竞争起重要作用的、相互联系的产业、企业和其他实体，如专业化投入的供应商和专业化设施的提供者。集群还经常向下延伸至销售渠道和客户，并从侧面扩展到辅助性产品的制造商，以及与技能或投入相关的产业公司。许多集聚还包括提供专业化培训、教育、信息研究和技术支持的政府和其他机构，如大学、标准制定机构、智囊团和职业培训提供者等[①]。

魏守华（2001）对产业集群的结构与内涵进行了剖析，如图8.1所示[②]。企业集群的结构包括垂直联系、水平联系的企业群和支撑体系。集群内企业间由于地理接近性和业务联系相互合作与竞争。制造商和垂直联系的上下游企业间形成供应商和顾客的合作关系。水平联系的企业既存在竞争关系，又存在合作关系。支撑体系中政府部门通过制定一系列的法

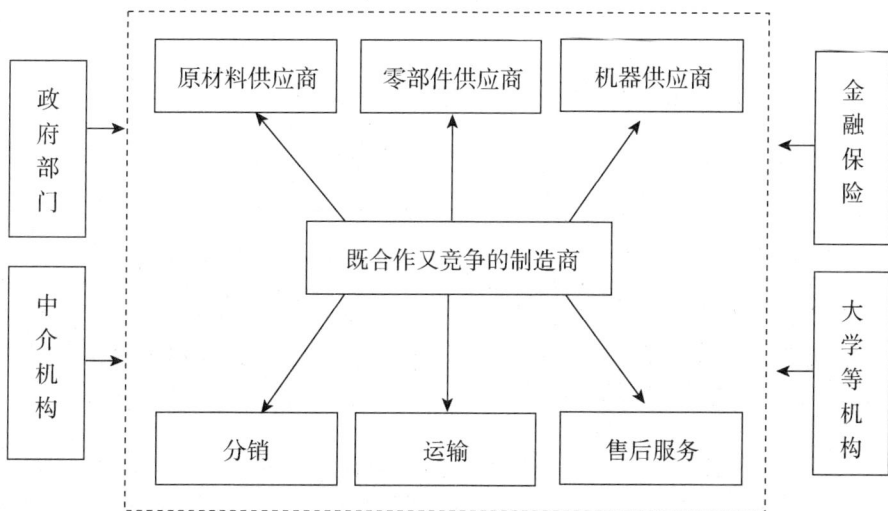

图8.1 产业集群结构图

---

① Porter M E. Clusters and the New Economics of Competition [J]. Harvard Business Review, 1998, 76（06）: 77 - 90.

② 魏守华. 企业集群中的公共政策问题研究 [J]. 当代经济科学, 2001, 23（06）: 52 - 57.

律、税收、金融等政策措施，形成一种制度环境。金融机构对企业的创建、扩大生产和销售、研究开发等进行信贷和风险投资。行业协会等相关中介机构促进企业间网络联系、成为官产学研联系的纽带。大学、研究所和职业培训机构等为企业的发展提供新知识和技术，为企业输送各类人才，形成产学研间的合作网络。

二、产业协同集聚的内涵剖析

事实上，不论是在哪种视角下，产业集聚是指在一定的地理空间范围内，某一特定产业领域中具有关联性的企业和机构集聚在一起所形成的具有特定功能的簇群现象。为了更进一步强调产业间的集聚，而不是特定产业或单一产业的集聚，埃里森和格莱泽（Ellison and Glaeser, 1997）提出了协同集聚的概念，主要指的是具有纵向关联或横向关联的不同产业在一定地理空间上的集聚现象。其具有以下四个方面的含义。

第一，协同集聚具有产业关联性。一般而言，我们可以把产业之间的关联分为纵向关联和横向关联。纵向关联是指处于产业链上不同环节的产业间形成的上下游供应或服务性质的关联关系。比如，生产性服务业与制造业之间就存在服务性的关联关系，还比如纺织业与服装加工业之间也存在供应关联关系。横向关联是处于产业链上相同或相近环节的产业间形成的相互关联的关系。比如，在制造业中，不论是黑色金属冶炼及压延加工业，还是有色金属冶炼及压延加工业，都需要关键共性的冶金技术，彼此可以相互学习。

第二，协同集聚具有地域关联性。产生协同集聚的产业，既可以是在某一特定的区域范围内，也可以是在某些区域范围，存在地域上的关联性。比如，在某一工业园区内有加工制造型企业和物流运输企业的协同集聚，这是在特定区域范围内产业协同集聚的典型代表。还比如，某一城市汽车零部件产业与周边主要城市汽车整车产业形成的协同集聚，就是城市产业间的关联，是更广域上的协同集聚。

第三，协同集聚具有绩效协同性。由于产生协同集聚的产业间存在产业上和地域上的关联性，能直接带来彼此间生产成本、交易成本的节约，因此，必然会形成绩效上的协同。事实上，这也是协同集聚之所以能够形成的重要原因。产业间共建市场、共用资源、共享技术、共担风险，在合作与竞争中，形成绩效上的协同，并产生更大的竞争优势。

第四，协同集聚与分割集聚相对。所谓分割集聚，是指集聚主体为了获取政府所提供的各项优惠政策即"政策租金"而形成的、彼此之间缺乏协同的一种集聚现象。从表面上看，分割集聚与真正意义上的协同集聚并无差异，因为集群形成所需要的各种要素在分割集聚的产业群内几乎都存在。但如果协同集聚本应形成的各种效应并没有很好地发挥出来，各类主体之间的生产协作、信息沟通等均没有达到满意的水平，那么就可能存在分割集聚。

第二节　地区内部制造业协同集聚的测度方法选择

一、产业协同集聚测度方法的梳理

埃里森和格莱泽（Ellison and Glaeser）在 1997 年提出了单个产业的协同集聚测算方法：

$$r_i^{EG} = \frac{G_i - (1 - \sum_{k=1}^{n} x_k^2) H_i}{(1 - \sum_{k=1}^{n} x_k^2)(1 - H_i)} \tag{8.1}$$

式中，r_i^{EG} 为单个产业 i 的协同集聚指数，k（$k = 1, 2, \cdots, n$）为地区，x_k 为 k 地区各产业产值或从业人数占所有地区各产值或从业人数的比重，G_i 为 i 产业的空间基尼系数（Spatial Gini Coefficient），H_i 为 i 产业的赫芬达尔—赫希曼指数（Herfindahl – Hirschman Index）。r_i^{EG} 的值越大，表示协同集聚高度越高。

空间基尼系数的计算公式如下：

$$G_i = \frac{1}{2n^2\bar{S_i}} \sum_{k=1}^{n} (S_{ki} - x_k)^2 \tag{8.2}$$

式中，n 为地区数，$\bar{S_i}$ 为 i 产业占全国产业的平均份额，S_{ki} 为 k 地区 i 产业产值或从业人数占所有地区 i 产业产值或从业人数的比重。空间基尼系数越接近1，表示产业越集中。

赫芬达尔—赫希曼指数的计算公式如下：

$$H_i = \sum_{m=1}^{M} S_m^2 \tag{8.3}$$

式中，m（$m=1$，2，$\cdots$，M）为 i 产业中包含的企业数量，S_m 为第 m 个企业的产值或从业人数占所有企业产值或从业人数的比重。赫芬达尔—赫希曼指数越大表示市场越集中。

为了克服只能测度单个产业协同集聚度的缺陷，埃里森和格莱泽（Ellison and Glaeser）还构建了测度两个产业间协同集聚度的指数：

$$r_{ij}^{EG} = \frac{\sum_{k=1}^{n} (X_{ki} - X_k)(X_{kj} - X_k)}{(1 - \sum_{k=1}^{n} X_k^2)} \tag{8.4}$$

式中，i、j 分别为 i 产业、j 产业，k（$k=1$，2，$\cdots$，n）为地区，X_{ki} 为 k 地区 i 产业产值或从业人数占 k 地区所有产业产值或从业人数的比重，X_{kj} 为 k 地区 j 产业产值或从业人数占 k 地区所有产业产值或从业人数的比重，X_k 为 k 地区产值或从业人数占所有地区产值或从业人数的比重。若 r_{ij}^{EG} 的值为正值，表示 i 产业和 j 产业在相同城市是协同集聚的，若其值为零，表示 i 产业和 j 产业无协同集聚趋势，若其值为负值，表示 i 产业和 j 产业是在不同城市集聚的。

沿着上述思路，德弗罗等（Devereux，Griffith and Simpson，2004）对 r_{ij}^{EG} 的计算进行了简化[①]：

---

① Devereux M, Griffith R, Simpson H. The Geographic Distribution of Production Activity in the UK [J]. Regional Science and Urban Economics, 2004, 34: 533 – 564.

$$r_{ij}^{DGS} = \frac{H_{ij} - (H_i \times w_i^2 + H_j \times w_j^2)}{1 - (w_i^2 + w_j^2)} \qquad (8.5)$$

式中，i、j 分别为 i 产业、j 产业，w_i 为 i 产业的权重，w_j 为 j 产业的权重，分别用 i 产业、j 产业占两个产业的比重来衡量。H_i、H_j 和 H_{ij} 分别为 i 产业、j 产业和两个产业的赫芬达尔—赫希曼指数，计算方法同上。计算得到的 r_{ij}^{DGS} 数值越大表明协同集聚程度越高。

陈国亮等（2012）基于区位商构造了衡量某一地区两个产业间协同集聚程度的指数[①]：

$$r_{ij}^{CC} = 1 - \frac{|LQ_{ki} - LQ_{kj}|}{LQ_{ki}} \qquad (8.6)$$

式中，i、j 分别为 i 产业、j 产业，LQ_{ki}、LQ_{kj} 分别为 k 地区 i 产业、j 产业的区位商。同理，r_{ij}^{CC} 越大表明两个产业在某一地区的协同集聚度越高。

杨仁发（2013）在对陈国亮等（2012）测度模型进一步修正的基础上，提出了改进形式，使模型更加合理[②]：

$$r_{ij}^{Y} = 1 - \frac{|LQ_{ki} - LQ_{kj}|}{LQ_{ki} + LQ_{kj}} \qquad (8.7)$$

式中各项参数的含义同式（8.6）。缘于测度中可能存在的问题，陈建军等（2016）又在杨仁发的基础上，提出了改进模型[③]：

$$r_{ij}^{CLZ} = \left[1 - \frac{|LQ_{ki} - LQ_{kj}|}{|LQ_{ki} + LQ_{kj}|}\right] + [LQ_{ki} + LQ_{kj}] \qquad (8.8)$$

式中各项参数的含义同式（8.6）。r_{ij}^{CLZ} 的数值越大，表示产业的协同集聚度越高，反之则越低。

此外，迪朗东和莫曼（Duranton and Overman，2005，2008）构建了非

① 陈国亮，陈建军. 产业关联、空间地理与二三产业共同集聚——来自中国212个城市的经验考察 [J]. 管理世界，2012（04）：82-100.
② 杨仁发. 产业集聚与地区工资差距——基于我国269个城市的实证研究 [J]. 管理世界，2013（08）：41-52.
③ 陈建军，刘月，邹苗苗. 产业协同集聚下的城市生产效率增进——基于融合创新与发展动力转换背景 [J]. 浙江大学学报（人文社会科学版），2016，46（03）：150-163.

参数概率密度函数估计模型①，并对美国制造业的协同集聚状况进行分析②。但由于需要用到企业的微观数据，包括地理位置数据等，因此限制了其的推广应用。在此之后，比林斯和约翰逊（Billings and Johnson，2016）也基于相关理论提出了测度产业协同集聚的方法③，其虽然更具合理性，但由于对微观层面数据的要求太高而无法被普遍应用。到目前，在国内研究中还未见有利用上述两种测度产业协同集聚方法的文献。

二、地区内部产业协同集聚测度方法的选择

对地区内部产业协同集聚水平的测度须从协同集聚的内涵出发寻找合适的方法，如此才能真正反映出所需要的结果。由上述产业协同集聚测度方法的梳理发现，尽管这些方法在相关研究中屡被使用，但若从产业协同集聚的内涵看，这些方法似乎还不能准确地反映其本质。在上述方法中，不论是使用产出指标如总产值，还是使用投入指标如从业人数，也不论是用空间基尼系数、赫希曼－赫芬达尔指数，还是用区位熵作为基础指标，然后通过组合来测算产业的协同集聚水平，其本质上还是对产业间最终形成的状态的一种考察，对其过程或对其应有效应的反应不足。比如，产业协同集聚能带来的成本节约的好处就在测度过程中没有充分体现。这种不同产业集聚在同一地区内，究竟是一种为享受政策租金的简单扎堆，还是真正的协同集聚，尚需要深入研究和甄别。

前已述及，与协同集聚相对的是分割集聚。那么，从分割集聚入手来考察产业间是否存在协同集聚，就可能是一种可行路径。根据前面对分割集聚的定义可以发现，虽然表面上或最终状态上，各主体都集聚在了某一

---

① Duranton G, Overman H G. Testing for Localization Using Micro－Geographic Data [J]. The Review of Economic Studies, 2005, 72 (04): 1077–1106.

② Duranton G, Overman H G. Exploring The Detailed Location Patterns Of U. K. Manufacturing Industries Using Microgeographic Data [J]. Journal of Regional Science, 2008, 48 (01): 213–243.

③ Billings S B, Johnson E B. Agglomeration within an urban area [J]. Journal of Urban Economics, 2016, 91: 13–25.

空间上，但其形成的原因主要是各主体为获取政府的"政策租金"，而集聚带来的如降低交易费用、节约生产成本、实现技术创新等好处并不是其追求的主要目标，有些企业仅把这些视为参与集聚带来的"副产品"。那么对分割集聚的度量也就从这一基本事实出发。基本思路是：

首先，选择合适的测度方法，对区域内各产业是否形成集聚发展态势进行定量判断。

其次，针对已经测度具有集聚状态的产业设置三个考察指标：一个是交易成本、另外两个是生产成本和税负水平。

最后，检验这三个指标，如果交易成本随产业集聚水平的提高而没有出现降低，且生产成本与税负水平却随产业集聚水平的提高而出现了下降，那么就可以认为地区内部的产业集聚是处于分割集聚状态，否则可以认为是处于协同集聚状态。

之所以选择这三个指标来综合判断是否存在分割集聚的原因是：首先，政府为促进产业集聚会提供各种优惠政策，而这些优惠政策更多地会以直接或间接的形式体现在生产成本或税负水平上。比如，国内有许多地区为了招商引资，会以相当优惠的土地价格来吸引企业，那么如果企业一旦进入引资地，就可以获得生产用地上的优惠，而这些优惠会直接体现在生产成本中，即可以有效地降低企业的生产成本，有利于提升其竞争力。还比如，有些地方政府为了促进产业集聚，在招商引资的过程中会为企业提供税收优惠政策，那么企业一旦进入引资地，就会获得税收上的优惠，其税负水平因而会得以减轻，这也有助于其提升竞争能力。这些都可以视为政府为企业提供的"政策租金"。其次，如企业仅是为了或主要是为了获取政府的"政策租金"而集聚在某一空间范围内，那么企业进入该集聚区其主要不是考虑与该集聚区内其他各类主体之间的协同性，即企业参与集聚主要不是为获得集聚本身带来的好处。前已述及，产业集聚能带来若干好处，如分工的深化、交易成本的节约、技术创新风险的降低和成功率的提高等。若企业的主要目标是为了获取"政策租金"，那么交易成本的节约就不是其考虑的首先问题。基于此，本研究将交易成本的变化设定为衡量是否存在分割集聚的指标。

本研究所提出的方法，是在已有测度方法的基础上，前进一步，将成本纳入考察范围，以更加准确地衡量产业集聚的协同性，可以看作是对目前主流的产业协同集聚测度方法的有益补充。

第三节　地区内部制造业协同集聚度量指标的量化表征

基于上述分析，本研究确定以交易成本、生产成本和税负水平与产业集聚水平的变化关系来确定某一地区的产业是否存在分割集聚现象。但在现有公开的统计资料如统计年鉴中，对于制造业并没有披露关于生产成本与交易成本的有关情况。那么，如何来估算和确定生产成本和交易成本，即如何将它们进行科学合理的量化表征，就是进行制造业分割集聚现象现实考察的基本问题。

一、测度产业集聚水平的具体方法选择

经比较分析，本研究决定选择用区位商来表征制造业的集聚水平。区位商，也被称为地区专门化率，这个指标最早由哈盖特（Haggett）提出并用于分析区位问题。所谓区位商，实际上就是用于衡量某一地区要素空间分布情况的指标，反映的是某一行业或部门在某一地区的专业化程度以及某一地区在高层次区域内的地位和作用。在产业经济研究中，尤其在产业结构有关问题的研究中，该指标常常被用于分析区域主导产业、支柱产业的专门化状况以及其具有的比较优势。

区位商的表达式如下：

$$LQ_i = \frac{\dfrac{q_i}{\sum\limits_{i}^{n} q_i}}{\dfrac{Q_i}{\sum\limits_{i=1}^{n} Q_i}} \qquad (8.9)$$

式中：LQ_i 表示某一地区第 i 个行业或部门的区位商，q_i 表示某一地区第 i 个行业或部门的某项指标（如产值、增加值、从业人数、利润等），Q_i 表示高层次区域第 i 个行业或部门的某项指标（如产值、增加值、从业人数、生产能力等），n 表示行业或部门数量。

由上式可以看出，区位商实际上就是比值的比值，是一个相对性指标。若区位商大于 1，可以认为该产业是地区的专业化部门；区位商的数值越大，专业化水平越高，表示行业或部门的集聚程度越高。如果区位商小于或等于 1，则认为该产业是自给性部门，且没有形成集聚发展态势。该方法的优点是：指标选择简单，计算简便，含义明确。

二、生产成本的量化表征方法

由于在公开的统计资料中没有披露生产成本，所以必须依据一定的方式对行业或部门的生产成本进行估算。当然，这里首先需要弄清楚两个概念，一个是生产成本，一个是主营业务成本。

所谓生产成本是生产单位为生产产品或提供劳务而发生的各项生产费用，包括各项直接支出和制造费用。直接支出包括直接材料（原材料、辅助材料、备品备件、燃料及动力等）、直接工资（生产人员的工资、补贴）以及其他直接支出（如福利费）；制造费用是指企业内的分厂、车间为组织和管理生产所发生的各项费用，包括分厂、车间管理人员工资、折旧费、维修费、修理费及其他制造费用（办公费、差旅费、劳保费等）。

与生产成本相对应的另一个概念是主营业务成本。所谓主营业务成本是指企业确认销售商品、提供劳务等主营业务收入时应结转的成本。工业企业的主营业务成本是从"产成品""自制半成品""分期收款发出商品""生产成本"等科目结转过来的。主营业务成本反映企业经营主要业务发生的实际成本。生产成本和主营业务成本的主要联系是：主营业务成本包括生产成本，生产成本是主营业务成本的一部分。

由于在多数统计年鉴中均有主营业务成本的记载，那么就可以通过主营业务成本来估算生产成本。依据成本会计的基本理论，主营业务成本在制造业企业是已售产品的生产成本。即如果从一个完整的生产经营过程来看，若生产出来的所有产成品全部销售完毕，也就是说到达当前计算期时企业的产成品和在产品都是零，则生产成本就等于主营业务成本。基于此，我们就可以用主营业务成本来近似替代生产成本。

三、交易成本的量化表征方法

当然，比较难处理的就是交易成本的量化表征问题。所谓交易成本，其实际上是一个经济学范畴上的概念，而非会计学里的称谓。新制度经济学家、诺贝尔经济学奖获得者科斯（Coase，1937）认为，交易成本就是利用价格机制的成本，即指达成一笔交易所要花费的成本，也指买卖过程中所花费的全部时间和货币成本。包括传播信息、广告、与市场有关的运输以及谈判、协商、签约、合约执行的监督等活动所花费的成本[1]。那么，对于这样一个成本，该如何量化表征呢？事实上这方面已经有不少学者进行过尝试，也提出了一系列办法。微观企业层面计量交易成本奠定了方法论基础的是威廉姆森（Williamson，1971）。他认为，尽管直接计量事前和事后交易成本困难，但可以通过对制度的比较来对交易成本作测算[2]。而宏观层面上对一个国家或地区交易费用的计量，最具代表性的是瓦里斯和诺思（Wallis and North，1988）提出的方法[3]。但这些方法对于本研究而言过于复杂，需要另辟蹊径。

从本质上看，交易成本主要应涵盖以下几个方面的内容：第一，企业为了购买直接生产要素，即为了准备生产成本而付出的发现价格的成本以及谈判和签订合同的成本。第二，生产过程中，为了使各个生产要素能被有效利用，即为了组合生产成本而发生的管理的组织成本。第三，为了销

---

[1] Coase R H. The Nature of the Firm [J]. Economica, 1937, 4 (16): 386-405.

[2] Williamson O E. The Vertical Integration of Production: Market Failure Considerations [J]. The America Economic Review, 1971, 61 (05): 112-123.

[3] Wallis J J, North D C. Should Transaction Costs be Subtracted from Gross National Product? [J]. The Journal of Economic History, 1988, 48 (03): 651-654.

售产品也即为了变现生产成本和利润而发生的搜寻价格的成本以及谈判和签订合同的成本①。依据对交易成本的这一表述，我们可以近似认为，交易成本就是采购费用、管理费用、财务费用和销售费用的总和。

采购费用是指企业在采购材料过程中所支付的各项费用，主要包括材料的运输费、装卸费、保险费、包装费、仓储费，以及运输途中的合理损耗和入库前的整理挑选费等。

管理费用是指企业为组织和管理企业生产经营所发生的费用，主要包括企业的行政管理部门在经营管理中发生的公司经费（包括行政管理部门职工工资、修理费、物料消耗、低值易耗品摊销、办公费和差旅费等）、工会经费、待业保险费、劳动保险费、聘请中介机构费、咨询费（含顾问费）、诉讼费、业务招待费、房产税、车辆使用税、土地使用税、印花税、技术转让费、固定资产摊销、无形资产摊销、职工教育经费、研究与开发费、排污费、存货跌价准备等。

财务费用指企业在生产经营过程中为筹集资金而发生的各项费用。包括企业生产经营期间发生的利息支出（减利息收入）、汇兑净损失（有的企业如商品流通企业、保险企业进行单独核算，不包括在财务费用）、金融机构手续费，以及筹资发生的其他财务费用如债券印刷费、国外借款担保费等。

销售费用是指企业在销售产品、半成品和提供劳务等过程中发生的费用，主要包括企业负担的包装费、运输费、广告费、装卸费、保险费、委托代销手续费、展览费、租赁费和销售服务费、销售部门人员工资、职工福利费、差旅费、办公费、折旧费、修理费、物料消耗、低值易耗品摊销以及其他经费等。

在当前长三角各地区的统计年鉴中没有关于上述几项费用的记载，但在历年的《中国工业统计年鉴》中有关于管理费用、财务费用和销售费用的数据，没有关于采购费用的记载，因此在后续的分析中，将以管理费

---

① 周文豪. 企业：生产成本与交易成本的统一 [J]. 财经科学，2001 (05)：6-9.

用、财务费用和销售费用之和来近似代替交易成本，而没有将采购费用这一项包含进去。

四、税负水平的量化表征方法

对于税负水平，实际上就是对企业税收负担进行衡量的一个指标。目前对于制造型企业而言，其所要缴纳的税种很多。国税方面：需要缴纳增值税、企业所得税等。地税方面：需要缴纳城市维护建设税、教育费附加、印花税等，如果有应税房产、土地、车辆还要缴纳房产税、土地使用税、车船税。事实上，地方政府为企业提供的政策租金中，主要是在地方税方面。当然，2018年，在国家新一轮机构改革中国税部门和地税部门已经合并。

近年来，随着人口红利的逐步减弱，劳动力成本在不断增加。同时，原材料成本也在不断攀升。在此背景下，税负水平的高低就成为影响企业生存和发展的一项重要因素。在供给侧结构性改革的大背景下，减费降税已经成为一项减轻企业负担和促进企业发展的重要政策。若企业除了能享受减税的普惠性政策外，还能因地方政府的引资政策额外获得税收上的优惠，很显然企业更有意愿集聚到政府规划的各类园区。

在统计年鉴中，多数地区并不直接记载制造业的税金数额，常见的是对于利润总额和利税总额的记载。那么，我们就可以用利税总额减去利润总额来表征产业的税金总额。获得税金总额后就可以利用其与产出的比值来表征行业或部门的税负水平。

第四节　长三角地区内部制造业协同
集聚的现实考察：横向视角

在确定了表征指标和指标的量化方法后，为了能更全面地考察长三角地区内部制造业是否存在协同集聚现象，本报告将从横向即行业角度和纵向即时序角度分别进行分析。本节主要聚焦于横向维度，即行业截面维度，就是以某一年为例，对长三角各地区内部制造业是否存在协同集聚现象进行考察。

一、上海制造业协同集聚的现实考察

当然，需要说明的是，为了能更好地显示出制造业是否存在协同集聚现象，需要对上一节中选择出的度量分割集聚的指标进行"相对化"处理。也就是说，本章第二节中选择了度量指标，第三节中确定了指标的量化方法，但量化后这些指标仍然是绝对性指标。即交易成本、生产成本、税金总额均是绝对数。这些绝对性指标与表征产业集聚水平的区位商指标不对应，因为后者是一个相对性指标。所以需要对这三个指标进行相对化处理。此外，在许多研究中对产业集聚、创新或效率的衡量也多是使用相对性指标的。

具体而言，本研究中对这三个指标"相对化"的基本思路是：在获得了绝对指标后，用这些指标除以其所对应的产出指标，就可以得到相对指标了。计算公式如下：

$$RPCGOV_i = \frac{PC_i}{GOV_i} \times 100\% \tag{8.10}$$

$$RTCGOV_i = \frac{TC_i}{GOV_i} \times 100\% \tag{8.11}$$

$$RTTGOV_i = \frac{TT_i}{GOV_i} \times 100\% \tag{8.12}$$

式中，$RPCGOV_i$ 表示某一地区第 i 个行业或部门的产值生产成本率，含义是获得单位产出所需要付出的生产成本；$RTCGOV_i$ 表示某一地区第 i 个行业或部门的产值交易成本率，含义是获得单位产出所需要花费的交易费用；$RTTGOV_i$ 表示某一地区第 i 个行业或部门的产值税负水平，含义是单位产出的税收负担水平；PC_i 表示某一地区第 i 个行业或部门的生产成本；TC_i 表示某一地区第 i 个行业或部门的交易成本；TT_i 表示某一地区第 i 个行业或部门的税金总额；GOV_i 表示某一地区第 i 个行业或部门的工业总

产值。

在确定了指标相对化的方法后，就可以按照本章第二节中提出的方法，对长三角制造业的集聚状况进行现实考察。利用《中国工业统计年鉴》中的有关数据，可以计算制造业各行业的产值生产成本率、产值交易成本率以及产值税负水平的各项数据，也可以计算区位商。但对于区位商这个指标而言，对其进行计算不仅需要地区制造业的行业数据，还需要高层次区域的数据。那么这就涉及一个高层次区域选定的问题，即在计算制造业各行业区位商的过程中，存在把高层次区域是选择为长三角，还是全国的问题。经比较分析，这里我们选择把全国作为计算区位商的高层次区域，主要原因有三：

第一，经笔者试算，不论是以长三角为高层次区域，还是以全国为高层次区域，尽管计算得出的各行业区位商的具体数值有差异，但区位商大于1的行业或部门的数量和类型是基本一致的。这就说明，区位商的大小，对高层次区域的选择并不敏感。

第二，尽管本研究要分析的是长三角各地区内部的产业集聚问题，并不涉及与长三角以外地区的比较，但为了凸显长三角制造业在全国的地位或布局，选择全国为高层次区域更为合理。

第三，长三角不仅是全国制造业发展良好的地区，同时也是全球重要的制造业基地。其电气机械和器材制造业、计算机通信和其他电子设备制造业、通用设备制造业、汽车制造业甚至化学原料和化学制品制造业等，都是在全国有较大影响的行业，因此，在探讨产业集聚问题时选择以全国作为高层次区域更具有说服力。

依据式（8.9）~式（8.12），可以计算得到2016年上海制造业各行业的区位商以及产值生产成本率、产值交易成本率、产值税负率。这里需要说明三点：一是这里之所以计算的是2016年制造业各行业区位商，而没有计算2017年制造业各行业区位商的原因在于，本书不仅要计算区位商，计算出区位商后还要与销售费用、管理费用和财务费用表征的交易成本作相关性分析，即要保证各行业区位商这个指标与销售费用、管理费用和财务费用指标在时间上的一致性。但不论是在上海还是在江苏的统计年鉴中，均没有关于销售费用、管理费用、财务费用的记载，因此只能通过《中国工业统计年鉴》获得相关数据，而笔者通过多方努力也没有获取2018 年的《中国工业统计年鉴》，能获取得到的《中国工业统计年鉴》的最新年份是 2017 年，因此为保持时间上的一致性，计算的年份取为 2016年。二是不论计算区位商、产值生产成本率、产值交易成本率还是产值税负率，一般情况下使用的是行业总产值指标，若总产值指标缺失，则用主营业务收入来替代。三是在计算长三角制造业各行业的区位商时，是把长三角作为一个区域对待的，即把两省一市的相关指标先相加，然后再计算相关结果。

2016 年上海制造业各行业的区位商以及产值生产成本率、产值交易成本率、产值税负率的计算结果如表 8.1 所示。

表 8.1　2016 年上海制造业行业区位商与生产成本、交易成本、税负情况

序号	行业	区位商	产值生产成本率（%）	产值交易成本率（%）	产值税负率（%）
1	农副食品加工业	0.192	87.37	9.81	1.64
2	食品制造业	0.960	64.69	29.71	5.48
3	酒、饮料和精制茶制造业	0.226	64.26	26.51	7.38
4	纺织业	0.166	82.09	11.58	2.42
5	纺织服装、服饰业	0.486	84.64	17.45	1.66
6	皮革、毛皮、羽毛及其制品和制鞋业	0.365	82.07	10.28	3.78
7	木材加工和木、竹、藤、棕、草制品业	0.140	81.82	14.04	3.53
8	家具制造业	1.142	82.49	13.44	3.51
9	造纸和纸制品业	0.593	76.05	19.87	4.48
10	印刷和记录媒介复制业	0.748	79.72	14.69	4.37

序号	行业	区位商	产值生产成本率（%）	产值交易成本率（%）	产值税负率（%）
11	文教、工美、体育和娱乐用品制造业	0.939	89.92	5.86	1.27
12	石油加工、炼焦和核燃料加工业	0.983	65.43	5.41	27.14
13	化学原料和化学制品制造业	1.002	76.87	15.38	3.53
14	医药制造业	0.828	54.39	32.19	6.32
15	化学纤维制造业	0.158	76.46	16.23	0.93
16	橡胶和塑料制品业	0.920	79.23	13.95	3.18
17	非金属矿物制品业	0.306	82.85	12.22	2.95
18	黑色金属冶炼和压延加工业	0.729	87.63	5.89	2.54
19	有色金属冶炼和压延加工业	0.255	90.30	6.92	0.61
20	金属制品业	0.750	83.58	11.61	2.60
21	通用设备制造业	1.748	79.58	14.22	2.82
22	专用设备制造业	1.000	77.11	16.09	2.52
23	汽车制造业	2.892	79.57	9.25	5.40
24	铁路、船舶、航空航天和其他运输设备制造业	1.201	86.78	11.99	0.15
25	电气机械和器材制造业	0.967	80.67	12.31	2.19
26	计算机、通信和其他电子设备制造业	1.775	92.10	5.80	0.05
27	仪器仪表制造业	1.273	72.53	17.47	3.04
28	其他制造业	0.582	69.51	21.48	5.05
29	废弃资源综合利用业	0.246	80.57	10.93	3.90
30	金属制品、机械和设备修理业	4.684	83.82	10.54	6.59

由表8.1可以发现，上海制造业中有9个行业的区位商大于1，其中金属制品、机械和设备修理业的区位商甚至超过了4，汽车制造业的区位

商也接近 3；产值生产成本率最高的是计算机、通信和其他电子设备制造业，其次是有色金属冶炼和压延加工业，均超过了 90%，最低的是医药制造业，为 54.39%，但其产值交易成本率最高，达到 32.19%；产值交易成本率不足 6% 的有石油加工、炼焦和核燃料加工业、计算机、通信和其他电子设备制造业、文教、工美、体育和娱乐用品制造业和黑色金属冶炼和压延加工业；产值税负率最高的是石油加工、炼焦和核燃料加工业，高达 27.14%，最低的是计算机、通信和其他电子设备制造业，仅为 0.05%。可见，行业间的差异十分巨大。

由于要通过分析区位商与产值生产成本率、产值交易成本率、产值税负水平的相关性来确定是否存在协同集聚，因此检验了这些指标之间的相关性，结果如表 8.2 所示。

表 8.2　上海制造业行业区位商与生产成本、交易成本、税负的相关性

指标	检验指标	RPCGOV（产值生产成本率）	RTCGOV（产值交易成本率）	RTTGOV（产值税负率）
LQ（制造业全部行业的区位商）	相关系数	0.089	−0.169	0.118
	显著性	0.639	0.372	0.535
LQ（区位商大于或等于1的行业）	相关系数	0.223	−0.482	0.692 *
	显著性	0.565	0.188	0.039

由表 8.2 可以看出，若上海制造业所有行业区位商与产值生产成本率、产值交易成本率、产值税负水平的相关系数分别为 0.089、−0.169、0.118，对应的显著性检验值都不显著，即不能通过显著性检验，说明就上海整个制造业的所有行业而言，集聚水平与生产成本、交易成本、税负水平之间不存在明显的相关关系，即不能说明是否存在分割集聚的问题。而对于区位商大于 1 的行业而言，通过计算得到的区位商与产值生产成本率、产值交易成本率、产值税负水平的相关系数分别为 0.223、−0.482、0.692，观察显著性检验值发现，前两者虽然不显著，但也能在一定程度上反映出彼此的变动趋势，尤其区位商和产值交易成本率之间存在一定的

负相关性，即存在集聚水平越高交易成本越低的趋势。而区位商与产值税负率的相关性在5%的水平上是显著的，集聚水平越高的行业，税负水平也越高，说明，产业的集聚对寻求政策租金的动机不明显。因此，就上海制造业而言，存在集聚水平越高交易成本越低，且税负水平越高的趋势，说明制造业的集聚具有一定的协同性。

二、江苏制造业协同集聚的现实考察

同理，可以计算得到2016年江苏制造业各行业的区位商以及产值生产成本率、产值交易成本率、产值税负率，结果如表8.3所示。

表8.3 2016年江苏制造业行业区位商与生产成本、交易成本、税负情况

序号	行业	区位商	产值生产成本率（%）	产值交易成本率（%）	产值税负率（%）
1	农副食品加工业	0.512	87.99	4.85	6.38
2	食品制造业	0.335	78.33	15.15	7.11
3	酒、饮料和精制茶制造业	0.430	73.17	11.36	15.50
4	纺织业	1.226	88.95	5.46	5.27
5	纺织服装、服饰业	1.351	85.92	7.35	6.73
6	皮革、毛皮、羽毛及其制品和制鞋业	0.498	87.35	6.23	5.69
7	木材加工和木、竹、藤、棕、草制品业	1.207	87.05	5.18	7.22
8	家具制造业	0.312	85.77	7.58	6.40
9	造纸和纸制品业	0.774	85.83	8.60	5.95
10	印刷和记录媒介复制业	0.751	82.91	8.81	8.18
11	文教、工美、体育和娱乐用品制造业	0.956	85.86	6.98	6.71
12	石油加工、炼焦和核燃料加工业	0.423	82.22	3.31	5.27

续表

序号	行业	区位商	产值生产成本率（%）	产值交易成本率（%）	产值税负率（%）
13	化学原料和化学制品制造业	1.421	85.63	6.40	7.26
14	医药制造业	0.948	64.65	24.19	10.83
15	化学纤维制造业	2.467	89.99	5.83	4.48
16	橡胶和塑料制品业	0.675	84.39	8.43	6.84
17	非金属矿物制品业	0.568	86.46	6.88	6.27
18	黑色金属冶炼和压延加工业	1.053	89.83	4.85	4.24
19	有色金属冶炼和压延加工业	0.537	91.23	4.11	4.40
20	金属制品业	1.100	86.47	6.92	6.14
21	通用设备制造业	1.307	82.87	9.04	7.74
22	专用设备制造业	1.191	82.45	9.54	7.52
23	汽车制造业	0.635	82.89	7.98	7.90
24	铁路、船舶、航空航天和其他运输设备制造业	1.316	85.03	6.45	8.47
25	电气机械和器材制造业	1.613	85.78	7.12	7.12
26	计算机、通信和其他电子设备制造业	1.310	90.26	4.76	5.11
27	仪器仪表制造业	2.735	83.78	7.84	8.73
28	其他制造业	0.804	87.63	5.74	5.83
29	废弃资源综合利用业	0.451	88.70	5.93	5.29
30	金属制品、机械和设备修理业	0.211	85.95	5.39	7.08

江苏制造业中有13个行业的区位商大于1，其中仪器仪表制造业和化学纤维制造业区位商均超了2，分别为2.735和2.467。与上海一样，产值生产成本率超过90%的有两个行业，分别是有色金属冶炼和压延加工业和计算机、通信和其他电子设备制造业，最低的是医药制造业，为64.65%，但比上海医药制造业高出10个百分点；产值交易成本率不足5%的有农副

食品加工业、黑色金属冶炼和压延加工业、计算机、通信和其他电子设备制造业、有色金属冶炼和压延加工业、石油加工、炼焦和核燃料加工业；产值税负率最高的是酒、饮料和精制茶制造业、医药制造业，前者超过15%，后者也超过10%，最低的是化学纤维制造业、有色金属冶炼和压延加工业、黑色金属冶炼和压延加工业，不足5%。

相关性检验的结果如表8.4所示，结果表明，江苏制造业所有行业区位商与产值生产成本率、产值交易成本率、产值税负水平的相关系数分别为0.151、－0.063、－0.041，相关性不显著，说明就江苏制造业的所有行业而言，集聚水平与生产成本、交易成本、税负水平之间不存在明显的相关关系。计算区位商大于1的行业发现，其区位商与产值生产成本率、产值交易成本率、产值税负水平的相关系数分别为－0.044、0.122、0.157，仍然不显著。

表8.4　江苏制造业行业区位商与生产成本、交易成本、税负的相关性

指标	检验指标	*RPCGOV*（产值生产成本率）	*RTCGOV*（产值交易成本率）	*RTTGOV*（产值税负率）
LQ（制造业全部行业的区位商）	相关系数	0.151	－ 0.063	－ 0.041
	显著性	0.429	0.743	0.831
LQ（区位商大于或等于1的行业）	相关系数	－ 0.044	0.122	0.157
	显著性	0.888	0.692	0.608

也就是说，产业集聚水平与生产成本、交易成本及税负变化之间不存在相关性，说明江苏制造业的集聚起码没有带来明显的交易成本的降低，制造成本的节约，很可能处于分割集聚状态，集聚的协同性不高。

三、浙江制造业协同集聚的现实考察

利用与上述相同的步骤，同样可以计算得到2016年浙江制造业各行业的区位商、产值生产成本率、产值交易成本率、产值税负率，结果见表8.5。

表8.5 2016年浙江制造业行业区位商与生产成本、交易成本、税负情况

序号	行业	区位商	产值生产成本率（%）	产值交易成本率（%）	产值税负率（%）
1	农副食品加工业	0.268	90.41	6.34	1.67
2	食品制造业	0.409	78.73	14.86	4.15
3	酒、饮料和精制茶制造业	0.436	71.80	19.18	6.66
4	纺织业	2.441	87.98	6.36	3.34
5	纺织服装、服饰业	1.737	84.01	10.33	3.98
6	皮革、毛皮、羽毛及其制品和制鞋业	1.583	86.45	8.62	3.90
7	木材加工和木、竹、藤、棕、草制品业	0.563	86.12	7.76	3.27
8	家具制造业	1.905	81.43	12.48	4.50
9	造纸和纸制品业	1.470	86.28	9.29	4.72
10	印刷和记录媒介复制业	0.944	84.96	10.46	3.40
11	文教、工美、体育和娱乐用品制造业	1.497	85.29	8.92	2.95
12	石油加工、炼焦和核燃料加工业	0.610	69.01	3.15	20.55
13	化学原料和化学制品制造业	1.085	85.00	9.30	2.92
14	医药制造业	0.769	60.29	27.68	7.07
15	化学纤维制造业	5.307	91.95	3.98	1.78
16	橡胶和塑料制品业	1.429	84.82	9.63	3.26
17	非金属矿物制品业	0.503	83.49	10.46	3.93
18	黑色金属冶炼和压延加工业	0.577	90.86	4.90	2.25
19	有色金属冶炼和压延加工业	0.757	93.44	3.78	1.68
20	金属制品业	1.015	85.20	9.38	3.44
21	通用设备制造业	1.497	81.03	12.07	3.93
22	专用设备制造业	0.740	79.96	13.17	3.94

续表

序号	行业	区位商	产值生产成本率（%）	产值交易成本率（%）	产值税负率（%）
23	汽车制造业	0.944	81.08	8.88	4.45
24	铁路、船舶、航空航天和其他运输设备制造业	0.908	89.66	8.23	1.86
25	电气机械和器材制造业	1.505	82.87	11.05	3.31
26	计算机、通信和其他电子设备制造业	0.563	80.05	12.26	3.12
27	仪器仪表制造业	1.390	73.37	16.83	4.79
28	其他制造业	1.836	85.98	8.55	3.37
29	废弃资源综合利用业	1.101	91.98	5.20	2.85
30	金属制品、机械和设备修理业	1.034	87.26	11.33	5.31

浙江制造业中有 16 个行业的区位商大于 1，其化学纤维制造业的区位商甚至达到了 5.307，纺织业的区位商为 2.441，也超过了 2。产值生产成本率超过 90% 的有 5 个行业，有色金属冶炼和压延加工业、废弃资源综合利用业、化学纤维制造业、黑色金属冶炼和压延加工业、农副食品加工业；与上海和江苏一样，医药制造业的产值交易成本率是最高的，接近 30%，产值交易成本率不足 5% 的有黑色金属冶炼和压延加工业、化学纤维制造业、有色金属冶炼和压延加工业、石油加工、炼焦和核燃料加工业；而产值税负水平有 26 个行业不足 5%，仅有石油加工、炼焦和核燃料加工业、医药制造业、酒、饮料和精制茶制造业、金属制品、机械和设备修理业的产值税负水平超过 5%。

比较表 8.1、表 8.3 和表 8.5 发现，区位商大于 1 的行业数最多的是浙江，达到 16 个，其次是江苏，为 13 个，最少的是上海，仅有 9 个。同时比较发现，三地制造业中区位商均接近 1 或大于 1 的行业有 6 个，分别是文教、工美、体育和娱乐用品制造业、化学原料和化学制品制造业、通用设备制造业、铁路、船舶、航空航天和其他运输设备制造业、电气机械和器材制造业、仪器仪表制造业。这些产业中低端技术产业 1 个，中端技术产业 1 个，高端技术产业 4 个。高端技术产业数占明显优势，显示出了长三角制造业的升级成就。当然，中低端技术产业仍然占有一定比重，这说明长三角制造业的结构调整任务还十分艰巨。

同时分别计算三个地区制造业各行业产值生产成本率、产值交易成本率和产值税负率的平均值，然后进行比较发现，各行业平均的产值生产成本率最高的是江苏，接近85%，最低的是上海，接近80%，两地相差 5 个百分点；各行业平均的产值交易成本率最高的是上海，为 14.10%，最低是江苏，仅为 7.61%；与各行业平均产值生产成本率一样，各行业平均的产值税负率也是江苏最高，上海最低。在这三个指标上，浙江均居中。

表 8.6 表明，所有行业区位商与产值生产成本率、产值交易成本率、产值税负水平的相关系数分别为 0.283、-0.247、-0.196，相关性检验值不显著，说明就浙江制造业的所有行业而言，集聚水平与生产成本、交易成本、税负水平之间不存在明显的相关关系。

表8.6 浙江制造业行业区位商与生产成本、交易成本、税负的相关性

指标	检验指标	RPCGOV（产值生产成本率）	RTCGOV（产值交易成本率）	RTTGOV（产值税负率）
LQ（制造业全部行业的区位商）	相关系数	0.283	-0.247	-0.196
	显著性	0.130	0.188	0.300
LQ（区位商大于或等于1的行业）	相关系数	0.377	-0.501*	-0.532*
	显著性	0.150	0.049	0.034

计算区位商大于 1 的行业发现，其区位商与产值生产成本率、产值交易成本率、产值税负水平的相关系数分别为 0.377、-0.501、-0.532，根据显著性检验值来判断，虽然区位商与产值生产成本率的相关性不显著，但各行业区位商与产值交易成本率、产值税负水平之间的相关性是显著的，而且是显著的负相关。也就是说，产业集聚水平越高，交易成本越低，这显示了集聚带来的好处。同时，伴随着集聚水平的提高，税负水平

会变得越低，说明集聚企业存在明显的寻租倾向。综合起来看浙江制造业集聚具有较高的协同性。

第五节 长三角地区内部制造业协同集聚的现实考察：纵向视角

在从横向角度考察了长三角制造业的协同集聚现状后，本节将从纵向即时序维度来考察长三角制造业集聚状况。

一、考察行业的选择

在进行纵向维度考察时，所用的指标、指标的计算等与在横向维度考察时一致。但与横向考察不同的是，考察对象必须是在各地区所有考察年份中区位商都大于1的制造业行业，经计算发现，满足该条件的仅有少数行业，最终选择的是电气机械和器材制造业作为考察对象。

依据《国民经济行业分类》（GB/T4754—2017），电气机械和器材制造业主要包括电机制造、输配电及控制设备制造、电线、电缆、光缆及电工器材制造、电池制造、家用电力器具制造、照明器具制造等若干子行业，是事关国计民生的重要制造业。2016年，长三角电气机械和器材制造业的主营业务收入为2.58万亿元，占全国电气机械和器材制造业产值的比重接近35%。同时计算发现，在浙江，电气机械和器材制造业主营业务收入为0.64万亿元，占制造业主营业务收入的比重为10.58%，在所有制造业行业中占比排名第一；在江苏，该行业主营业务收入为1.72万亿元，占制造业主营业务收入的比重高达11.39%，在所有制造业行业中占比排名第二；在上海，该行业主营业务收入为0.64万亿元，占制造业主营业务收入的比重为6.67%，在所有制造业行业中的占比排名第五。可见，长三角的电气机械和器材制造业不仅在全国占有举足轻重的地位，而且在长三角制造业中也占有重要地位，是名副其实的主导产业。此外，电气机械和器材制造业是开放程度很高、市场竞争充分的行业，在深度融入全球化分工中逐步发展壮大的历程，也是长三角制造业发展的一个缩影。缘于此，以该产业为对象考察其协同集聚状况，能较好地代表和反映制造业的集聚状况。

二、考察结果与分析

经计算，可以得到上海电气机械和器材制造业的区位商、产值生产成本率、产值交易成本率以及产值税负水平，如表8.7所示。

表 8.7　2000—2016 年上海电气机械和器材制造业相关指标

年份	区位商	产值生产成本率（%）	产值交易成本率（%）	产值税负水平（%）
2000	1.118	80.23	15.12	3.77
2001	1.085	81.17	14.69	3.26
2002	1.047	81.27	14.25	3.17
2003	1.032	80.81	13.13	2.83
2004	0.927	93.81	8.78	2.28
2005	1.038	83.58	9.19	2.43
2006	1.082	84.53	10.52	2.06
2007	1.081	84.91	11.54	2.04
2008	1.063	85.13	10.41	2.03
2009	1.008	81.81	10.79	2.36
2010	1.001	83.32	10.01	2.87
2011	1.007	85.10	9.92	2.73
2012	1.044	84.36	11.45	2.81
2013	1.022	82.81	12.02	2.16
2014	1.070	82.29	12.02	2.61
2015	1.035	81.68	12.27	2.97
2016	1.024	80.67	12.31	2.19

从表中的数据可以看出，除 2004 年区位商略小于 1 外，其余年份的区位商均大于 1，但各年份的差异不大，且多数年份的区位商介于 1~1.1 之间。就产值生产成本率这个指标而言，呈先波动上升而后波动下降的发展变化趋势，波动范围在 80%~95% 之间，多数年份处于 80%~85% 之间。数值最高的年份出现在 2004 年，达到 93.81%，最低的年份是 2000 年，数值仅为 80.23%。就产值交易成本率这个指标而言，基本呈先波动下降而后又波动上升的发展态势，2000 年最高，达到 15.12%，2004 年最低，仅为 8.78%。当然就近年而言，又处于阶段性高点，基本维持在 12% 左右。就产值税负水平而言，呈先下降而后维持稳定的发展变化趋势，即除初始几个年份的数值超过 3% 外，其余年份该指标均位于 2%~3% 之间，并没有出现大幅度的变化。

经计算，得到区位商与产值生产成本率、产值交易成本率和产值税负率的相关系数及其显著性，如表 8.8 所示。

表 8.8　上海电气机械和器材制造业区位商与生产成本、交易成本、税负的相关性检验

指标	检验指标	RPCGOV（产值生产成本率）	RTCGOV（产值交易成本率）	RTTGOV（产值税负率）
LQ（区位商）	相关系数	−0.611	0.623	0.312
	显著性	0.009	0.008	0.222

上表中的数据显示，区位商与产值生产成本率之间的相关系数为 −0.611，与产值交易成本率之间的相关系数为 0.623，与产值税负率之间的相关系数为 0.312。检验发现，第一个和第二个相关系数在 1% 的水平上是显著的，而第三个相关系数即使在 10% 的水平上也是不显著的。也就是说，随着上海电气机械和器材制造业集聚度的提高，产值生产成本率是下降的，而产值交易成本率是在增高的。这说明，为了寻求生产成本的节约，企业扎堆倾向明显，而这样的扎堆虽然获得了政策租金而且节约了生产成本，但同时也增加了交易成本，再加上税负水平的变化与产业集聚程度的变化基本没有相关性这样一个证据，可以说明上海电气机械和器材制

造业存在分割集聚现象，协同集聚水平不高。

同理，可以计算得到江苏电气机械和器材制造业的区位商、产值生产成本率、产值交易成本率以及产值税负水平，如表8.9所示。

表8.9 2000—2016年江苏电气机械和器材制造业相关指标

年份	区位商	产值生产成本率 （%）	产值交易成本率 （%）	产值税负水平 （%）
2000	1.105	80.64	12.87	4.63
2001	1.140	81.32	12.63	4.59
2002	1.119	82.84	12.06	3.82
2003	1.220	83.51	11.19	3.27
2004	1.180	84.74	11.11	2.76
2005	1.064	85.37	10.01	2.65
2006	1.138	86.78	9.42	2.34
2007	1.169	85.40	8.51	2.47
2008	1.295	84.07	7.85	2.57
2009	1.330	85.14	7.56	3.22
2010	1.398	84.93	7.43	3.12
2011	1.613	85.66	7.05	3.22
2012	1.635	85.63	7.38	4.39
2013	1.674	86.07	7.07	4.46
2014	1.675	86.01	7.09	4.53
2015	1.619	85.67	7.30	5.32
2016	1.620	85.78	7.12	7.12

观察表中的数据发现，江苏电气机械和器材制造业区位商基本呈波动增大的发展态势，由2000年的1.105增加到了2016年的1.620，说明集聚度是在逐步提高的。产值生产成本率呈先波动上升而后基本维持不变的发展变化趋势，基本稳定在85%上下。产值交易成本率呈波动下降的发展态势，2000年最高，达到12.78%，到2016年降为7.12%。就产值税负水平

而言，呈先下降而后又上升的发展趋势，即先由 2000 年的 4.63% 下降到了 2006 年的 2.34%，然后又逐步上升到了 2016 年的 7.12%。比较表 8.7 和表 8.9 发现，上海产值生产成本率和产值税负水平要明显低于江苏，而产值交易成本率要明显高于江苏。

经计算，得到区位商与产值生产成本率、产值交易成本率和产值税负率的相关系数及其显著性，如表 8.10 所示。

表 8.10　江苏电气机械和器材制造业区位商与生产成本、交易成本、税负的相关性检验

指标	检验指标	RPCGOV (产值生产成本率)	RTCGOV (产值交易成本率)	RTTGOV (产值税负率)
LQ（区位商）	相关系数	0.551	−0.809	0.547
	显著性	0.022	0.0001	0.023

由表中数据可以看出，江苏电气机械和器材制造业区位商与产值生产成本率之间的相关系数为 0.551，与产值交易成本率之间的相关系数为 −0.809，与产值税负率之间的相关系数为 0.547。检验结果表明，三个相关系数在 5% 的水平上均是显著的。也就是说，随着江苏电气机械和器材制造业集聚度的提高，产值生产成本率和产值税负率是上升的，产值交易成本率是下降的，说明江苏电气机械和器材制造业具有较好的协同集聚性。

最后，计算得到浙江电气机械和器材制造业的区位商、产值生产成本率、产值交易成本率以及产值税负水平，如表 8.11 所示。

表 8.11　2000—2016 年浙江电气机械和器材制造业相关指标

年份	区位商	产值生产成本率（%）	产值交易成本率（%）	产值税负水平（%）
2000	1.372	82.02	12.65	3.64
2001	1.362	81.14	12.88	3.28
2002	1.448	81.71	11.45	4.12
2003	1.449	82.61	10.61	3.76
2004	1.475	84.41	10.54	3.43

年份	区位商	产值生产成本率（%）	产值交易成本率（%）	产值税负水平（%）
2005	1.321	86.93	10.67	3.01
2006	1.311	86.73	9.46	2.71
2007	1.351	86.24	10.56	2.74
2008	1.402	85.94	9.97	2.8
2009	1.396	85.42	10.14	2.87
2010	1.386	85.19	9.93	2.95
2011	1.382	85.17	10.07	2.62
2012	1.432	85.15	10.39	3.13
2013	1.449	84.97	10.63	3.31
2014	1.419	84.29	10.80	3.41
2015	1.465	83.70	9.92	3.16
2016	1.505	82.63	8.53	3.02

　　观察表 8.11 中的数据发现，浙江电气机械和器材制造业区位商的变化具有一定的周期性，但总体趋势基本呈波动增大的发展态势，由 2000 年的 1.372 增加到了 2016 年的 1.505，说明集聚度是在逐步提高的，这与江苏的变化类似。产值生产成本率的变化呈先波动上升而后又波动下降的发展变化趋势，由 2000 年的 82.02% 增加到了 2005 年的 86.93%%，最后下降到了 2016 年的 82.63%，与初始年份的数值基本相当。产值交易成本率呈波动下降的发展态势，由 2000 年的 12.65% 下降到了 2016 年的 8.53%。就产值税负水平而言，呈先下降而后又上升的发展趋势，即先由 2000 年的 3.64% 下降到了 2011 年的 2.62%，然后又逐步上升到了 2016 年的 3.02%。

　　就近年来各地区的表现看，比较表 8.7、表 8.9 和表 8.11 发现：第一，江苏电气机械和器材制造业的区位商最高，其次是浙江，最低的是上海；第二，产值生产成本率也是江苏最高，浙江次之，上海最低；第三，产值交易成本率上海最高，江苏最低，浙江居中；第四，产值税负率江苏最高，浙江次之，上海最低。

经计算，得到浙江电气机械和器材制造业区位商与产值生产成本率、产值交易成本率和产值税负率的相关系数及其显著性，如表 8.12 所示。

表 8.12　浙江电气机械和器材制造业区位商与生产成本、交易成本、税负的相关性检验

指标	检验指标	RPCGOV（产值生产成本率）	RTCGOV（产值交易成本率）	RTTGOV（产值税负率）
LQ（区位商）	相关系数	−0.465	−0.207	0.444
	显著性	0.060	0.425	0.074

由表中数据可以看出，浙江电气机械和器材制造业区位商与产值生产成本率之间的相关系数为 −0.465，与产值交易成本率之间的相关系数为 −0.207，与产值税负率之间的相关系数为 0.444。检验结果表明，三个相关系数在 5% 的水平上均不是显著的，但第一个和第三个相关系数在 10% 的水平上是显著的。这在一定程度上也能说明，随着浙江电气机械和器材制造业集聚度的提高，产值生产成本率是下降的而产值税负率是上升的，说明浙江电气机械和器材制造业的协同集聚水平还不够好。

本章小结

本章主要对长三角各地区内部制造业的协同集聚问题进行考察。对协同集聚的内涵进行了深入剖析，对现有测度产业协同集聚的方法进行了梳理，选择从分割集聚视角分析各地区内部制造业是否存在协同集聚。基于集聚应有效应的分析，选择了度量分割集聚的指标，并详细介绍了指标的量化方法。基于相关统计数据，计算了长三角各地区制造业各行业的区位商、产值生产成本率、产值交易成本率、产值税负率等指标，并从横向和纵向角度分析了长三角制造业集聚水平与生产成本率、产值交易成本率、产值税负率的关系，并由此得出是否存在协同集聚的判断。结果表明，从

横向看，浙江与上海制造业相关行业的协同集聚水平较高，而江苏制造业相关行业的协同集聚水平要逊色不少。从纵向看，以电气机械和器材制造业为对象的考察发现，上海、浙江电气机械和器材制造业存在分割集聚现象，协同集聚水平较差，而江苏电气机械和器材制造业具有较好的协同集聚性。

第九章

长三角地区间制造业协同集聚与低端同构的关系分析

上一章以成本分析为主要手段，从分割集聚视角切入，对长三角各地区内部的制造业协同集聚问题进行了横向和纵向考察。在此基础上，本章将对长三角地区间制造业协同集聚与低端同构之间的关系问题分析，意在厘清二者之间的动态关系并为后续分析奠定基础。

第一节　相关研究的简单回顾

在梳理产业集聚与产业同构研究之前，有四个词即集中、集聚、协同集聚和集群的关系有必要先界定清楚。依据《现代汉语词典》的释义，集中有两层含义，一是指把分散的人、事物、力量等聚集起来；二是指把意见、经验等归纳起来。依据产业组织理论，产业集中是指在某一产业中，整个产业发展出现由少数企业支配或主导的现象，其表征的是市场竞争或垄断的程度。集聚是指集合、聚合之意。产业集聚是指各种与产业相关联的生产要素、经济活动在一定地理空间上不断集中或聚合的过程。可见，一方面，产业集中在一定程度上是形成产业集聚的前提和基础，另一方面，产业的集中与集聚之间存在彼此促进的关系。而协同集聚是集聚发展的高级阶段，同时也是高度集中的一种现象。因为，产业协同集聚的含义就是产业在一定的地理空间范围内高度集中或集聚的一种状态。集群是指通过集中或集聚形成的群体。产业集群是指在一定的地理空间范围内，某一特定产业领域中具有关联性的企业和机构集聚在一起所形成的具有特定功能的集聚现象。由此，一般情况下可以有这样的理解，即产业集中是形成产业集聚的基础，而产业集聚又是形成产业集群的基础。基于以上概念的梳理，下面着重从产业集聚与产业同构的关系研究、产业集群与产业同构的关系研究两方面进行文献综述。

一、产业集聚与产业同构关系的研究梳理

李光（2001）以我国世纪之交出现的"光谷热"现象为切入点，分析了武汉东湖高新技术产业的发展状况，认为产业的集聚与同构同时存在。为此，应当高度重视和着力避免发展中出现的同构化风险，进一步提高高新技术产业的技术集中度和行业集中度。蒋金荷（2005）以高技术产业为对象，分析了其集聚与同构的关系。结果表明，从 20 世纪 90 年代中期到 21 世纪初，中国高技术产业的集聚度和专业化水平在不断提高，而同构度在不断下降，二者呈反向变化关系。陈建军等（2007）通过分析长三角制造业的集聚特征发现，该区域的制造业集聚是在基于比较优势基础上产生的竞争优势而形成的，同时源于发展基础、地理条件和改革特征等多种相似性，长三角制造业集聚的内容主要表现为产业的同构，而且这种产业同构并没有引发明显的重复建设和恶性竞争①。高杰等（2008）对长三角制造业从改革开放到 21 世纪初这一时段内的结构变化进行了考察，并利用时间序列分析方法对产业集聚与产业同构的关系进行了分析，结果表明在制造业集中度下降的同时，同构度是上升的，存在显著的负相关关系。由此表明，随着制造业同构度的增加，产业集聚度在下降，这不仅会影响产业竞争力的提升，也会影响到长三角产业的一体化发展②。范剑勇（2011）以县级经济体为研究对象，利用行业基尼系数和胡佛系数对制造

---

① 陈建军，胡晨光. 长三角的产业集聚及其省区特征、同构绩效——一个基于长三角产业集聚演化的视角 [J]. 重庆大学学报（社会科学版），2007（04）：1 – 10.

② 高杰，王志华. 长三角制造业同构与集中的动态关系分析 [J]. 经济问题，2008（12）：49 – 51.

业的空间集聚状况进行了分析。结果表明，在县级层面制造业的行业分布并不均衡，地方专业的发展趋势比较明显，由此认为，长期以来学界所言的制造业同构现象并不存在①。王玉燕等（2012）通过分析21世纪头十年中部地区工业结构的变化表明，集中度有所提高，专业水平有所下降，同构度仍然处于高位，表明优化结构和促进转型升级的任务依然繁重②。李文秀等（2012）的研究表明，虽然行业间有差异，但服务业在整体上表现了集聚发展的趋势，并且极有可能是由彼此间的横向联系与溢出效应引发的。同时服务业也出现了地区间的趋同，地区间的追赶效应很可能是其形成原因③。余欲飞（2013）的分析研究表明，产业集聚与产业同构之间是同向的变化关系④。但熊玮（2016）以我国各地区制造业各行业从业人员数据为基础通过分析发现，随着行业集聚和专业化水平的提升，区域间出现了结构趋异的发展态势，即行业集聚与行业同构存在反向关系⑤。吴航（2017）利用空间计量经济学方法，分析了我国地区间经济增长过程中存在的集聚与趋同现象。结果显示，地区间经济增长存在一定的集聚现象，而且有日益强化的趋势，同时地区间经济增长也存在明显的趋同趋势，即集聚与趋同是同时存在的⑥。刘素丹（2018）基于对河南省县级经济体的分析表明，该地区存在着较为稳健的区域集聚现象和较为明显的区域趋同效应⑦。彭博等（2018）以沪深两市A股上市公司的数据为基础，以客户

① 范剑勇，姚静．对中国制造业区域集聚水平的判断——兼论地区间产业是否存在同构化倾向 [J]．江海学刊，2011（05）：89－94＋238－239．
② 王玉燕，林汉川．中部地区工业结构：集中、同构及其专业化 [J]．湖南社会科学，2012（06）：103－105．
③ 李文秀，李勇坚，罗春燕．中国区域间服务业发展趋同还是集聚——基于省级分行业投资效率面板数据的研究 [J]．宏观经济研究，2012（08）：69－74＋87．
④ 余欲飞．产业集聚、地区专业化与结构趋同的实证研究 [D]．浙江财经学院，2013：45．
⑤ 熊玮．我国制造业集聚、地区专业化与区域产业结构差异化的实证研究 [D]．浙江财经大学，2016：42－43．
⑥ 吴航．基于空间计量分析的省域经济增长集聚与趋同研究 [D]．安徽大学，2017：56－57．
⑦ 刘素丹．基于空间权值数据的区域经济集聚与趋同探讨 [J]．商业经济研究，2018（16）：150－152．

集中度为影响变量，分析了环境不确定性与投资趋同现象之间的关系。结果表明，对于客户集中度高的公司，环境不确定性与投资趋同之间存在显著的负相关关系①。

二、产业集群与产业同构关系的研究梳理

朱方伟等（2004）将高新技术产业集群的发展分为四个阶段，即孵化阶段、发育阶段、繁衍阶段和衰退阶段。并对每个阶段可能存在的风险进行了识别，结果发现尤其在孵化阶段，由于地区间产业政策的趋同性，可能会导致高新技术产业集群之间的同构性，而这个阶段所形成的同构性，会形成低水平重复的产业布局风险并可能影响向产业的后续发展②。也有观点认为，我国早期形成的产业集群多数是同构型产业集群，集中表现为产品、模式、销售等方面的同构。随着竞争环境的变化，必须基于结构竞争力与要素竞争力的协同，将集群内部的同构逐步向差异化转变③。张慧等（2016）持有类似观点，认为在长三角等地形成的产业集群，不论在发展战略上还是在生产模式上，都表现出了一定的同构性。通过进一步的论证发现，这种同构性的形成不是企业追求竞争力提升的结果，而是制度环境约束下企业组织同构导致的④。陈跃刚等（2008）把一定地理范围内城市群的产业集群称为广域集群，并认为这是一种不完全集聚状态的产业集群，而其形成的原因就是城市群内部的产业同构。因为，一定程度上的产业同构，不仅能形成彼此间的竞争，也能促进城市间的经济联系。缘于此，广域产业集群也是孵化世界级企业和孕育世界级产业的必要基础⑤。

---

① 彭博，王满，马勇. 客户集中度、环境不确定性与投资趋同 [J]. 现代财经（天津财经大学学报），2018，38（08）：16－30.

② 朱方伟，王莉莹，王国红. 基于成长特性的高新技术产业集群风险研究 [J]. 研究与发展管理，2004（04）：8－13.

③ 本刊编辑部. 打破"集群同构"呼唤开放心态 [J]. 中国制衣，2007（09）：36－38.

④ 张慧，周丹. 制度环境与产业集群的组织同构——基于浙江省产业集群的实证分析 [J]. 浙江学刊，2016（04）：184－192.

⑤ 陈跃刚，吴艳，高汝熹. 广域集群：世界级产业和企业的孵化器 [J]. 经济问题探索，2008（07）：126－129.

李娜（2010）较为系统地分析了产业集群与产业趋同之间的关系，认为二者是既有明显区别，又有密切联系的经济现象。一方面，其区别表现在：产业集群强调的是集群内企业间的功能联系，而产业趋同是产业结构逐步趋向于相近的一个过程。另一方面，其联系表现在：产业趋同有可能是产业集群形成前期的一种形态，也可能是广域上产业集聚的一种表现，这也是为什么在长三角地区产业结构趋同与产业集群同时存在的原因①。李超（2014）以中关村软件园企业创新联盟为例，研究了集群式创新趋同行为。结果表明，集群内的企业通过不断强化强制性、模仿性和规范性趋同行为，最终导致创新的趋同。对此，政府的产业政策因当注重引导集群内的企业尤其是大企业实施差异化创新，并逐步带动整个集群实现转型升级②。孙巍（2010）的分析表明，我国地区间制造业结构演变并没有表现出一致的收敛趋同性，正是缘于此，才出现了地区间产业的集群化发展态势③。

三、现有研究的简单评价

由以上研究的梳理发现，第一，在现有不论是关于产业集聚与产业同构关系的研究，还是关于产业集群与产业同构关系的研究，并没有形成一致结论。有学者认为，产业集聚或产业集群是产业同构的产物，产业集聚与产业同构存在相互促进关系，二者是一个事物的两个方面；也有学者的研究结果表明，产业集聚与产业同构是此消彼长的关系，随着产业集聚水平的提高，产业同构度是下降的，要提高产业集聚发展水平，形成集群化发展态势，必须降低产业同构水平。第二，不论对产业集聚与产业同构关系持何种认识观点，现有文献在分析二者关系时，从现象的内涵出发进行系统化的量化分析还不深入，还有进一步深化的空间。还有相当一部分的

① 李娜. 基于集群效应的产业趋同评价 ［J］. 商业研究，2010（08）：50－53.
② 李超. 合法性机制约束下高新技术企业集群式创新趋同行为研究——以中关村软件园为例 ［J］. 科技进步与对策，2014，31（14）：71－74.
③ 孙巍，李菁. 我国制造业区域产业结构的收敛性研究 ［J］. 经济管理，2010，32（03）：46－54.

文献是基于定性推理来论证二者关系的，结论很可能受到质疑。事实上，产业集聚或产业集群一般是指在某一地区内的产业集中或产业集聚现象，而产业同构多是指地区间产业结构的相似程度。一个衡量的是地区内产业发展的空间状态，一个衡量的是地区间产业发展的结构状态，若不加以区分，直接进行相关性分析或推理性分析，存在研究空间上不一致或对等的现实困境，很难得到令人信服的结论。第三，在目前的研究中，很少见到有关于产业协同集聚与产业同构关系分析的文献，在近年来产业协同集聚成为产业经济学领域研究热点之一的大背景下，这不得不令人感到奇怪。笔者认为，其背后可能的原因是，关于产业的协同集聚的研究目前仍然主要集中于某一地区范围内产业内部行业的协同集聚研究和产业间协同集聚的研究上，比如制造业与生产性服务业协同集聚的研究，很少涉及地区间产业协同集聚的分析。当然，正是以上这些问题的存在，为本研究的开展提供了空间。

第二节　产业协同集聚测度与关系分析方法选择

既然要分析产业协同集聚与产业低端同构的关系，那么首先就需要对协同集聚水平与产业同构水平进行测度，这就涉及了测度方法的选择问题。

一、地区间产业协同集聚测度方法构造

关于产业同构的测度方法，使用本报告第三章中提出的结构重合度指数。为方便观察和使用，列示如下：

$$SSI_{ijt} = \sum_{k=1}^{m} \min(X_{itk}, X_{jtk}) \tag{9.1}$$

t 为时期，i、j 为被测度的两个地区，k（$k = 1, 2, \cdots, m$）为两个地区制造业所包含的某一行业，m 为制造业所包含的行业数，其余详细含义

与第三章第三节中的介绍相同。

实际上，通过式（9.1）测度的是两个地区间同一类产业的同构度，这是必须要明确的基本思想。因为，对产业协同集聚的测度必须与对产业同构度的测度相对等，即也应当是测度两个地区间同一类产业的协同集聚度，而不是别的，否则对其关系的分析将无从谈起。而由第六章中对产业协同集聚测度方法的梳理发现，现有方法中，要么是关于一个地区产业内部行业协同集聚的测度方法，如埃里森和格莱泽（Ellison and Glaeser）最初提出的协同集聚度指数，要么是关于一个地区内部两个产业的协同集聚指数，如埃里森和格莱泽（Ellison and Glaeser）改进指数以及陈国亮等（2012）、杨仁发（2013）、陈建军等（2016）等提出的协同集聚指数等。尤其测度一个地区内部两个产业间的协同集聚指数，被广泛地应用于制造业与生产性服务业协同集聚的分析研究中。既然现有测度方法与本研究要测度的协同集聚内涵不一致，不能直接应用，那么就需要对现有方法进行适当修正，构建可以测度地区间产业协同集聚的指数。基本思路是，对陈建军等（2016）提出的产业协同集聚指数进行改造，构造地区间产业协同集聚的指数：

$$XTJ_{ijt} = \left[1 - \frac{|LQ_{itl} - LQ_{jtl}|}{|LQ_{iml} + LQ_{jml}|} \right] + [LQ_{itl} + LQ_{jtl}] \tag{9.2}$$

式中，i、j 为被测度的两个地区，l 为两个地区均拥有的某一或某一类产业，t 为时期，XTJ_{ijt} 为地区间产业协同集聚指数，LQ_{itl}、LQ_{jtl} 分别为 i 地区、j 地区 l 产业在 t 时期的区位商。与式（8.8）对比发现，虽然在形式上很相似，但在内涵上已经发生了变化，将测度一个地区内部两个产业间协同集聚水平的指数，改变为了测度两个地区间同一产业协同集聚水平的指数。

二、地区间产业协同集聚与低端同构关系分析的方法选择

本章将对长三角地区间制造业协同集聚与低端同构的关系进行分析，由于是面板数据，所涉及的具体分析方法和流程如下。

　　首先对产业协同集聚水平与低端同构水平数据进行统计学上的分析，以便对数据形成初步认识。然后对数据之间的相关性进行检验，以确定变量之间关系密切程度，最后对变量进行回归分析，形成对二者关系的数量性考察。对于面板数据而言，为避免谬误回归结果的产生，回归分析之前还需要对数据的平稳性进行检验。若面板数据是平稳的则可以进行回归，若不平稳，则还需要对数据进行协整检验，若通过协整检验，则可以进行回归分析。回归分析之后，为明确长三角制造业协同集聚与低端同构之间的因果关系，还需要进行因果检验分析。

　　对于面板数据平稳性检验，一般使用单位根检验方法。其基本原理如下：

　　考虑面板数据一阶自回归过程：

$$y_{it} = \rho_i y_{it-1} + \delta_i x_{it} + \varepsilon_{it} \tag{9.3}$$

　　式中，i 为截面数或个体数，t 为时期，x_{it} 为外生变量，ρ_i 为自回归系数，ε_{it} 为相互独立的特异性干扰项。如果 $|\rho_i| < 1$，可以认为被检验变量是平稳的，若 $|\rho_i| \geqslant 1$，认为被检验变量存在单位根，是不平稳的。同时，由于数据中有不同截面的存在，那么就可能出现两种假设，一是假设所有截面的 ρ_i 是相同的，二是假设不同截面的 ρ_i 是不相同的，由此就形成了不同的检验形式。LLC（Levin，Lin and Chu，2002）检验方法[1]、Breitung（2000）检验方法[2]以及 Hadri（2000）检验方法[3]均采用的是第一种形式，IPS（Im，Pesaran and Shin，2003）检验方法[4]、Fisher – ADF 检验方法以

① Levin A，Lin C F and Chu C. Unit Root Tests in Panel Data：Asymptotic and Finite – Sample Properties［J］. Journal of Econometrics，2002，108：1 – 24.

② Breitung，Jörg. The Local Power of Some Unit Root Tests for Panel Data，in B. Baltagi（ed.），Advances in Econometrics，Vol. 15：Nonstationary Panels，Panel Cointegration，and Dynamic Panels，Amsterdam：JAI Press，2000：161 – 178.

③ Hadri，Kaddour. Testing for Stationarity in Heterogeneous Panel Data［J］. Econometric Journal，2000，3：148 – 161.

④ Im K S，Pesaran M H and Shin Y. Testing for Unit Roots in Heterogeneous Panels［J］. Journal of Econometrics，2003，115：53 – 74.

及 Fisher – PP① 检验方法采用的是第二种形式。

当然，不论是何种检验形式，都是将式（9.3）变为增广迪基 – 富勒检验（ADF，Augented Dickey – Fuller Test）形式：

$$\Delta y_{it} = \alpha y_{it-1} + \sum_{j=1}^{p_i} \beta_{ij}\Delta y_{it-j} + \delta x'_{it} + \varepsilon_{it} \tag{9.4}$$

然后在不同的原假设和备择假设条件下，进行单位根检验，以上几种方法的检验的基本特征如表9.1所示。

表9.1　各种单位根检验方法的基本特征

检验方法	原假设	备择假设	可接受的确定项	自相关修正方法
LLC	存在单位根	不存在单位根	无外生变量；固定效应；个体效应和个体趋势	滞后项
Breitung	存在单位根	不存在单位根	无外生变量；固定效应；个体效应和个体趋势	滞后项
IPS	存在单位根	部分截面有约束	固定效应；个体效应和个体趋势	滞后项
Fisher – ADF	存在单位根	部分截面有约束	无外生变量；固定效应；个体效应和个体趋势	滞后项
Fisher – PP	存在单位根	部分截面有约束	无外生变量；固定效应；个体效应和个体趋势	核函数
Hadri	不存在单位根	存在单位根	固定效应；个体效应和个体趋势	核函数

若单位根检验发现数据不平稳，那么还需要对数据进行协整检验，因为对于面板数据而言，只有平稳的或是具有协整关系时，回归才可靠。协整检验的基本思想如下：

① Perron, Pierre. The Great Crash, the Oil Price Shock, and the Unit Root Hypothesis ［J］. Econometrica, 1989, 57: 1361 – 1401.

考虑如下 $n+1$ 维的时间序列协整方程①：

$$y_{it} = x_{it}'\beta + D_{1it}'\gamma_{1i} + \mu_{1it} \tag{9.5}$$

$$D_{it} = (D_{1it}', D_{2it}')'$$

式中，i、t 的含义同式（8.3），D_{it} 为确定性趋势回归因子，n 为随机回归因子，由下式决定：

$$X_{it} = \Gamma_{21i}'D_{1it}' + \Gamma_{22i}'D_{2it}' + \varepsilon_{2it} \tag{9.6}$$

$$\Delta\varepsilon_{2it} = \mu_{2it}$$

D_{1it} 既出现在了协整方程中，又出现在回归方程中，而 D_{2it} 仅出现在回归方程中，并没有纳入协整方程中。

定义截面误差的长期协方差矩阵②：

$$\mu_{it} = (\mu_{1it}, \mu_{2it}')'$$

该矩阵具有严格的平稳性和零均值遍历性。定义同期的协方差矩阵为 Σ_i，单侧长期协方差矩阵为 Λ_i [$\Lambda = E(\Lambda_i)$]，长期协方差矩阵为 Ω_i [$\Omega = E(\Omega_i)$]：

$$\Sigma_i = E(\mu_{it}\mu_{it}') = \begin{bmatrix} \sigma_{11i} & \sigma_{12i} \\ \sigma_{21i} & \Sigma_{22i} \end{bmatrix} \tag{9.7}$$

$$\Lambda_i = \sum_{j=0}^{\infty} E(\mu_{it}\mu_{it-j}') = \begin{bmatrix} \lambda_{11i} & \lambda_{12i} \\ \lambda_{21i} & \Lambda_{22i} \end{bmatrix} \tag{9.8}$$

$$\Omega_i = \sum_{j=0}^{\infty} E(\mu_{it}\mu_{it-j}') = \begin{bmatrix} \omega_{11i} & \omega_{12i} \\ \omega_{21i} & \Omega_{22i} \end{bmatrix} = \Lambda_i + \Lambda_i' - \Sigma_i \tag{9.9}$$

在假设截面误差项是独立分布的基础上，基于上述基本模型，就可以

---

① Hansen, Bruce E. Efficient Estimation and Testing of Cointegrating Vectors in the Presence of Deterministic Trends [J]. Journal of Econometrics, 1992, 53: 87 – 121.

② Phillips, Peter C B and Moon H R. Linear Regression Limit Theory for Nonstationary Panel Data [J]. Econometrica, 1999, 67: 1057 – 1111.

基于完全修正最小二乘法（FMOLS）[1] 和动态最小二乘法（DOLS）[2] 定义协整关系系数 β 的面板估计量，并进行检验。正因为上述模型是基础性模型，具体执行过程中，面板估计量可能有多种变化形式，这既与数据面板结构设定有关，也与长期协方差的设定有关。

　　数据若通过协整检验，就可以选择合适的形式进行回归分析。在回归分析之后还可以进一步进行因果关系检验，以便从统计学意义上厘清变量之间可能存在的引致关系。面板数据因果检验的基本模型如下[3]：

$$y_{i,t} = \alpha_{0,i} + \sum_{k=1}^{K} \alpha_{k,i} y_{i,t-k} + \sum_{k=1}^{K} \beta_{k,i} x_{i,t-k} + \varepsilon_{i,t} \tag{9.10}$$

$$x_{i,t} = \alpha_{0,i} + \sum_{k=1}^{K} \alpha_{k,i} x_{i,t-k} + \sum_{k=1}^{K} \beta_{k,i} y_{i,t-k} + \varepsilon_{i,t} \tag{9.11}$$

　　式中，i、t 含义同上；k 为滞后阶数，$k = 1, 2, \cdots, K$。模型的基本原理是，当在 $y_{i,t}$ 的自回归模型中，纳入 $x_{i,t}$ 的滞后值后能显著地提高模型的预测能力，则称 $x_{i,t}$ 是 $y_{i,t}$ 的原因，反之亦然。

　　同时，当把面板数据看作是堆叠数据集，且假设 α 和 β 不随截面的变化而变化，即：

$\alpha_{0,i} = \alpha_{0,j}$, $\alpha_{1,i} = \alpha_{1,j}$, $\cdots$, $\alpha_{k,i} = \alpha_{k,j}$;

$\beta_{0,i} = \beta_{0,j}$, $\beta_{1,i} = \beta_{1,j}$, $\cdots$, $\beta_{k,i} = \beta_{k,j}$;

$\forall i, j$

此时对上述模型进行检验，实际上就是格兰杰因果检验。

　　而如果认为 α 和 β 是随截面的变化而变化的，即：

$\alpha_{0,i} \neq \alpha_{0,j}$, $\alpha_{1,i} \neq \alpha_{1,j}$, $\cdots$, $\alpha_{k,i} \neq \alpha_{k,j}$;

$\beta_{0,i} \neq \beta_{0,j}$, $\beta_{1,i} \neq \beta_{1,j}$, $\cdots$, $\beta_{k,i} \neq \beta_{k,j}$;

① Pedroni, Peter. Fully Modified OLS for Heterogeneous Cointegrated Panels, in Baltagi B H. ed., Nonstationary Panels, Panel Cointegration and Dynamic Panels, 15, Amsterdam: Elsevier, 2000: 93 – 130.

② Pedroni, Peter. Purchasing Power Parity Tests in Cointegrated Panels [J]. The Review of Economicsand Statistics, 2001, 83: 727 – 731.

③ Granger C W J. Some aspects of causal relationships [J]. Journal of Econometrics, 2003, 112: 69 – 71.

$\forall i,j$

那么可用 Dumitrescu – Hurlin 方法进行因果关系检验[①]。

第三节　长三角地区间制造业协同集聚
与低端同构的关系分析

由于第三章中已经对长三角制造业的低端同构水平进行过测度，因此本部分内容中首先对长三角地区间制造业的协同集聚水平进行测度，然后分析其相互关系。

一、长三角地区间制造业协同集聚水平测度

在利用式（9.2）进行长三角制造业协同集聚水平测度前，首先需要解决的问题就是计算长三角制造业的区位商。由于这里需要计算的是制造业整体的区位商，而不是单个制造业行业的区位商，因此在指标与数据的选择上就与上一章不完全一致。既然要计算制造业整体的区位商，那么我们就把制造业整体看作整个国民经济中的一个大产业，但计算的指标不宜再选择总产值指标，因为制造业作为工业的主要组成部分有其特殊性，通常用总产值或主营业务收入表征其产出水平，但对于其他各次产业而言，有的并没有用总产值来表征其产出能力。基于此，在本部分计算区位商时，选择的测度指标是从业人数。同时考虑与上一章的一致性和区位商测度的合理性，背景区域仍然选择的是全国。

具体过程是：通过中国统计年鉴和长三角各地区的统计年鉴，获得历年全国以及长三角两省一市各次产业的从业人数和制造业的从业人数，然后计算得到各地制造业的区位商，结果如图9.1所示。

---

① Dumitrescu E I, Hurlin C. Testing for Granger non – causality in heterogeneous panels ［J］. Economic Modelling, 2012, 29：1450 – 1460.

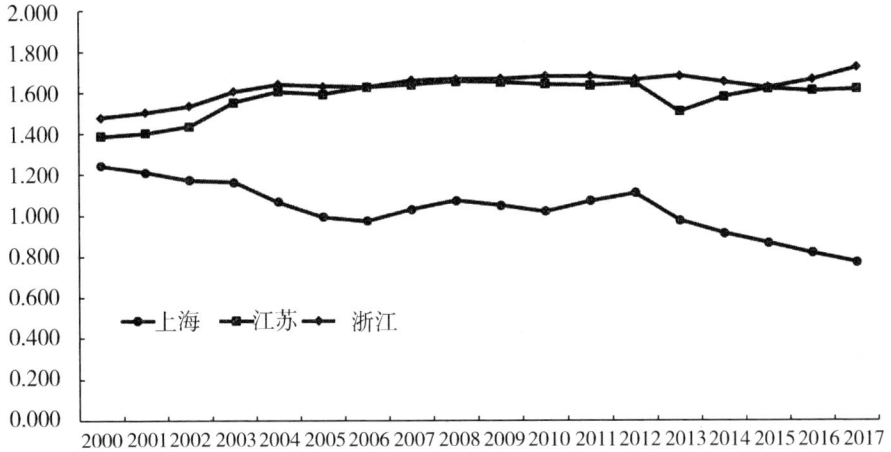

图9.1 2000—2017年长三角各地制造业区位商

观察图9.1可以发现，历年来上海制造业的区位商最低，江苏与浙江制造业的区位商基本接近，浙江略高。上海制造业的区位商总体上呈波动下降趋势，由2000年的1.243下降到了2017年的0.773。尤其2012年之后，上海制造业的区位商呈快速下降的走势，并跌破标志地方专业优势存在与否的1。而江苏和浙江制造业的区位商呈波动上升的态势，分别由2000年的1.389和1.479增加到了2017年的1.618和1.724。之所以会产生这样的结果，与三个地区发展定位与发展路径存在密切关系。上海的发展定位是建成具有全球影响力的科技创新中心，而江苏和浙江产业发展的定位均是全球产业技术创新中心和先进制造业基地。发展程度的不同和定位的不同，自然会反映到制造业上来。

基于计算得到区位商，利用式（9.2）分别计算长三角地区间制造业协同集聚水平，结果如表9.2所示。

表9.2 2000—2017年长三角制造业协同集聚水平

年份	上海与江苏	上海与浙江	江苏与浙江	长三角平均
2000	3.577	3.635	3.837	3.683
2001	3.541	3.608	3.874	3.674
2002	3.509	3.576	3.940	3.675

年份	上海与江苏	上海与浙江	江苏与浙江	长三角平均
2003	3.574	3.611	4.144	3.776
2004	3.474	3.499	4.238	3.737
2005	3.356	3.384	4.215	3.652
2006	3.351	3.353	4.257	3.654
2007	3.443	3.457	4.295	3.732
2008	3.516	3.524	4.319	3.786
2009	3.478	3.491	4.314	3.761
2010	3.430	3.459	4.311	3.733
2011	3.500	3.532	4.303	3.778
2012	3.566	3.577	4.308	3.817
2013	3.270	3.392	4.137	3.600
2014	3.228	3.280	4.212	3.573
2015	3.183	3.188	4.244	3.538
2016	3.104	3.143	4.259	3.502
2017	3.038	3.116	4.311	3.488

由表9.2可以看出，上海与江苏制造业、上海与浙江制造业的协同集聚度是波动下降的，分别由2000年的3.577和3.635下降到了2017年的3.038和3.116，而江苏和浙江制造业的协同集聚水平是波动上升的，由2000年的3.837，一路上升到了4.311。之所以会出现这样的变化，是缘于各地制造业区位商的不同变化趋势而形成的。前已述及，2000—2017年，上海制造业的区位商是下降的，而江苏与浙江制造业的区位商是上升的，明确了各地区位商的变化趋势，就不难理解地区间制造业协同集聚水平出现的不同变化状态了。

二、长三角地区间制造业协同集聚与低端同构的关系分析

表9.3显示了2000—2017年长三角地区间制造业协同集聚水平与同构水平的统计学数值，包括最大值、最小值、均值和中位数。

表9.3 2000—2017 年长三角地区间制造业协同集聚水平与同构水平的统计学描述

指标	上海与江苏		上海与浙江		江苏与浙江	
	协同集聚水平	同构水平	协同集聚水平	同构水平	协同集聚水平	同构水平
最大值	3.577	0.806	3.635	0.727	4.319	0.847
最小值	3.038	0.696	3.116	0.659	3.837	0.756
均值	3.396	0.754	3.435	0.675	4.195	0.793
中位数	3.459	0.760	3.475	0.670	4.251	0.785

由表中的数据可以看出，就制造业协同集聚水平而言，不论哪个指标，总是江苏与浙江之间的数值最大，上海与浙江之间的数值居中，而上海和江苏之间的数值最小。就制造业同构水平而言，江苏与浙江之间的数值也是最大的，居中的是上海与江苏之间的数值，最小的是上海与浙江之间的数值。

在对数据进行统计学上的初步考察后，我们对数据之间的相关性进行分析，以为后续的分析提供指引。表9.4 显示了长三角地区间制造业协同集聚水平与同构水平之间的相关性的检验结果。

表9.4 长三角地区间制造业协同集聚水平与同构水平之间的相关性检验

指标	检验指标	长三角制造业同构水平	上海与江苏制造业同构水平	上海与浙江制造业同构水平	江苏与浙江制造业同构水平
长三角制造业协同集聚水平	相关系数	0.613			
	显著性	0.000			
上海与江苏制造业协同集聚水平	相关系数		0.645		
	显著性		0.004		
上海与浙江制造业协同集聚水平	相关系数			0.489	
	显著性			0.039	
江苏与浙江制造业协同集聚水平	相关系数				− 0.823
	显著性				0.000

观察表中的数据可以发现，若对面板数据进行相关性检验发现，长三

角制造业协同集聚水平与制造业同构水平之间的相关系数为 0.613，具有非常高的检验显著性，表明二者之间存在显著的正相关关系。若分别对时间序列数据进行检验，结果表明，上海与江苏制造业协同集聚水平与同构水平之间的相关系数为 0.645，在 1% 的水平上是显著的，也就说上海与江苏制造业协同集聚水平与同构水平之间存在显著的正相关关系。上海与浙江制造业协同集聚水平与同构水平之间的相关系数为 0.489，在 5% 的水平上是显著的，也就说上海与浙江制造业协同集聚水平与同构水平之间存在显著的正相关关系。江苏与浙江制造业协同集聚水平与同构水平之间的相关系数为 -0.823，显著性远远超过 1%，表明江苏与浙江制造业协同集聚水平与同构水平之间存在显著的负相关关系。

相关性检验之后，进行面板数据的单位根检验。假设分别用 "XT" 和 "TG" 表示制造业的协同集聚水平和同构水平，依据前述单位根检验的基本原理，利用相关软件，可以得到检验结果，如表 9.5 所示。

表 9.5 面板单位根检验结果

检验类型	XT				TG			
	Level		1st difference		Level		1st difference	
	Statistic	Prob.	Statistic	Prob.	Statistic	Prob.	Statistic	Prob.
LLC	-0.798	0.213	-4.939	0.000	-0.133	0.447	-4.794	0.000
Bruiting	-0.421	0.337	-4.639	0.000	0.167	0.566	-3.134	0.001
IPS	0.545	0.707	-2.561	0.005	-1.362	0.087	-3.583	0.000
Fisher – ADF	3.112	0.795	16.252	0.013	11.384	0.077	21.569	0.001
Fisher – PP	1.964	0.923	18.164	0.006	20.703	0.002	22.119	0.001

由表中的检验数据可以看出，不论是协同集聚水平，还是同构水平原始面板数据的检验结果表明存在单位根，是不平稳的，而一阶差分后检验的结果显示，拒绝原假设，不存在单位根，均是平稳的，也就是说两组面板数据虽然不平稳，但都是一阶单整的，因此可以进行协整检验，结果如表 9.6 所示。

表9.6　面板协整检验结果

检验类型	Statistic	Prob.	Weighted Statistic	Prob.
Panel v – Statistic	– 0.061	0.525	– 0.319	0.6252
Panel rho – Statistic	– 0.938	0.174	– 0.880	0.1894
Panel PP – Statistic	– 1.475	0.071	– 1.593	0.0556
Panel ADF – Statistic	– 1.791	0.037	– 2.005	0.0225

由表9.6的检验结果发现，在面板数据的四种检验类型中，有两种是显著的即二者之间存在协整关系。但也有两种形式的检验不显著，不能确认协整关系是否存在。为此，进一步进行 Johansen – Fisher 面板协整检验，结果见表9.7。

表9.7　Johansen – Fisher 面板协整检验结果

Hypothesized No. of CE（s）	Fisher Stat. (from trace test)	Prob.	Fisher Stat. (from max – eigen test)	Prob.
None	22.05	0.001	23.27	0.001
At most 1	5.49	0.483	5.49	0.483

由表9.7的检验结果发现，可以拒绝"没有协整关系"的假设，认为两组面板数据之间存在协整关系。同时，接受"至多只有一个协整关系"的假设，认为不存在多个协整关系。

尽管依据表9.6的检验结果不能确定长三角地区间制造业协同集聚与同构之间是否存在协整关系，但通过如表9.7的进一步的检验结果表明，长三角制造业协同集聚水平与同构水平之间存在协整关系，且只存在一个协整关系。

既然存在协整关系，那么就可以对二者进行回归分析。由于长三角各地之间制造业协同集聚水平与同构水平是有差异的，而变动趋势之间也是具有差异的，因此本报告将采用变系数模型进行回归分析。根据面板数据计量经济分析理论，变系数模型又可以分为固定效应模型和随机效应模型。通过豪斯曼（Hausman）检验，确定采用变截距固定效应模型。同时，有关研究也表明较变截距随机效应模型而言，变截距固定效应模型有着更好的拟合优度。以协同集聚水平为因变量，以同构水平为自变量，采用双对数模型进行归回，结果如表9.8所示。

表9.8 模型估计结果

Variable	Coefficient	Std. Error	t – Statistic	Prob.
C	1.413	0.056	25.438	0.000
SHJS – TG	0.686	0.186	3.688	0.001
SHZJ – TG	0.982	0.366	2.683	0.011
JSZJ – TG	− 0.978	0.276	− 3.543	0.001
Fixed Effects（Cross）				
SHJS – C	0.002			
SHZJ – C	0.205			
JSZJ – C	− 0.208			
Effects Specification				
Cross – section fixed（dummy variables）				
R – squared	0.898	Akaike info criterion		− 3.696
Adjusted R – squared	0.888	Durbin – Watson stat		1.697
F – statistic	84.717	Prob（F – statistic）		0.000

需要说明的是表中变量 SHJS、SHZJ 与 JSZJ 分别代上海与江苏、上海与浙江和江苏与浙江。由表中的数据可以看出，模型的 F 检验值为 84.717，表明整个方程的显著性水平远远超过了1%；判定系数 R^2、$\overline{R}^2$ 的值分别达到了 0.898 和 0.888，说明该模型具有很高的拟合优度；平均截距项和 SHJS、SHZJ 和 JSZJ 回归参数的 t 检验值分别为 25.438、3.688、2.683 和 −3.543，在1%的水平均是显著的。这些均表明，回归模型具有很高的显著性和很强的解释能力。

由回归估计得到的参数可以得出这样的结论：就上海与江苏制造业而言，协同集聚水平每增加一个百分点，它们之间的同构度就会增加 0.686个百分点。就上海与浙江制造业而言，协同集聚水平每增加一个百分点，它们之间的同构度就会增加 0.982 个百分点。比较发现，在协同集聚水平增长速度相同的条件下，上海与浙江制造业同构水平的增加速度要快于上海与江苏制造业同构水平的增加速度。就江苏与浙江制造业而言，协同集聚水平每增加一个百分点，它们之间的同构水平不仅没有随着上升，反而会下降 0.978 个百分点。这是一个很有趣的现象，即不论是上海与江苏，还是上海与浙江，制造业的协同集聚水平与同构水平之间是正向的变动趋势，而对于江苏与浙江，制造业的协同集聚水平与同构水平之间出现的是反向的变化趋势。这说明，地区间制造业协同集聚水平与同构水平之间的关系不能简单认为是正向的或是反向的，要具体问题具体分析。

　　虽然利用回归估计能够确定出长三角制造业协同集聚水平与同构水平之间的统计上的数量关系，但并不能反映二者之间的因果关系。事实上，从动态变化的角度看，厘清二者之间的因果关系，有助于明确彼此之间的影响。依据前述因果检验的原理，进行两组面板数据的因果检验，结果如表 9.9 所示。

表 9.9　格兰杰面板因果关系检验结果

Null Hypothesis	Lags：1		Lags：2		Lags：3	
	F – Statistic	Prob.	F – Statistic	Prob.	F – Statistic	Prob.
TG does not Granger Cause XT	5.064	0.029	2.420	0.099	1.182	0.329
XT does not Granger Cause TG	1.163	0.286	3.110	0.055	2.016	0.128

　　由表中的检验结果看出，在滞后一阶时，0.029 这个检验值在 5% 水平上是显著的，那么就可以拒绝原假设，认为同构是协同集聚的格兰杰原因。在滞后二阶时，0.099 和 0.055 虽然在 5% 的水平上不显著，但在 10% 的水平上是显著的，同理也可以拒绝原假设，认为二者之间有互为因果的关系。当滞后三阶以上，检验不再显著。根据"有就不能拒绝"的原则，可以认为，长三角制造业协同集聚与同构之间存在互为因果的关系，

即有相互引致的作用和效果。事实上，这正好印证了陈建军等学者的观点，制造业的同构是其协同集聚的主要内容。而其背后的原因在于，当相同或相近的产业分别集聚在两个地区时，不仅会带来协同集聚，同时也会带来同构度的增加，反过来也是如此。

第四节　对结果的分析与讨论

一、对地区间不同变化趋势的分析

以上分析表明，在长三角三个地区间，制造业协同集聚与低端同构的关系呈现出不同的变化趋势，即上海与江苏、浙江之间二者是正相关关系，而江苏与浙江之间二者是负相关关系。之所以会出现这样的结果，可能的原因笔者认为主要包括以下两个方面：

第一，随着上海极化效应的增强，制造业发展的定位也日益高端化，低端传统制造业逐步向江苏和浙江转移，从而腾挪出了更多空间发展高端制造业，与此同时江苏和浙江高端的人才和资本也出现了向上海转移的趋势，如图9.2所示。伴随此过程，上海与江苏、浙江之间在制造业上逐步形成了结构趋异，而这种结构上的趋异必然会带来集聚水平上的差异，进而会影响协同集聚水平的提升，甚至会造成协同集聚水平的下降，由此便形成了协同集聚与低端同构的同向变化关系。也就是说，伴随着近年来上海与江苏、浙江制造业低端同构水平的下降，协同集聚水平也出现了下降。

第二，江苏与浙江各地在奋力推进传统产业转型升级的同时，也都在依据自身优势与基础着力推进各类高端制造业的发展，尤其是特色制造业的发展。在此过程中，江苏与浙江彼此之间在各类产业、人才和资本等方面会自然而然形成双向流动，如图9.2所示。加之江苏和浙江与上海相比，具有地域范围大、产业门类齐全的特点，在竞争中更加容易形成协同

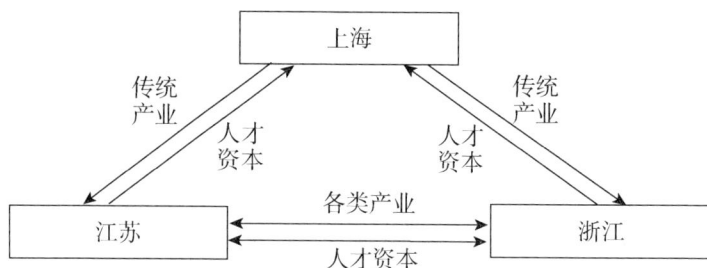

图9.2　长三角地区间制造业及要素流动示意图

化分工，进而促进产业协同集聚水平的提升和同构水平的下降，进而形成了制造业同构水平与产业集聚的反向发展趋势。

当然，更重要的是，鉴于在长三角中，上海制造业的规模与江苏和浙江相比相差很多，以2017年为例，上海制造业主营业务收入为3.63万亿元，而江苏和浙江制造业主营业务收入的总和为20.3万亿元，所以江苏和浙江制造业的协同集聚与低端同构水平的关系代表着整个长三角制造业协同集聚与低端同构的关系。

二、进一步的分析与讨论

为验证上述判断，首先单独对江苏和浙江制造业低端同构与协同集聚的关系进行回归分析。若以JSZJXT和JSZJTG分别代表江苏和浙江制造业的协同集聚水平和同构水平，回归结果如下。需要说明的是，在回归前对两个序列分别进行了平稳性的单位根检验，发现它们的原始序列均不平稳，但在一阶差分后都是平稳的，经协整检验发现，二者之间存在显著的协整关系。

$$JSZJXT_t = 8.167 - 5.011JSZJTG_t \tag{9.12}$$
$$t = (12.138) \quad (-5.906)$$
$$F = 34.881 \quad R^2 = 0.686 \quad \overline{R}^2 = 0.666$$

该模型F检验的值为34.881，整个方程的显著性水平超过了1%；常数项及JSZJTG回归参数的t检验值分别为12.138和-5.906，在1%的水平是显著的；判定系数R^2、$\overline{R}^2$的值分为0.686和0.666。这说明该模型具有较强的解释能力。但观察江苏和浙江制造业协同集聚水平与同构水平的散点图即图9.3发现，除对二者之间进行线性拟合外，若进行非线性拟合可能存在更好的拟合优度。为此，进行非线性的二次多项式非线性回归，结果如下：

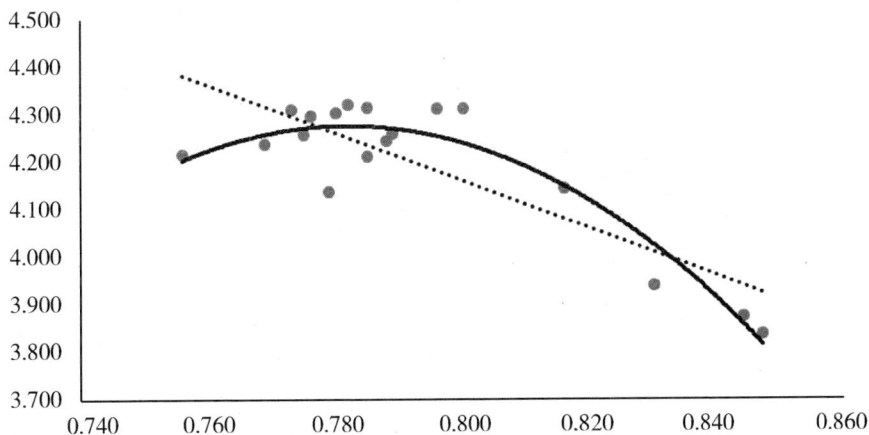

图9.3 江苏和浙江制造业协同集聚水平与同构水平的散点图

$$JSZJXT_t = -61.748 + 168.908JSZJTG_t - 108.029JSZJTG_t^2 \qquad (9.13)$$

$$t = (-4.473) \qquad (4.920) \qquad (-5.067)$$

$$F = 57.165 \qquad R^2 = 0.884 \qquad \overline{R}^2 = 0.869$$

观察发现，与前面线性回归结果相比，二次多项式回归不仅各项回归系数的显著性依然很高，而且整个方程的显著性也得到了提高，尤其拟合优度得到了显著提高，R^2、$\overline{R}^2$的值分为0.884和0.869。这表明江苏和浙江制造业协同集聚水平与同构水平之间更接近于"倒U形"关系。即随着同构水平由低到高的增长，协同集聚水平呈先上升后下降的变化趋势。既然江苏和浙江制造业协同集聚水平与同构水平代表着长三角的方向，为验证这样的判断，我们对长三角制造业平均的协同集聚水平和同构水平进行回归分析。

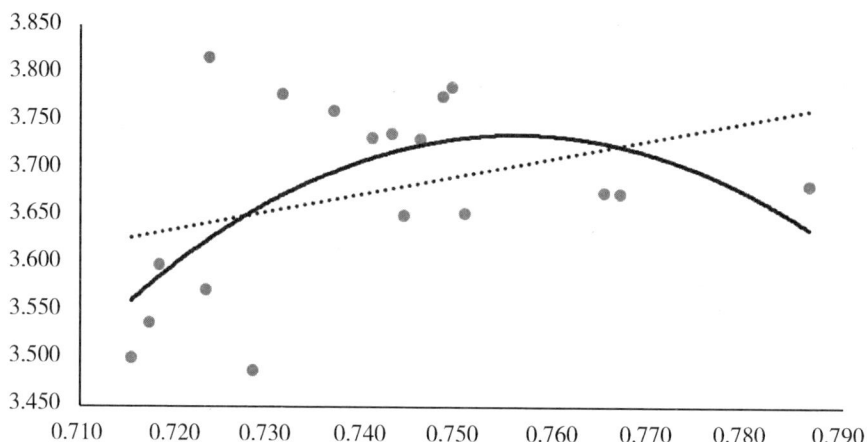

图9.4　长三角制造业平均协同集聚水平与同构水平的散点图

　　观察图9.4发现，以线性方式进行回归和以二次多项式方式进行回归，在结果上很可能存在较大差异，而二次多项式回归很可能在显著性和拟合优度上更胜于线性回归。若以 PJXT 和 PJTG 分别代表长三角制造业平均的协同集聚水平和同构水平，进行回归的比较如下：

$$PJXT_t = 2.229 + 1.952PJTG_t \qquad (9.14)$$

$$t = (2.459) \qquad (1.594)$$

$$F = 2.542 \quad R^2 = 0.137 \quad \overline{R}^2 = 0.083$$

线性回归结果显示，除常数项的检验值比较显著外，不论是整个方程的显著性，还是 PJTG 的回归参数，均不显著，且拟合优度很低。

$$PJXT_t = -57.958 + 163.302PJTG_t - 108.063PJTG_t^2 \qquad (9.15)$$

$$t = (-2.212) \qquad (2.326) \qquad (-2.298)$$

$$F = 4.252 \quad R^2 = 0.362 \quad \overline{R}^2 = 0.277$$

　　而以二次多项式形式的回归结果表明，拟合优度尽管还不够好，但已经增加了不少，且不论是整个方程，还是常数项，或是 PJTG 及其平方项的回归参数均在5%的水平上是显著的，说明二次多项式模型具有更好的拟合优度。同时，比较式（9.13）和式（9.15）发现，不论常数项还是各回归系数的数值都很接近，这就验证了前面关于江苏和浙江制造业协同集聚水平与同构水平的关系可以代表长三角制造业协同集聚水平与同构水平的关系的推断。

由上述分析发现，长三角制造业协同集聚水平与同构水平之间存在近似"倒U形"的关系，即随着长三角制造业同构水平由低到高的增长，协同集聚水平呈先上升后下降的变化趋势，计算发现，最高点是（0.756，3.736），即同构水平小于0.756时，随着同构水平的提高，协同集聚水平也会提高。当同构水平超过0.756后，随着同构水平的进一步提高，协同集聚水平反而会下降。目前长三角制造业平均的同构水平已经降到0.756以下，所以同构水平与协同集聚水平的关系处于"倒U形"的左侧，两者是正向的相关关系。

本章小结

基于对产业集聚与产业同构现有研究的简单梳理，指出了现有研究中存在的不足。借鉴有关产业协同集聚的研究，构建了测度地区间产业协同集聚的指数，并在获得相关数据的基础上，测度了长三角各地区间制造业协同集聚的水平。测度结果表明，上海与江苏、上海与浙江制造业之间的协同集聚水平呈波动下降发展变化趋势，而江苏与浙江之间，则呈现的是波动上升的趋势。就平均水平而言，长三角制造业协同集聚水平呈微有下降的发展趋势，协同集聚水平由2000年的3.683下降到了2017年的3.488。利用面板数据分析方法，对长三角地区间制造业协同集聚与低端同构之间的关系进行了分析。结果表明，上海与江苏、上海与浙江制造业的协同集聚水平与其低端同构水平之间是正相关关系，即随着同构水平的下降，协同集聚水平也在下降。而江苏与浙江制造业的协同集聚水平与低端同构水平之间是"倒U形"关系，即随着两地制造业同构水平的增长，协同集聚水平呈先上升后下降的发展趋势。同时，检验发现，长三角制造业协同集聚与低端同构之间存在互为因果的发展变化关系。如果考虑到规模的影响，江苏和浙江制造业所体现的协同集聚与低端同构的关系，代表着整个长三角制造业协同与集聚的关系，进一步的检验也证实了这一点。就整个长三角平均水平而言，制造业的协同集聚水平与低端同构水平之间也是"倒 U 形"关系。

第十章

长三角制造业升级水平评价及有序度分析

在分析长三角制造业低端同构以及协同集聚的基础上，本章将聚焦于分析长三角制造业的升级问题。主要是测度制造业升级的水平并进行有序度评价，同时分析产业同构、协同集聚与有序升级之间的关系。

第一节　长三角制造业升级水平测度指标体系构建

长期以来，以生产要素成本优势为依托参与国际分工的发展方式，导致长三角制造业被锁定在全球价值链中低端，造成了升级缓慢的现实困境。基于此，长三角比以往任何时候都更加需要加快推进制造业的转型升级和有序发展，以尽快实现制造业由大到强的转变，并带动整个区域经济高质量发展。

本节将在借鉴有关升级理论的基础上，通过系统化构建测度指标体系，为长三角制造业升级水平评价及其有序度测算奠定基础，并为更加清晰地认识长三角制造业的升级状况提供依据。

一、长三角制造业升级评价指标体系的构建思路

在综合分析已有文献的基础上，本书从产业升级的层次性出发，尝试构建产业升级水平的测度指标。与格里芬（Gereffi，1999）所提出的从委托组装（Original Equipment Assembling，OEA）到委托加工（Original Equipment Manufacturing, OEM），再到自主设计加工（Own Designing Manu-facturing, ODM），最终到自主品牌生产（Own Brand Manufacturing, OBM）的升级路径相对应[1]，汉弗莱和施密茨（Humphrey and Schmitz, 2000）在研究全球价值链治理问题时提出了产业升级的四个层次[2]：一是工艺升级（Process Upgrading），指通过重新组织生产系统或引入先进技术改善现有生产过程，进而提高生产活动投入产出效率的升级[3]；二是产品升级（Product Upgrading），指通过改进现有产品、引进新产品或开发新产品，进而转入更为复杂的产品线所实现的升级[4]；三是功能升级（Functional Upgrading），指通过对价值链相关环节的重新整合，放弃旧功能和增加新功能，进而提高生产制造过程技术含量和附加值的升级[5]；四是跨产业级（Inter - sectoral Upgrading），指通过将现有价值链上已经获取的特定功能和能力应用到新行业转入新的生产活动，进而实现降低风险和增加市场份额的升级[6]。该升级层次划分方法自提出以来得到了广泛认可，此后绝大多数研究产业升级的文献均沿用了该划分方法[7]。基于此，本书也将依据该划分方法构建产业升级测度的指标体系，具体如表 10.1 所示。

---

[1] Gereffi C. International Trade and Industrial Upgrading in the Apparel Commodity Chains [J]. Joumal of International Economies, 1999, 48（1）：37 - 70.

[2] Humphrey J, Schmitz H. Governace and Upgrading：Linking Industrial Cluster and Global Value Chains Research [R]. IDS Working Paper 120, Brighton：Institute of Development Studies, University of Sussex, 2000.

[3] Humphrey J, Schmitz H. How does Insertion in Global Value Chains Affect Upgrading in Industrial Clusters [J]. Regional Studies, 2002, 36（9）：27 - 101.

[4] Pavlinek P, Zenka J. The 2008—2009 automotive industry crisis and regional unemployment in Central Europe [J]. Cambridge Journal of Regions, Economy and Society, 2010, 3（3）：349 - 365.

[5] Dahlana J M, Samata O, Othmana A A. Upgrading in Global Value Chain of Malaysian Aviation Industry [J]. Procedia Economics and Finance, 2015, 31：839 - 845.

[6] Gereffi G, Humphrey J, Sturgeon T. The Governance of Global Value Chains [J]. Review of International Political Economy, 2005, 12（1）：78 - 104.

[7] Pipkin S, Fuentes A. Spurred to Upgrade：A Review of Triggers and Consequences of Industrial Upgrading in the Global Value Chain Literature [J]. World Development, 2017, 98：536 - 554.

表 10.1 长三角制造业升级水平测度指标体系

一级指标	二级指标	代码	计算方法	指标属性	单位
工艺升级	技术改造强度	a_1	技术改造经费支出占销售收入比重	正向	%
	引进国外技术强度	a_2	技术引进经费支出占销售收入比重	正向	%
	引进国内技术强度	a_3	购买国内技术经费占销售收入比重	正向	%
	消化吸收强度	a_4	消化吸收经费支出占技术引进经费比重	正向	%
产品升级	研发人员投入水平	a_5	研发人员占从业人员比重	正向	%
	研发经费投入水平	a_6	研发经费内部支出占销售收入比重	正向	%
	新产品开发经费投入强度	a_7	新产品开发经费占销售收入比重	正向	%
	新产品产出水平	a_8	新产品产值占总产值比重	正向	%
	自主知识产权能力	a_9	万名从业人员拥有发明专利数	正向	件/万人
功能升级	利润创造能力	a_{10}	利润总额占销售收入比重	正向	%
	附加值创造能力	a_{11}	增加值占总产值比重	正向	%
	国际分工地位	a_{12}	加工贸易出口额占出口贸易总额比重	逆向	%
	高技术产业份额	a_{13}	高技术产业产值占制造业产值比重	正向	%
	装备制造产业份额	a_{14}	装备制造业产值占制造业产值比重	正向	%
	高能耗产业份额	a_{15}	高能耗产业产值占制造业产值比重	逆向	%
跨产业升级	科学技术服务业份额	a_{16}	科学技术服务业增加值占 GDP 比重	正向	%
	物流业份额	a_{17}	物流业增加值占 GDP 比重	正向	%
	金融业份额	a_{18}	金融业增加值占 GDP 比重	正向	%
	商务服务业份额	a_{19}	商务服务业增加值占 GDP 比重	正向	%
	信息服务业份额	a_{20}	信息服务业增加值占 GDP 比重	正向	%
	房地产业份额	a_{21}	房地产业增加值占 GDP 比重	逆向	%

二、长三角制造业升级评价指标体系的解释说明

就工艺升级而言，其核心要义是用先进的工艺替代落后的工艺，以实现改善质量、降低消耗、节约能源和提高效益的目的。工艺升级既可以通过技术改造来实现，还可以通过引进或购买技术来推进，亦可以通过加大消化吸收力度来加速。在最大限度反映工艺升级内涵和兼顾数据可获性的基础上，最终选择了 4 项指标对其进行表征：技术改造强度、技术引进强度、消化吸收强度和购买国内技术强度。技术改造是指用先进技术对原有工艺与设备进行改造，或者用先进工艺与设备代替物质上不宜再继续使用的陈旧工艺与设备的活动。技术改造强度用技术改造经费支出占总产值比重来计算。技术引进是指购买境外设计、工艺、图纸、配方以及专利等技术资料和样机、仪器和设备等生产装备的活动。若上述引进活动的对象是境内技术等，则称为购买国内技术。消化吸收是指为掌握引进技术而开展的应用、复制和创新等工作。消化吸收强度用消化吸收经费占技术引进经费比重来计算。

就产品升级而言，其核心要义是通过改进现有产品、引进新产品或开发新产品，提高产品等级和档次，进而实现产品创新。也就是说，要实现产品升级，企业必须进行产品研发人员与经费的投入，并获得期望的新产品产出。基于此，对产品升级的度量主要使用了 4 项指标：研发人员投入水平、研发经费投入水平、新产品开发经费投入强度和新产品产出水平。研发人员投入水平用研发人员占从业人员比重来计算。研发经费投入水平用研发经费内部支出占销售收入比重来计算。新产品开发经费投入强度用新产品开发经费占销售收入比重来计算。新产品产出水平用新产品产值占总产值比重来计算。

就功能升级而言，其核心要义就是在工艺升级、产品升级的基础上，向微笑曲线的两端拓展并逐步获取和增强产品研发、产品营销等新功能。这些新功能的获得，一方面要有强大的缘于创新投入而获取的自主知识产权和较高利润水平的支撑，另一方面也要实现在全球价值链中国际分工地

位和附加值的提升。基于此，对功能升级的衡量主要选择了 4 项指标：自主知识产权能力、利润创造能力、附加值创造能力和国际分工地位。自主知识产权能力用万名从业人员拥有发明专利数来计算。利润创造能力用利润总额占销售收入比重来计算。附加值创造能力用增加值率即增加值占总产值比重来计算。国际分工地位用加工贸易出口额占出口贸易总额比重来计算，且该指标是逆向指标，数值越大说明分工地位越低。

就跨产业升级而言，其核心要义是从现有产业转到新产业，而且新产业与现有产业是相关联的且具有更高价值含量。据此，对跨产业升级的衡量设计了 9 项考察指标：高技术产业份额、装备制造业份额、高能耗产业份额、科学技术服务业份额、物流业份额、金融业份额、商务服务业份额、信息服务业份额、房地产业份额。前 3 项指标体现的是制造业内部的跨行业升级，分别用各自总产值占制造业总产值的比重来计算。除高技术产业外，之所以选择装备制造业的原因在于其是整个制造业的核心，是为整个制造业提供技术装备的产业，一定程度上其份额的大小代表着制造业升级水平的高低。而选择高能耗产业是出于对生态化的考虑，这是一逆向指标，数值越大表明升级水平越低。中间 5 项指标体现的是制造业向生产性服务业延伸的跨产业升级。已有大量研究表明，生产性服务业对制造业的转型升级影响重大。科学技术服务业、物流业、金融业、商务服务业、信息服务业均是生产性服务业的主要构成部分。同时，最后 1 项指标为房地产业，设置该项指标的考虑在于对"脱实向虚"情况进行衡量，其也是逆向指标，数值越大表示升级水平越低。之所以仅把房地产业而没有把金融业设置成逆向指标的原因在于：一方面，尽管在金融体系内存在大量资金自我循环甚至是套利的现象，不仅加大了金融风险，也加重了实体经济的融资困难，但金融的基本面是良好的，总体形势也是良好的，风险也是总体可控的①；另一方面，金融系统内大量资金涌入房地产市场，使得金

---

① 许志峰，吴秋余，欧阳洁. 金融工作会，释放哪些信号［N］. 人民日报，2017 – 07 – 16（02）.

融资源过于集中在房地产行业，不仅引起了房价的过快上涨，也推高了实体经济成本，产生了较大的系统性风险①。对于衡量跨产业升级水平的后6项指标均是用各自增加值占地区 GDP 的比重来计算的。

实际上，若从产业视角来看，工艺升级、产品升级与功能升级属于产业内升级，跨产业升级属于产业间升级。若从企业视角来看，工艺升级、产品升级与功能升级属于横向水平化升级，跨产业升级属于纵向垂直化升级。若从产品视角来看，工艺升级、产品升级与功能升级属于产品内升级，跨产业升级属于产品间升级。

第二节　长三角制造业升级有序度评价方法选择

一、长三角制造业升级水平测度方法选择

很显然，在多项评价指标条件下，对长三角制造业升级水平进行测度，实际上就是一个多目标决策的过程。作为运筹学的一个分支，多目标决策是现代决策科学中重要的组成部分。其本质上是对具有多个目标的有限方案进行排序与优选的问题。同时，由于指标间可能存在矛盾性和不可公度性，因此不能简单用单目标决策方法处理多目标决策问题。多目标决策有多种方法，这里选择一种既考虑指标变异性又考虑指标冲突性的客观赋权方法，其基本过程如下：

（一）构建指标矩阵

简单而言，所谓产业升级，是指产业在结构、技术和素质等方面由低到高、周而复始的动态提升过程②。基于此，对产业升级水平评价必须考虑时间维度。就某一地区而言，假设对其进行产业升级评价的时间长度为

① 胡萍. 金融与房地产如何实现良性循环［N］. 金融时报，2017 - 12 - 27（01）.
② 朱卫平、陈林. 产业升级的内涵与模式研究——以广东产业升级为例［J］. 经济学家，2011（02）：60 - 66.

T，评价指标数为 M，那么就可以组成一个 $T \times M$ 的评价指标矩阵：

$$A_{tm} = (a_{tm})_{T \times M} = \begin{bmatrix} a_{11} & a_{12} & \cdots & a_{1M} \\ a_{21} & a_{22} & \cdots & a_{2M} \\ \vdots & \vdots & \cdots & \vdots \\ a_{T1} & a_{T2} & \cdots & a_{TM} \end{bmatrix} \quad (10.1)$$

式中，$t = 1, 2, \cdots, T$，$m = 1, 2, \cdots, M$，a_{tm} 为第 m 个评价指标在第 t 年的指标值。

（二）指标数值标准化

标准化的目的是要消除各项指标数值差异过大或量纲不一致可能给评价结果带来的不利影响。本书采用线性变换法进行指标的标准化。经过该种方法进行变换后，各指标值均被限定在了 0 和 1 之间，且正向和逆向指标都转化为了正向指标，最劣值为 0，最优值为 1。

正向指标的标准化：

$$b_{tm} = a_{tm} / \max_{1 \leqslant t \leqslant T} a_{tm} \quad (10.2)$$

逆向指标的标准化：

$$b_{tm} = \min_{1 \leqslant t \leqslant T} a_{tm} / a_{tm} \quad (10.3)$$

式中，b_{tm} 为标准化后的指标值，$\min\limits_{1 \leqslant t \leqslant T} a_{tm}$、$\max\limits_{1 \leqslant t \leqslant T} a_{tm}$ 分别为所有年份中第 m 个指标的最小与最大值。标准化后的评价矩阵：

$$B_{tm} = (b_{tm})_{T \times M} = \begin{bmatrix} b_{11} & b_{12} & \cdots & b_{1M} \\ b_{21} & b_{22} & \cdots & b_{2M} \\ \vdots & \vdots & \vdots & \vdots \\ b_{T1} & b_{T2} & \cdots & b_{TM} \end{bmatrix} \quad (10.4)$$

（三）指标权重确定

权重的确定既需要考虑同一指标在不同年份的变异程度[①]，又要考虑

---

① 门宝辉，梁川. 基于变异系数权重的水质评价属性识别模型 [J]. 哈尔滨工业大学学报，2005（10）：1373 – 1375.

不同指标在不同年份的冲突程度①。一般而言，指标的变异程度越大，对其赋予的权重也应该越大；指标间的冲突程度越大，越应该赋以大的权重。指标变异程度的大小可以用变异系数来表征，指标间冲突程度的大小则可以用相关系数来间接表征，具体如下②：

$$u_m = v_m \cdot e_m \tag{10.5}$$

$$v_m = s_m / \bar{b}_m = \left[\frac{1}{T} \sum_{t=1}^{T} \left(b_{tm} - \frac{1}{T} \sum_{t=1}^{T} b_{tm} \right)^2 \right]^{\frac{1}{2}} / \frac{1}{T} \sum_{t=1}^{T} b_{tm} \tag{10.6}$$

$$e_m = \sum_{k=1}^{M} (1 - r_{mk})$$

$$= \sum_{k=1}^{M} \left[1 - \sum_{t=1}^{T} (b_{tm} - \bar{b}_{tm})(b_{tk} - \bar{b}_{tk}) / \right.$$

$$\left. \sum_{t=1}^{T} (b_{tm} - \bar{b}_{tm})^2 \sum_{t=1}^{T} (b_{tk} - \bar{b}_{tk})^2)^{\frac{1}{2}} \right] \tag{10.7}$$

$$w_m = u_m / \sum_{m=1}^{M} u_m \tag{10.8}$$

式中，v_m 为第 m 个指标的变异系数，e_m 为第 m 个指标与其余各个指标的冲突系数，s_m 为第 m 个指标的标准差，r_{mk} 为第 m 个指标与第 k 个指标的相关系数，w_m 为第 m 个指标的权重。

（四）确定综合指数

$$z_t = \sum_{m=1}^{M} w_m b_{tm} \tag{10.9}$$

在确定综合指数后，通过对综合指数大小和变化的分析，就可以形成对长三角制造业升级水平的判断。当然，需要说明的是，我们重点关心的是综合指数的变化趋势，而不是其绝对数值的大小。

二、长三角制造业升级有序度评价方法选择

通过上述模型实现了对制造业升级水平的测度，而对升级有序度的测

---

① 罗赟骞，夏靖波，陈天平. 网络性能评估中客观权重确定方法比较 [J]. 计算机应用，2009（10）：2624-2626.

② 朱恬恬，张晨婧，张跃军. 中国教育经济复杂系统的协调性研究 [J]. 北京理工大学学报（社会科学版），2015（09）：162-168.

算还需要在此基础上进行深化。若把制造业升级看成一个动态有机系统，那么对其有序度的测算就可以借鉴和使用系统有序度测度模型来进行。系统有序度的测算有多种模型，最为典型和应用最为普遍的当属熵模型方法①。熵原本是物理学中用来描述系统混乱程度的一个物理量，其数值的大小可以用来反映系统的有序程度，熵值越大系统有序程度越低。熵理论提出以后，不仅在物理学领域，而且在许多其他领域均得到了广泛应用，在社会经济系统评价领域其就是学者们常常使用的工具。由于本书是在遵循制造业升级层次性基础上构建测度指标并试图测算其升级有序度的，那么从低层次升级到高层次升级的渐次性或继起性，即只有低层次升级进行到一定程度后才可能出现高一层次的升级，就是需要着重考虑的内容，尤其是对于某一地区内部的产业升级更是如此。尽管有学者对此有不同看法，认为产业升级不一定沿着渐次的线性路径展开，有可能出现分岔甚至是阶跃，即可能会出现产业内升级与产业间升级交叉进行的状况，但这样的升级可能面临极大的断档风险②。因此，一个地区的产业升级是否遵循由低层次升级到高层次升级的逻辑次序，是衡量其有序度的主要方面。同时，对于地区间产业升级有序度的考察，尤其是对长三角这样一个特定区域内地区间产业升级有序度的考察，同样也需要考虑渐次性或梯度性的问题。而雁阵升级理论则为理解和解释这样的升级模式提供了依据。所谓雁阵升级理论，是指第一阵列地区产业升级会带动第二阵列地区的产业升级，第二阵列地区的产业升级则会带动第三阵列地区的产业升级，如此传递下去，地区间可在分工与合作中实现产业的转移和升级③。长三角制造业的升级，就是以上海为雁头，以江苏和浙江为两翼的雁阵升级模式④。

---

① 周荣喜，刘善存，邱菀华. 熵在决策分析中的应用综述 [J]. 控制与决策，2008 (04)：361 – 366.

② 张其仔. 比较优势的演化与中国产业升级路径的选择 [J]. 中国工业经济，2008 (09)：58 – 68.

③ 张其仔. 中国能否成功地实现雁阵式产业升级 [J]. 中国工业经济，2014 (06)：18 – 30.

④ 金戈. 长三角地区制造业同构问题再考察——基于雁行模式的视角 [J]. 经济地理，2010 (02)：249 – 255.

基于此，在充分考虑有序性具有渐次性或层次性内涵的基础上，本书选择使用条件熵模型对长三角制造业升级有序度进行测算。与基本熵模型相比，条件熵模型更能体现升级有序度的内涵。

若将某一地区制造业的每个升级层次看作是一个子系统，并假设子系统数为 $q = 1, 2, \cdots, Q$。那么表征该地区制造业子系统间升级有序度的条件熵可表示为：

$$
\begin{aligned}
H_t(z_{t,q}/z_{t,1}\cdots z_{t,q-1}) &= H_t(z_{t,1}\cdots z_{t,q}) - H_t(z_{t,1}) - H_t(z_{t,2}/z_{t,1}) \\
&\quad - \cdots - H_t(z_{t,q-1}/z_{t,1}\cdots z_{t,q-2}) \\
&= H_t(z_{t,1}\cdots z_{t,q}) - H_t(z_{t,1}) - [H_t(z_{t,1}z_{t,2}) - H_t(z_{t,1})) - \cdots \\
&\quad - (H_t(z_{t,1}\cdots z_{t,q-1}) - H_t(z_{t,1}\cdots z_{t,q-2})] \\
&= H_t(z_{t,1}\cdots z_{t,q}) - H_t(z_{t,1}\cdots z_{t,q-1}) \\
&= -\sum_{q=1}^{Q} p_t(z_{t,1}\cdots z_{t,q}) \ln p_t(z_{t,1}\cdots z_{t,q}) \\
&\quad + \sum_{q=1}^{Q} p_t(z_{t,1}\cdots z_{t,q-1}) \ln p_t(z_{t,1}\cdots z_{t,q-1})
\end{aligned}
\tag{10.10}
$$

式中，$H_t(z_{t,q}/z_{t,1}\cdots z_{t,q-1})$ 为 t 时期的条件熵，$H_t(z_{t,1}\cdots z_{t,q})$ 为 t 时期的联合熵，$p_t(z_{t,1}\cdots z_{t,q})$ 为 t 时期的概率。推导过程根据条件熵与联合熵的关系即熵函数的链规则给出。当 $q = 2$ 时，$H_t(z_{t,2}/z_{t,1})$ 表示在第一个子系统升级的条件下第二个子系统升级的熵；当 $q = 3$ 时，$H_t(z_{t,3}/z_{t,1}z_{t,2})$ 表示在第一和第二个子系统升级的条件下第三个子系统升级的熵；同理，当 $q = Q$ 时，$H_t(z_{t,q}/z_{t,1}\cdots z_{t,q-1})$ 表示在 $q - 1$ 个子系统升级的条件下第 q 个子系统升级的熵。条件熵值越大，表明系统有序度越低。事实上，以上所求得的条件熵是各子系统在空间上升级的有序度，在此基础上将其在时序上集成得到表征系统整体升级的有序度：

$$
S_t = \theta \cdot \left[\prod_{q=2}^{Q} \left(H_t(z_{t,q}/z_{t,1}\cdots z_{t,q-1}) - H_{t-1}(z_{t-1,q}/z_{t-1,1}\cdots z_{t-1,q-1}) \right) \right]^{\frac{1}{Q-1}}
\tag{10.11}
$$

$$
\theta = \frac{\min\limits_{q=2}^{Q}\left[H_t(z_{t,q}/z_{t,1}\cdots z_{t,q-1}) - H_{t-1}(z_{t-1,q}/z_{t-1,1}\cdots z_{t-1,q-1}) \neq 0 \right]}{\left| \min\limits_{q=2}^{Q}\left[H_t(z_{t,q}/z_{t,1}\cdots z_{t,q-1}) - H_{t-1}(z_{t-1,q}/z_{t-1,1}\cdots z_{t-1,q-1}) \neq 0 \right] \right|}
\tag{10.12}
$$

式中，S_t 为系统整体有序度，$H_t(z_{t-1,q}/z_{t-1,1}\cdots z_{t-1,q-1})$ 为 $t-1$ 时期的条件熵，θ 为决定系统整体有序度 S_t 正负的系数。$S_t \geq 0$，表明集成的条件熵增加，系统有序度降低，$S_t < 0$ 表明集成的条件熵减少，系统有序度增高。

第三节　长三角制造业升级水平及其有序度评价

一、长三角制造业升级水平评价

本书所考察的时段为2000—2017年，采用的是年度数据。依据前文所构建的评价指标体系，原始数据分别来源于历年的《中国统计年鉴》《上海统计年鉴》《江苏统计年鉴》《浙江统计年鉴》《中国工业企业科技活动统计年鉴》等。为了保持年度数据的一致性，工艺升级、产品升级、功能升级中的多数指标是以规模以上大中型企业指标替代的。同时，考虑到数据的可获性，增加值率依据规模以上工业企业数据计算。

在获得原始数据的基础上，首先依据表10.1给出的方法计算得到各年度各项表征长三角两省一市制造业升级指标的具体数值，并按式（10.1）的方式组织成为指标矩阵，对矩阵中各项指标简单的统计学描述见表10.2。

其次，对于正向指标用式（10.2）进行标准化处理，对于逆向指标用式（10.3）进行标准化处理，并组成式（10.4）所显示的标准化指标矩阵。限于篇幅，对于上述计算过程和结果此处不做列示。

最后，依据式（10.5）～（10.8）计算得到各指标的权重，结果如表10.3所示。

分析表10.2中的数据发现：

表 10.2 各项指标的统计学描述

二级指标	上海				江苏				浙江			
	最小值	最大值	均值	增长率	最小值	最大值	均值	增长率	最小值	最大值	均值	增长率
技术改造强度	0.44	1.68	0.86	-6.34	0.42	2.19	1.14	-9.11	0.43	3.9	1.31	-2.77
引进国外技术强度	0.19	0.98	0.45	-5.41	0.02	0.67	0.2	-16.07	0.02	0.67	0.19	-18.9
引进国内技术强度	0.01	0.18	0.08	9.3	0.01	0.09	0.04	-11.21	0.02	0.07	0.04	1.34
消化吸收强度	6.15	51.95	28.02	13.02	3.6	53.26	27.95	10.78	4.8	63.53	35.97	9.3
研发人员投入水平	2.22	7.52	4.02	6.78	2.32	6.65	3.82	6.38	1.1	7.89	3.69	12.27
研发经费投入水平	0.7	1.63	1.1	5.01	0.64	1.29	0.95	3.59	0.48	1.82	0.98	8.19
新产品开发经费投入强度	0.83	2.04	1.33	3.69	0.73	1.51	1.2	2.47	0.6	1.96	1.2	7.27
新产品产出水平	24.86	35.42	28.94	0.17	9.18	24.44	16.2	0.69	11.76	42.78	24.7	7.89
自主知识产权能力	4.57	148.9	48.24	22.75	3.66	126.96	32.27	23.2	2.15	87.55	24.23	24.36
利润创造能力	3.4	9.42	7.03	1.87	4.19	7.26	5.8	3.28	4.54	8.5	6.3	1.97
附加值创造能力	21.06	28.46	23.33	-1.18	18.33	36.82	25.39	-2.77	24.28	44.61	29.05	-2.43
国际分工地位	32.58	47.67	41.56	-0.4	41.65	66.72	54.84	-1.4	9.44	22.43	16.84	-4.45
高技术产业份额	16	26.28	22.94	2.76	12.86	22.39	18.53	3.32	7.05	10.74	8.19	1.34
装备制造业份额	47.13	69.09	57.5	2.28	38.18	51.01	45.32	1.24	33.79	41.84	36.63	1.26
高能耗产业份额	16.84	25.67	22.57	-0.31	23.78	28.52	26.33	-0.02	15.93	24.71	20.4	1.39
科学技术服务业份额	2.12	4.12	2.71	3.28	0.61	1.61	0.95	5.77	0.73	1.54	0.99	4.49

续表

二级指标	上海					江苏					浙江			
	最小值	最大值	均值	增长率		最小值	最大值	均值	增长率		最小值	最大值	均值	增长率
物流业份额	4.22	6.66	5.32	-2.34		3.37	5.61	4.34	-2.95		3.69	4.33	3.9	-0.86
金融业份额	7.37	17.41	11.54	3.1		2.65	7.9	4.96	3.95		3.41	8.45	6.18	4.16
商务服务业份额	2.61	5.87	4.26	4.85		1.21	4.46	2.33	5.61		1.58	2.86	2.01	2.04
信息服务业份额	3.25	6.08	4.36	3.75		1.46	3.2	1.99	4.59		1.45	5.63	2.73	8.31
房地产业份额	5.28	8.25	6.61	0.87		3.46	6.28	4.9	3.07		1.9	7.4	5.04	7.23

注：表中除"自主知识产权能力"的最小值、最大值、均值的单位均为"件/万人"外，其余数值的单位均为"%"。

221

第一，就多数指标的数值看，上海最大，江苏居中，浙江最小，体现出了上海在整个长三角制造业升级中的龙头地位。如自主知识产权能力、装备制造业份额、科学技术服务业份额、商务服务业份额以及信息服务业份额等指标，上海明显高于江苏和浙江。同时，在少部分指标上，浙江的表现也可圈可点，消化吸收强度、附加值创造能力、国际分工地位等指标，在三个地区中是最出色的。而相形之下，江苏缺少表现突出的指标，总是介于上海与浙江之间。

第二，不论是上海、江苏还是浙江，多数指标呈增长态势，体现出较为明显的升级趋势。尤其自主知识产权能力这一指标，年均增长率均超过了20%，消化吸收强度这一指标的年均增长率也都超过了10%。当然，也有部分指标在三个地区均出现了下降趋势，如技术改造强度、引进国外技术强度、附加值创造能力、国际分工地位以及科学技术服务业份额等。除表征国际分工地位的指标为逆向指标外，其余指标所呈现的是波动下降趋势，给该区域制造业升级带来了一定程度的影响。

第三，部分指标在各地表现出了不同的发展变化。在新产品产出水平这个指标上，上海与江苏是下降的，浙江是上升的。在引进国内技术强度这个指标上，江苏是下降的，上海与浙江是上升的。在高技术产业份额这个指标上，上海与江苏是上升的，浙江是下降的，说明浙江在该领域还有较大的改善空间。在高能耗产业份额这个指标上，江苏与浙江是上升的，仅有上海是下降的，体现出了上海作为国际大都市在产业升级方向上的积极动向。

由表10.3中的数据可以看出，在工艺升级子系统中，引进国外技术强度、消化吸收强度的权重较大，体现出其对工艺升级的重要影响。在产品升级子系统中，研发人员投入水平、新产品开发经费投入强度以及新产品产出水平的权重较大。在功能升级子系统中，自主知识产权能力的权重最大，其次是附加值创造能力的权重。这也说明，自主知识产权能力在促进产业功能升级中发挥着巨大作用。在跨产业升级子系统中，由于指标数目较多，权重分布出现了较为明显的分化。高技术产业份额、装备制造业份额、高能耗产业份额等特殊类型制造业的权重普遍都比较小，均没有超过0.1，对制造业升级的影响较小。而各类生产性服务业的权重则多数都比较大，普遍都超过了0.1。这也从一个侧面体现出生产性服务业对制造业升级的影响。就上海而言，权重最大的是科学技术服务业份额这一指标，超过了0.2，其次是信息服务业份额、商务服务业份额、金融业份额、房地产业份额等指标。就江苏而言，权重最大的是商务服务业份额这一指标，其次是房地产业份额、信息服务业份额、金融业份额等指标。就浙江而言，权重最大的是房地产业份额这一指标，甚至超过了0.3，其次是金融业份额和物流业份额等指标。

表10.3　指标权重的计算结果

一级指标	二级指标	权重			权重		
		上海	江苏	浙江	上海	江苏	浙江
工艺升级	技术改造强度	0.197	0.135	0.195	0.337	0.370	0.361
	引进国外技术强度	0.244	0.267	0.451			
	引进国内技术强度	0.267	0.120	0.104			
	消化吸收强度	0.292	0.478	0.250			
产品升级	研发人员投入水平	0.325	0.214	0.364	0.162	0.216	0.324
	研发经费投入水平	0.202	0.141	0.165			
	新产品开发经费投入强度	0.218	0.182	0.286			
	新产品产出水平	0.255	0.463	0.184			
功能升级	自主知识产权能力	0.680	0.490	0.586	0.411	0.258	0.265
	利润创造能力	0.113	0.118	0.065			
	附加值创造能力	0.130	0.313	0.220			
	国际分工地位	0.077	0.078	0.130			

一级指标	二级指标	权重			权重		
		上海	江苏	浙江	上海	江苏	浙江
跨产业升级	高技术产业份额	0.086	0.083	0.049	0.089	0.156	0.050
	装备制造业份额	0.043	0.041	0.022			
	高能耗产业份额	0.041	0.041	0.088			
	科学技术服务业份额	0.211	0.089	0.028			
	物流业份额	0.073	0.085	0.129			
	金融业份额	0.124	0.149	0.198			
	商务服务业份额	0.142	0.188	0.079			
	信息服务业份额	0.169	0.150	0.093			
	房地产业份额	0.111	0.173	0.314			

注：在计算权重过程中，首先把工艺升级、产品升级、功能升级和跨产业升级分别作为一个子系统，计算各自所包含的二级指标的权重，并以此计算各子系统的升级水平。其次，依据各子系统的升级水平，计算各子系统的权重，进而为计算各地区制造业升级水平奠定基础。

在获得权重的基础上，依据式（10.9）可分别计算得到长三角各地区制造业工艺升级、产品升级、功能升级和跨产业升级指数，如图10.1～图10.4所示。进一步，还可以计算得到各地区和整个长三角制造业的升级指数，如图10.5所示。

由图10.1可以看出，上海制造业的工艺升级水平呈现的是在波动中微有上升的变化趋势，由2000年的0.474提高到了2017年的0.539。江苏制造业的工艺升级水平呈现的是在波动中下降的变化趋势，由2000年的0.444下降到了2017年的0.289。浙江制造业的工艺升级水平呈现的则是在波动中明显下降的变化趋势，由2000年三个地区当中最高的0.527下降到了2017年三个地区当中最低的0.175，年均下降速度达到6.28%。

2000—2017年，上海制造业工艺升级水平的中位数为0.485，江苏制造业工艺升级水平的中位数为0.445，与上海十分接近，浙江制造业工艺升级水平的中位数为0.365，处于最低水平。显然，长三角各地区尤其是江苏与浙江工艺升级水平的这种变化趋势，是由于这些地区在工艺升级投

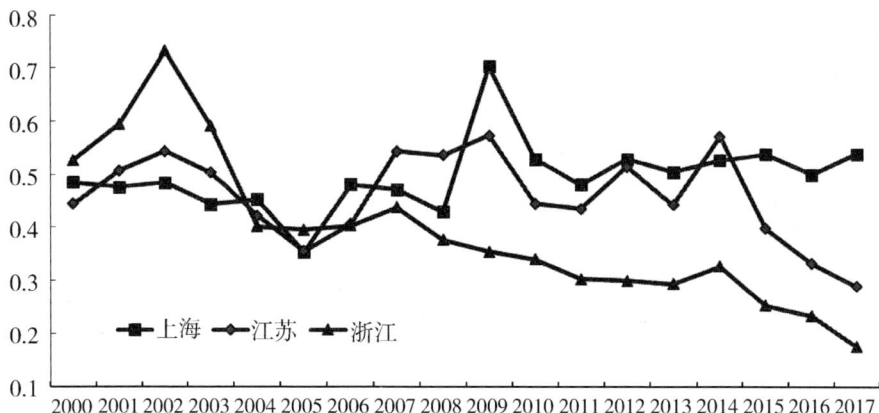

图 10.1　长三角各地区制造业工艺升级指数

入强度上的不足引发的。所折射出的是区域内制造业尤其是传统制造业的发展困境：一方面，由于工艺不先进，产品质量不高，被锁定在全球价值链低端，造成升级困难；另一方面，生产效率低下，对人工以及原材料成本变化十分敏感，缺乏可持续的竞争优势。当然，从更深层次上看，长三角各地区在工艺升级投入强度上的这种下行式变化，极有可能是相当一部分企业在升级层次的选择上出现了阶跃而导致的。即在工艺升级达到一定程度后，企业把更多的资源投入到了产品升级、功能升级，甚至是跨产业升级领域。事实上，从图 10.2 和图 10.3 关于产品升级和功能升级的发展变化状况也能印证这一点。同时，也有部分企业通过跨产业升级，进入了先进制造业或生产服务业领域。更有部分企业通过多元化方式进入了房地产业领域，这对制造业的升级是极其不利的。

由图 10.2 可以看出，不论是上海、江苏还是浙江，其制造业的产品升级水平均呈现的是在波动中上升的发展趋势，分别由 2000 年的 0.523、0.684 和 0.233 上升到了 2017 年的 0.949、1.00 和 1.00，年均上升速度分别为 3.47%、1.62% 和 8.98%。尤其浙江制造业的产品升级水平增长速度明显高于上海和江苏，由初始年份的最低，增长到了终期的最高。虽然三个地区制造业的产品升级水平均呈上升发展趋势，但仔细观察发现，各自的具体变化仍然存在一定差异。上海制造业的产品升级水平在 2008 年之

前变化范围很小，基本是在 0.500~0.600 之间波动，之后才出现了明显的
上升。江苏制造业的产品升级水平则是以 2004 年为界，呈现先下降后上
升的发展趋势，尤其在 2012—2014 年间，变动比较剧烈。浙江制造业的产
品升级水平几乎一直处于上升的状态，增长趋势比较稳定，这也体现出了
浙江在制造业产品升级方面的赶超速度。

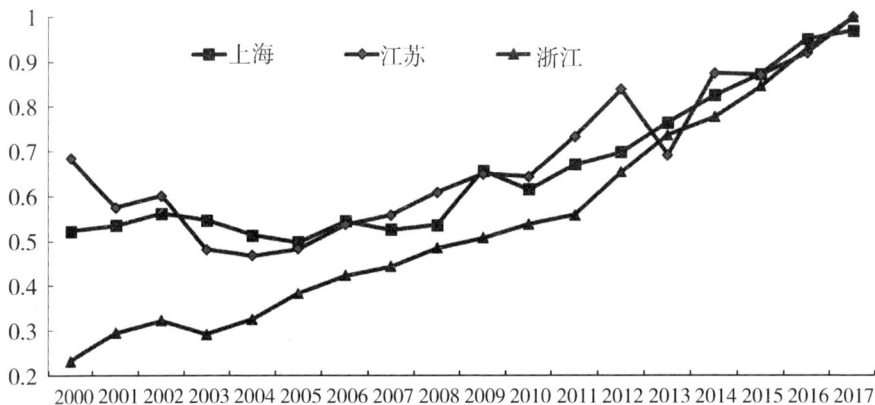

图 10.2　长三角各地区制造业产品升级指数

事实上，三个地区尤其是江苏与浙江在产品升级上出现的差异，是两
地在发展模式上差异的体现。江苏是大力引进外资而形成的"代工经济"
模式，在发展初期产品升级并不是其关注的主要方向。而浙江以民营块状
经济为特征的"自主经济"模式，虽然产品层次不高，但走的是自主式道
路，为了求得生存发展，相当一部分企业有意愿持续不断进行产品升级的
投入。

由图 10.3 可以看出，三个地区制造业功能升级水平的变化趋势十分
相似，在 2008 年前均在波动中微有下降，之后则都表现出了快速上升的
发展态势。上海、江苏与浙江制造业功能升级水平分别由 2000 年的
0.292、0.457 和 0.341 上升到了 2017 年的 0.958、0.881 和 0.925，年均增
长率分别为 7.24%、3.94% 和 6.05%。同时，观察发现，上海制造业的功
能升级水平由初期的最低变成了终期的最高，而江苏制造业的功能升级水
平则由初期的最高变成了终期的最低。这也体现出了上海在制造业功能升

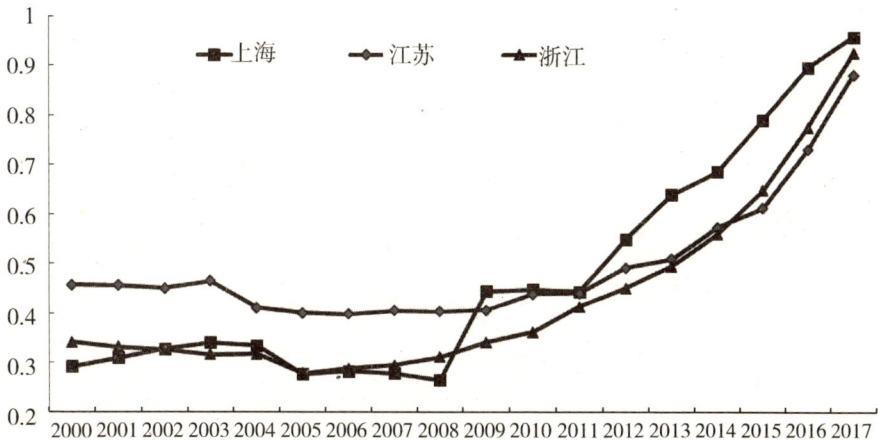

图10.3 长三角各地区制造业功能升级指数

级方面的积极态势，也说明江苏在制造业功能升级方面还存在较大改善空间。从本质上讲，三个地区在功能升级上的发展变化，实际上是与21世纪初以来长三角区域经济发展的实际状况紧密相关联的。2001年我国加入世界贸易组织，之后逐步融入全球化进程。由此，不论是在江苏兴起的新苏南模式，还是在浙江兴起的温州模式，均以爆发式的增长速度满足了广阔的国际市场需求。当然，也正是在这种巨大国际市场需求驱动下的快速发展中，忽视了产业自主创新，被锁定在全球价值链中低端，导致功能升级缓慢。直到2008年金融危机的到来，在外部需求一落千丈的背景下，不仅暴露了以国际代工方式推进增长的缺陷，也开启了长三角经济转型与产业升级的大幕，由此才形成了制造业领域快速的功能升级。

由图10.4可以看出，上海制造业跨产业升级水平呈现的是波动中上升的变化态势，由2000年的0.687提高到了2017年的0.883。江苏制造业跨产业升级水平呈现的是先下降后上升的变化趋势，由2000年的0.625下降到了2005年的0.560，然后又波动上升到了2017年的0.869。浙江制造业跨产业升级水平在2003年到2004年间出现了剧烈下挫，之后虽有较为稳定的增长，但直到2017年，其升级指数仅为0.691，比2000年的0.718还要低。计算发现，上海、江苏和浙江制造业跨产业升级水平的年均增长率分别1.69%、2.22%和-0.21%。就浙江而言，正是由于其在跨产业升

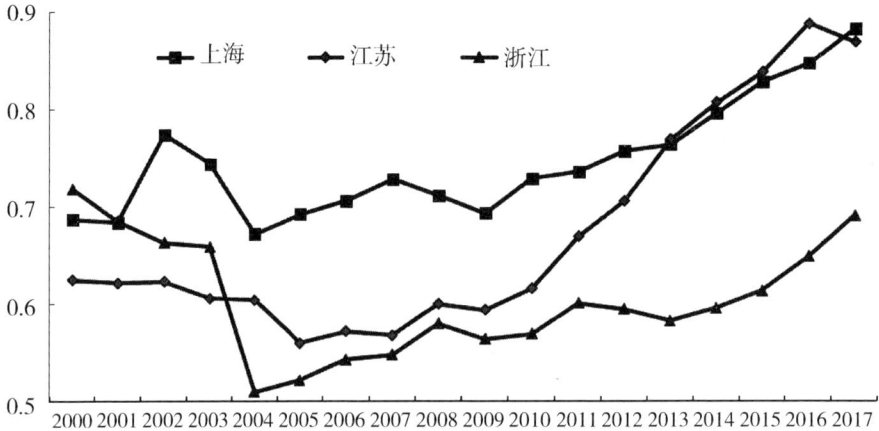

图 10.4　长三角各地区制造业跨产业升级指数

级方面的负增长，导致该指标由初期的最高变成了终期的最低，表现十分欠佳。根据对各项指标数据的分析发现，浙江制造业跨产业升级之所以会在 2003—2004 年间出现剧烈下挫，主要是由于房地产业在此间发展迅速导致的。因为在本书中，房地产业占当地 GDP 比重是一负向指标，因此，该指标的增加，恰恰说明制造业跨产业升级的方向出现了偏差。事实上，长三角各地区均存在这样的问题，只不过浙江表现得更为明显。2017 年，江苏房地产业占当地 GDP 的比重为 5.84%，上海比重为 6.12%，占比最高的是浙江，达到 6.22%。同时计算发现，2000—2017 年，房地产业占当地 GDP 比重的年均增长率上海为 1.67%，江苏为 2.90%，而浙江达到了8.89%。由于房地产业的深度金融化，造成了资产价格虚高。已经积累起了较大风险，可以说，这种"脱实向虚"的问题不彻底解决，制造业跨产业升级的方向偏差就很难扭转。

　　由图 10.5 可以看出，不论是上海、江苏，还是浙江，由工艺升级、产品升级、功能升级和跨产业升级指数按式（10.9）综合而成的制造业升级指数，其发展变化大致以 2005 年为转折点，先是波动下降，之后则是波动上升。从具体数值来看，分别由 2000 年的 0.436、0.536 和 0.397 下降到 2005 年的 0.381、0.429 和 0.375，最后又上升到了 2017 年的 0.807、0.668 和 0.668。上海制造业的年均升级速度最快，达到 3.69%；其次是

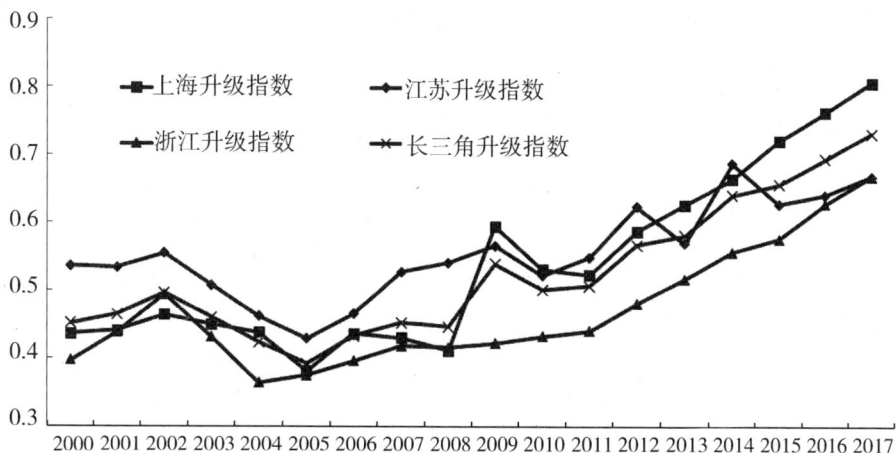

图 10.5   长三角制造业升级指数

浙江制造业的升级速度，也超过了 3%；江苏制造业的升级速度最低，刚刚超过 1%。由三个地区制造业升级指数综合而成的长三角制造业的升级指数，其发展变化与上述各地区制造业升级指数的趋势基本相同，由 2000 年的 0.452 下降到 2005 年的 0.392，而后又上升到 2017 年的 0.732，年均增长速度为 2.88%。为什么 2005 年会成为制造业升级的转折点，笔者认为主要原因是：第一，随着 21 世纪初中国加入世贸组织，长三角各地区吸引外商投资大量进入，带动了本地投资的快速增长。同时，随着出口限制的减少，本地产品的出口也大幅增加，推动国内企业不断追加投资，双重因素的叠加导致了投资过热，尤其在劳动密集型产业或加工生产环节表现更甚。在这样的发展环境下，企业更多追求的是规模的扩张，而不是产业能级的提升，由此造成了产业升级的停滞不前。第二，加入世贸组织不仅开启了中国走向国际化的大幕，同时也开启了长三角城市化的进程。而城市化的快速推进，必然会带来大量的基础设施建设，甚至是开发区、大学城的建设，极大地刺激了钢铁、水泥、电解铝等资源型制造业的快速扩张。这些高能耗产业的过快增长，对制造业的结构升级形成了影响。而伴随着国家严厉调控政策的深入开展，在 2005 年前后开始逐步趋于理性，从而使制造业的升级趋势止跌回升。第三，随着 2005 年前后信息产业、电子商务、网络购物等新经济的萌芽和发展，为制造业升级逐步注入了动力，使制造业的信息化、服务化深入发展。加之，金融危机的教训、人口红利的消失、生产成本的增加以及供给结构的矛盾，让更多企业认清了强化升级的必要性。在政府引导下，更多企业坚定地走上了推进产业升级的道路。

二、长三角制造业升级有序度评价

依据各地区制造业工艺升级、产品升级、功能升级和跨产业升级指数，利用式（10.10）计算各地区各升级层次之间的条件熵，得到各子系统的有序度。然后，依据式（10.11）和式（10.12）计算各地区制造业的升级的有序度，结果如图10.6所示。

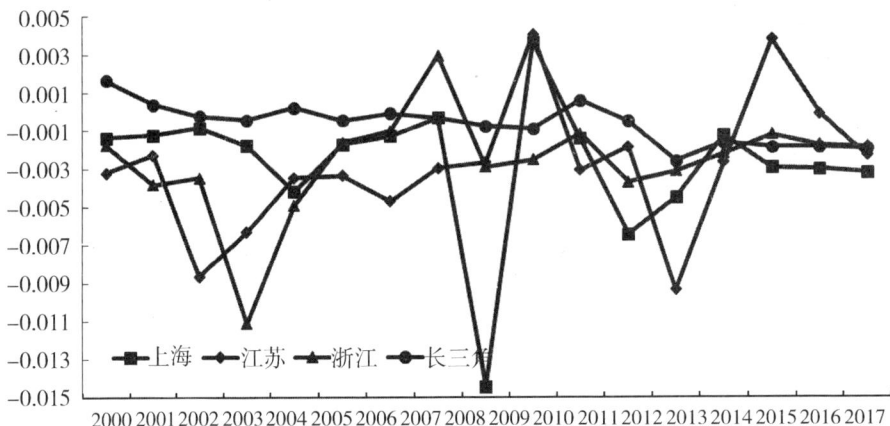

图10.6 长三角制造业升级有序度

观察图10.6发现，除2010年外，上海的熵增均为负值，表明其制造业升级在该年份之前和之后有序度在不断提升。与上海类似，浙江也仅有一个年份出现了熵变为正的状态，说明在2008年之前和之后，其制造业升级的有序度是不断改善的。而对于江苏，则有两个年份出现了熵变为正的情形，分别是2010年和2015年，表明其制造业升级的有序度虽然在早期在不断改善，但近年来处于不稳定状态。至于为什么在2008年或2010年三个地区制造业的有序度均出现了下降，这很可能与当时为应对金融危

机而大规模开展的刺激政策有关。因为基础设施行业、资源制造型行业和
房地产业是刺激政策受益最大的行业，因而也影响了制造业结构优化和升
级的进程。至于整个长三角制造业升级的有序度，可分为三个阶段来看，
第一个阶段是2000—2005年，熵变由正转为负后又转为正，经历的是有序
度先上升而后下降的发展过程；第二个阶段是2006—2011年，经历了与第
一阶段类似的变化过程；第三个阶段是2012—2017年，熵变均为负，表明
有序度在逐步改善。

　　为进一步充实对制造业升级有序度的分析，我们再利用因果检验方法
对其进行补充考察。既然就一个地区内部而言，制造业升级的有序度强调
的是从工艺升级到产品升级再到功能升级最后到跨产业升级的渐次性，那
么计量经济学中的因果检验方法就为考察这种渐次性提供了工具。因果检
验的基本思想在前面章节已经详细介绍过，这里不再赘述。这里选择用杜
米特雷斯库－赫林（Dumitrescu－Hurlin）面板因果关系检验方法对上述模
型进行检验，结果如表10.4所示。当然，因果检验之前需要对面板数据
进行平稳性检验。检验结果显示，工艺升级指数、产品升级指数、功能升
级指数和跨产业升级指数虽然不平稳，但都是一阶单整的，且彼此间存在
协整关系，不影响因果检验的进行，限于篇幅略去此过程。

表10.4　长三角制造业升级层次因果关系检验结果

原假设	滞后阶数：1			滞后阶数：2			滞后阶数：3		
	W－Stat.	Zbar－Stat.	Prob.	W－Stat.	Zbar－Stat.	Prob.	W－Stat.	Zbar－Stat.	Prob.
工艺升级不是产品升级的原因	3.5473	2.0431	0.0410	3.6416	0.5373	0.5911	1.4296	－0.7737	0.4391
产品升级不是功能升级的原因	5.1946	3.4769	0.0005	13.0412	5.2564	1.E－07	16.5976	3.0483	0.0023
功能升级不是跨产业升级的原因	5.0222	3.3268	0.0009	10.2865	3.8734	0.0001	12.9977	2.1412	0.0323

由表 10.4 中的检验结果可知，在滞后 1 阶时，每个 P 值均小于 5% 显著性水平，那么就可以拒绝原假设，认为工艺升级是产品升级的原因、产品升级是功能升级的原因、功能升级是跨产业升级的原因。在滞后 2 和 3 阶时，根据 P 值来判断，在 5% 显著性水平下，只有"工艺升级是产品升级的原因"不能接受，其余仍然成立。由此可以说明，在长三角三个地区内，制造业升级存在着明显的层次性，即基本遵循从工艺升级到产品升级再到功能升级，最后到跨产业升级的演进逻辑。即使在某些情况下，工艺升级不能成为产品升级的原因，但"产品升级是功能升级的原因""功能升级是跨产业升级的原因"却十分稳健。事实上，笔者认为，之所以"工艺升级是产品升级的原因"不显著的主要原因在于，从 2000—2015 年，上海制造业工艺升级水平仅是微有上升，而江苏与浙江制造业工艺升级水平都是在波动中下降的，很可能无法形成对产品升级的支撑，这一点通过图 10.1 就能清楚地看到。

进一步，利用格兰杰因果检验方法对上海、江苏和浙江制造业升级水平之间的有序度进行检验，以考察上海制造业升级对江苏和浙江制造业升级的带动作用。结果如表 10.5 所示。

表 10.5　长三角地区间制造业升级因果关系检验结果

原假设	滞后阶数：1		滞后阶数：2		滞后阶数：3		滞后阶数：4	
	F – Stat.	Prob.	F – Stat.	Prob.	F – Stat.	Prob.	F – Stat.	Prob.
上海制造业升级不是江苏制造业升级的原因	1.62	0.227	0.843	0.462	2.001	0.2154	5.131	0.105
上海制造业升级不是浙江制造业升级的原因	1.873	0.196	2.69	0.121	2.218	0.187	1.012	0.521

由表 10.5 中的数据发现，不论滞后几阶，也不论是在 1%、5% 的水平上，还是在 10% 的水平上，检验结果均不显著，即上海制造业升级既不

是江苏制造业升级的原因，也不是浙江制造业升级的原因。也就是说，上海作为长三角的核心地区和发展龙头，在制造业升级方面，并没有形成对江苏和浙江的明显带动作用。那么，以上海为雁头、以江浙为两翼的雁阵升级模式在长三角虽然可能存在，但是雁头效应还不够强大，其内部的作用机制还有待进一步优化。笔者认为，之所以形成这样的结果，主要原因有：第一，上海虽然是长三角的核心城市，经济和社会发展水平相对也较高，但从产业发展的能级来看，在制造业领域仍然处在吸纳和集聚各类高端资源、促进自身转型升级的发展阶段，对外产生的辐射带动作用有限。同时，上海的现代服务业倾向于在本地空间内的自我发展，与周边地区的协同性不够强，服务的半径不够长，辐射的面积不够大。第二，江苏与浙江，尤其是两个地区在地缘上与上海邻近的有关城市，如江苏的苏州与南通、浙江的嘉兴与舟山等，所采取的是主动对接、服务和融入上海的发展战略，而不是被动接受上海辐射，目的是借助上海在金融、贸易、航运等方面的资源与区位优势，拓展新的空间、打造新的引擎、积蓄新的动能、实现新的发展。第三，也有部分地区选择的是敢为人先的创新特色发展模式。以浙江为例，杭州在"四新经济"和"新四大发明"众多领域的出色表现，成了创新发展模式的佼佼者。同时一个个产业不同但都独具特色的小镇，如杭州云栖小镇、乌镇互联网小镇、绍兴的黄酒小镇等，扛起了整个浙江特色发展的大旗。使其在长三角中发展中所呈现出的更像是"特技飞行模式"，而非"跟随头雁模式"①。因此，就目前长三角制造业升级的有序性来看，总结为"比翼齐飞模式"可能更为合适。

---

① 车维汉．"雁行形态"理论及实证研究综述［J］．经济学动态，2004（11）：102 - 106.

第四节　长三角制造业有序升级与低端
同构、协同集聚的关系分析

上一章已经分析了长三角制造业低端同构与协同集聚关系。在测度并分析长三角制造业有序升级水平的基础上，本节将分析长三角制造业有序升级水平与低端同构、协同集聚的关系。

一、长三角制造业有序升级的适应化表征

由于上节对长三角制造业升级的有序度测算是以熵增的形式出现的，而且数值过小，同时在分析过程中并没有测算两个地区间制造业有序升级水平，造成与表征制造业同构水平、协同集聚水平的数据不匹配的现象。因此在分析其与制造业同构水平、集聚水平的关系时，我们采用如下模型先测算地区间制造业有序升级水平，以更有利于后续分析的进行。

考虑子系统 X_i，$i \in [1, n]$，设其发展过程中的序参量即表征子系统特性的各分量的集合为：$x_i = (x_{i1}, x_{i2}, \cdots, x_{ij})$，其中 $j \in [1, m]$。不失一般性，可定义子系统 X_i 的发展度①：

$$y_i = \sum_{j=1}^{m} w_{ij} x_{ij} \qquad (10.13)$$

其中，w_{ij} 为第 i 个子系统第 j 个分量的权重。上述定义的含义是，对子系统发展度的衡量是通过序参量变量 x_i 各分量的线性加权方式实现的。需要说明的是，在具体计算发展度时还需要对各分量进行无量纲化，并利用合理的方法确定各分量的权重。

可令有序度协调度②：

---

① 陆远权，刘剑锋，杨丹. 城镇化与产业结构协调度测度研究——以三峡库区为个案分析 [J]. 重庆大学学报（社会科学版），2007（06）：1-5.

② 汤玲，李建平，余乐安，等. 基于距离协调度模型的系统协调发展定量评价方法 [J]. 系统工程理论与实践，2010（04）：594-603.

$$C = \left[\left(\frac{1}{C_n^2} \sum_{i \neq j} y_i y_j \right) / \left(\frac{1}{n} \sum_{i=1}^{n} y_i \right)^{\frac{1}{2}} \right]^k \tag{10.14}$$

若仅有两个子系统，即当 $n = 2$ 时，有：

$$C = \left[y_1 y_2 / \frac{1}{2} (y_1 + y_2)^2 \right]^k \tag{10.15}$$

其中，C_n^2 为以 n 为下标、2 为上标的组合数，k 为调节系数，且 $k \geqslant 2$。C 越大表明系统之间越协调，反之越不协调。

基于上述模型，可以计算得到长三角地区间制造业有序升级水平和该区域平均的有序升级水平，如图 10.7 所示。由图可以看出，不论是地区与地区之间制造业的有序升级水平，还是长三角制造业平均的有序升级水平，具有十分相似的发展变化趋势，都是大约以 2005 年为界，呈先波动下降而后又波动上升趋势。就平均而言，有序升级水平由 2000 年的 0.319，增加到了 2017 年的 0.502，年均增长速度仅为 2.55%。升级速度明显比数量增长的速度慢。

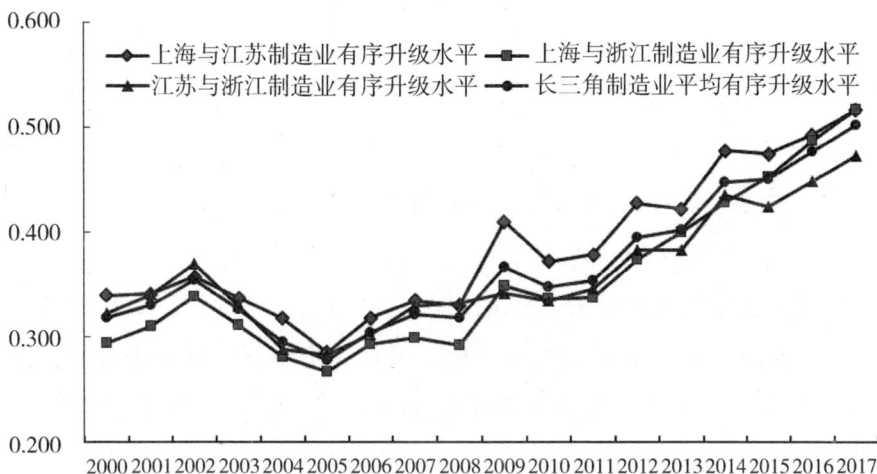

图 10.7 长三角制造业有序升级水平

二、长三角制造业低端同构与有序升级的关系分析

上述给出了长三角制造业平均的有序升级水平，同时在第四章的表

4.3 中给出了长三角制造业平均的同构水平，这样就为分析长三角制造业低端同构水平与有序升级水平的关系奠定了基础。为判断和选择估计模型提供依据，以同构水平为横坐标、有序升级水平为纵坐标制作散点图，如图 10.8 所示。

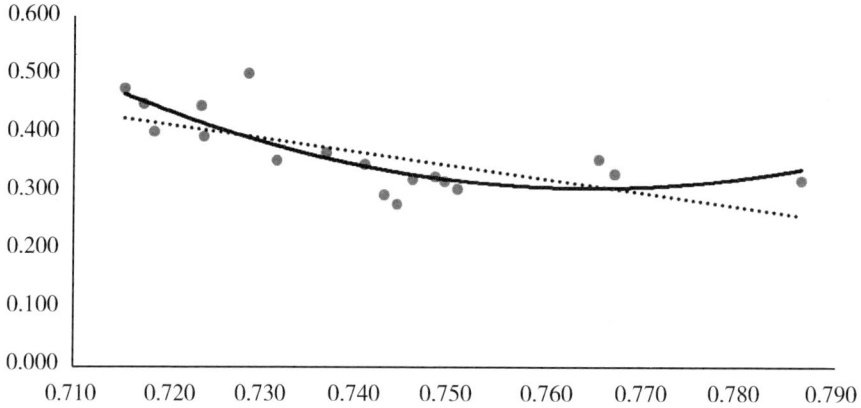

图 10.8　长三角制造业同构水平与有序升级水平的散点图

通过对图 10.8 的观察发现，对二者进行线性估计和二次多项式估计似乎不存在显著的差别。为进一步验证哪个回归模型更好或更具有解释能力，拟分别执行回归并进行结果的比较分析。若用 *PJTG* 代表长三角制造业平均同构水平、*PJSJ* 代表长三角制造业平均有序升级水平，回归结果如式（10.16）和式（10.17）所示。

此处需要说明的是，在回归前对两个序列分别进行了平稳性的单位根检验，发现它们的原始序列均不平稳，但在一阶差分后都是平稳的，经协整检验发现，二者之间存在显著的协整关系，不必过分担心谬误回归的发生。

$$PJSJ_t = 2.097 \quad - 2.337PJTG_t \qquad\qquad (8.16)$$
$$t = (4.517)(-3.729)$$
$$F = 13.908 \quad R^2 = 0.465 \quad \bar{R}^2 = 0.432$$

线性回归模型 F 检验的值为 13.908，整个方程的显著性水平超过了 1%；常数项以及 $PJTG_t$ 回归参数的 t 检验值分别为 4.517 和 -3.729，在

1% 的水平上是显著的；判定系数 R^2、$\overline{R}^2$ 相对较小，分别为 0.465 和 0.432。这些均说明，该模型具有一定的解释能力。

$$PJSJ_t = 39.276 - 102.005PJTG_t + 66.752PJTG_t^2 \qquad (10.17)$$

$$t = (3.196)(-3.097) \qquad (3.026)$$

$$F = 15.081 \qquad R^2 = 0.668 \qquad \overline{R}^2 = 0.624$$

二次多项式项回归模型 F 检验的值为 15.081，整个方程的显著性水平超过了 1%；常数项、$PJTG_t$ 以及 $PJTG_t$ 平方回归参数的 t 检验值分别为 3.196、-3.097 和 3.026，在 1% 的水平上均是显著的；与式（10.16）、式（10.17）相比，不仅 F 值更显著，尤其判定系数 R^2、$\overline{R}^2$ 分别达到了 0.668 和 0.624，出现了显著改善。这说明，二次多项式模型比线性模型更合理，也更具有解释能力。依据该模型可以得到这样的结论，长三角制造业有序升级水平与同构水平之间近似是"U 形"关系，即随着同构水平的提升，有序升级水平呈先下降后上升的趋势。经计算发现，图 10.8 中回归曲线的最低点为（0.770，0.309），即当同构水平低于 0.770 时，随着同构水平的增高有序升级水平是下降的，而当同构水平大于 0.770 时，随着同构水平的增高有序升级水平是增高的。目前长三角制造业平均的同构水平没有超过 0.770，其与有序升级的关系处于曲线的左半部。

三、长三角制造业协同集聚与有序升级的关系分析

采用与上一小节相同的方法分析长三角制造业协同集聚与有序升级的关系，第九章的表 9.2 给出了长三角制造业平均的协同集聚水平。为判断和选择估计模型提供依据，以协同集聚水平为横坐标、有序升级水平为纵坐标制作散点图，如图 10.9 所示。

通过对图 10.9 的观察发现，对二者进行线性估计和二次多项式估计存在较为明显的差别，采用二次多项式进行估计似乎更符合散点图的拟合要求。为进一步验证哪个回归模型更好或更具有解释能力，分别采用两种模型进行回归。

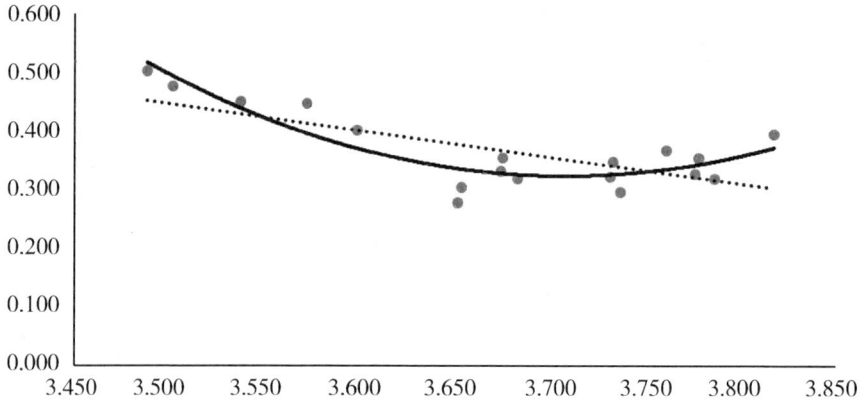

图10.9 长三角制造业协同集聚水平与有序升级水平的散点图

同理,在回归前对两个序列分别进行了平稳性的单位根检验,发现它们的原始序列均不平稳,但在一阶差分后都是平稳的,经协整检验发现,二者之间存在显著的协整关系,不必过分担心谬误回归的发生。若用 $PJXT$ 代表长三角制造业平均协同集聚水平,回归结果如下。

$$PJSJ_t = 2.044 \quad - 0.457PJXT_t \tag{10.18}$$

$$t = (4.805)\ (-3.946)$$

$$F = 15.569 \quad R^2 = 0.493 \quad \overline{R}^2 = 0.461$$

该模型整体显著性、常数项以及 $PJXT_t$ 回归参数显著性都超过了1%;但判定系数 R^2、$\overline{R}^2$ 相对较小,分别为0.493和0.461。

$$PJSJ_t = 55.639 - 29.838PJXT_t + 4.024PJXT_t^2 \tag{10.19}$$

$$t = (5.272)\ (-5.159) \quad\quad (5.080)$$

$$F = 32.756 \quad R^2 = 0.814 \quad \overline{R}^2 = 0.789$$

与式(10.18)相比,式(10.19)不仅 F 值更显著,达到了32.756,尤其判定系数 R^2、$\overline{R}^2$ 出现了显著改善,分别达到了0.814和0.789。这说明,二次多项式模型比线性模型更合理,也更具有解释能力。依据该模型可以得到这样的结论,长三角制造业有序升级水平与协同集聚水平之间近似是"U形"关系,即随着协同集聚水平的提升,有序升级水平呈先下降后上升的趋势。计算发现,回归曲线的最低点为(3.707,0.327),也就是说，当协同集聚水平小于 3.707 时，随着协同集聚水平的提高，有序升级水平会下降，而当协同集聚水平大于 3.707 时，随着协同集聚水平的提高，有序升级水平会提高。近年来长三角制造业的协同集聚水平并没有达到 3.707，所以其与有序升级之间是负向的相关关系，处于曲线的左半部。

本章小结

依据制造业升级的层次结构，构建了评价指标体系。选择合适的多目标决策方法和有序度评价方法，对 2000—2017 年长三角制造业升级水平进行了综合评价并对其有序度进行了分析。升级水平评价的结果表明，各地区工艺升级水平提升有限甚至出现了下滑，产品升级水平、功能升级水平以及跨产业升级水平在经历了初期的徘徊不前与波动震荡后，走进了持续提升的通道。缘于此，长三角各地区制造业的升级水平也经历了初期微有下降、后期逐步提升的过程。有序度分析的结果表明整个长三角制造业升级的有序度处于不断改善之中。同时分析表明，从工艺升级到产品升级，长三角制造业并没有遵循渐次性。这一现象的存在一方面表明长三角各地传统产业的升级任务还很艰巨，另一方面也表明，若处理不好，制造业的升级可能还面临着一定的升级断档风险。从产品升级到功能升级再到跨产业升级是遵循渐次性的。也正是这种渐次性的存在，为持续稳定的升级奠定了基础。同时研究发现，上海作为长三角的核心地区，在制造业升级方面对江苏与浙江的带动作用有限，雁头作用发挥还不明显，这也是其未来努力的重要方向。对长三角制造业有序升级与低端同构、协同集聚水平关系的分析表明，不论是低端同构与有序升级之间，还是协同集聚与有序升级之间，均近似呈"U形"关系，即伴随着同构水平和协同集聚水平的提升，有序升级水平呈现出的是先下降后提升的变化趋势。

第十一章

长三角制造业从低端同构到协同集聚有序升级的路径选择

从总体上看，虽然长三角制造业近年来出现了结构趋异的发展态势，但仍然处于低端同构状态。与此相伴，长三角制造业的协同集聚水平呈下降趋势。同时，长三角制造业虽然进入了结构升级的通道，但升级速度还比较缓慢。进入新时代，在区域一体化发展背景下，长三角地区必须在更高起点上深化改革、更高层次上扩大开放和更高水上协同创新，进而高质量推进区域一体化，继续承担起支撑和引领中国经济发展的战略使命。这既是大势所趋，也是内在要求。在此背景下，长三角制造业必须走由"要素驱动"向"创新驱动"转变的高质量一体化发展之路，逐步破除行政分割和市场壁垒，进一步增强可持续发展和国际竞争能力。

第一节 制造业有序升级的目标取向

一、制造业结构升级的目标取向

（一）做强传统产业和主导产业，向高端化升级

在长三角各地区，传统产业主要包括纺织、轻工、冶金、建材等产业，主导产业主要有装备制造、电子信息、石油化工等产业。传统产业和主导产业是制造业发展的主体，不仅自身规模已经很大，而且在长三角制造业中也占有很大比重。在未来的发展中，重点就是要提高其发展质量，

向高端化升级。对于传统轻工、纺织行业，基于长期积累的发展基础，重点是加强企业品牌建设；对于冶金和建材行业则要在严格控制总量扩张的同时，优化品种结构，提升产品质量；对于装备制造等行业，今后重点是要提高基础工艺、基础材料、基础元器件研发和系统集成水平，推动装备产品智能化。

（二）做大高新技术产业和战略性新兴产业，向高质化升级

高新技术产业与战略性新兴产业技术上本身已经具有先进性，但在长三角也存在不少以加工组装为主的低端环节。在未来一段时间内，长三角各地一方面要加大创新投入，实现在价值链上的攀升。另一方面要壮大其规模，使高新技术产业和战略性新兴产业逐步成长为区域内有主导作用的产业。长三角各地应依据自身基础和优势，在新一代信息技术产业、高端装备制造产业、新材料产业、生物产业、新能源汽车产业、新能源产业、节能环保产业、数字创意产业、相关服务业等战略性新兴产业领域选择合适的产业重点发展。同时重点支持核心电子器件、高端芯片、新一代信息技术等技术研发和产业化。

二、制造业能力升级的目标取向

（一）加大技术改造力度，向智能化升级

长三角各地区应当进一步加大投入力度，扭转技术改造投入强度上的下滑态势，以防止升级断档风险的产生。要基于"机器人＋""互联网＋""大数据＋"，通过自动化、信息化、绿色化改造向智能化迈进。对于劳动密集型产业中劳动力依赖度高、体力作业强度大和环境安全风险高的生产环节，加快"机器换人"的技术更新改造；对于重化工行业，技术改造的重点是逐步推进由智能制造单元到智能生产线再到智能车间和智能工厂的转变；在轻工业领域，重点实施以用户需求为导向的现代制造模式；在优化评价和支持方式方法的基础上，继续组织实施智能制造示范项目。

（二）加大研发创新投入，向自主化升级

与发达国家和国内其他发达地区相比，长三角企业的创新投入仍显不足。正是由于创新投入的不足，导致企业创新能力偏弱，对外的技术依赖很强，只能处于从属地位。在这样的现实背景下，长三角制造业要向自主化转型，就必须加大研发的投入力度。未来一段时间，对于企业而言，要向国际看齐，逐步提高研发支出在销售收入中的比重，尤其要加大对原始创新的投入；对于政府而言，应当加大对关键共性技术研究的投入。同时，要通过体制机制的改革，更好发挥好政府技术创新引导性基金的作用，着力解决政府技术创新基金不能投、不敢投的问题和社会资金不愿进、不配套的问题。

三、制造业效率升级的目标取向

（一）深化分工合作，向联盟化转型

相对于大型跨国公司而言，长三角多数制造型企业的国际竞争能力还相对较弱，无法单独与之抗衡，只有联合起来，结成战略联盟，形成合力优势，才能共同对付强大的竞争对手。所以有必要在深化分工合作的基础上，组建企业发展战略联盟，以联盟化实现能力与效率的提升。同时，实行战略联盟的企业，既可以选择与供应商、渠道商、用户商合作，也可以选择和科研机构、高等院校进行合作，甚至和竞争对手合作。在合作形式上，既可以实行联合技术研究与产品开发，也可以进行产品的联合协作生产，还可以建立销售同盟或签订供应、购买或服务协议，有多种形式可以选择。

（二）拓展业务领域，向服务化转型

20 世纪末以来，世界经济领域的一项革命性变化，就是制造业与服务业的融合发展。许多传统制造企业以出售服务取代出售产品，把服务看作是创造差异化优势的工具，通过比竞争对手提供更好的服务建立自己的竞争优势。目前，长三角各地制造业的服务化转型刚刚起步，未来还有很大的发展空间。首先是要通过不断的学习，掌握国际制造业服务化的新趋势、新动向和新模式，提高对服务化的认识。然后就是要重点突破，在有基础和有条件的制造业企业分离发展产品创意、设计、研发、物流、营销、品牌推广等各类专业化服务。同时，基于新技术和新模式，以新业态为载体推进制造业与服务业的融合发展。

四、制造业绿色升级的目标取向

（一）提高资源使用效率，向减量化升级

在资源与环境约束日益加大的背景下，坚决贯彻"绿水青山就是金山银山"的发展理念，着力推进长三角制造业向生态化升级。在升级的过程中，首先要提高资源的利用效率，向减量化方向升级。尤其在长三角以煤为主的能源结构短期内难以发生根本性改变的条件下，提高煤炭的利用效率是最现实的减排选择。企业层面要着力推进使用先进实用技术对清洁生产技术、节能生产工艺的改造，以降低资源消耗水平和排放水平，推进绿色发展。其次是要改善能源结构，大力发展和使用包括太阳能、风能、核能、地热能以及生物质能在内的新能源，这些能源与传统化石能源相比更具环保优势。

（二）提高再生利用水平，向资源化升级

长三角各地应进一步贯彻落实国家资源再生产业政策，以冶金、化工废渣的综合利用为重点，推进工业废弃物的循环利用。加大黑色金属与有色金属废旧材料的回收，鼓励采用以废旧材料为原料的短流程生产工艺。加大水泥余热发电的示范力度，支持废旧机电产品再制造和电子废物的全组分利用。加大力度发展资源再生产业，形成资源再生产业网络，回收和循环利用各种废旧资源。如废旧塑料作为燃料进行金属冶炼，把生活垃圾分类处理后作为燃料来发电等。同时，各地要依据现有基础积极开展循环经济试点，以试点示范为载体，积极探索重点行业、重点领域发展循环经济的实现形式。

第二节　增强各类主体的创新能力

一、完善政府管理政策

（一）优化营商环境

近年来长三角各地区在营商环境的建设方面取得了巨大进展。比如，上海最新发布了优化营商环境2.0版，从25个方面，立体化、全方位打造"一网通办"的营商环境优化服务品牌；江苏打造了"不见面审批"的政务服务品牌，并全面推进"3550"改革；浙江在全省推行了"最多跑一次"改革，极大优化了营商环境。但与长三角发展定位和国际先进城市群相比，还有进一步优化的空间。尤其针对影响营商环境细微因素方面存在的"痛点"和"难点"问题，如企业开办过程中遇到的通水、通电、通气、贷款、纳税、通关等方面，应当进一步细化改进措施并加强考核，使营商便利进一步增强。同时，要加强地区间信息的共享与利用，共同营造长三角良好的营商环境。

（二）完善产业政策

首先，加大兼并重组力度。抓紧出台鼓励兼并重组的政策措施，加快推进重点行业的兼并重组，积极支持行业龙头企业、优势企业兼并落后企业，促进企业做大做强。鼓励关联产业之间的兼并收购，推动上下游、产供销之间的联合重组，提高产业集中度和资源配置效率。加强对企业境外并购的支持和服务，鼓励企业积极稳妥地"走出去"。其次，加快淘汰落后产能。抓紧完善落后产能的退出机制和配套政策，充分利用法律、经济、技术和行政手段，促进优胜劣汰，依法关闭一批破坏资源、污染环境和不具备安全生产条件的企业。同时还要严格市场准入条件，防止落后生产能力异地转移。

（三）完善科技政策

首先，完善鼓励技术创新的相关政策。继续实施推进关键设备本地化和自主化的政策，优先做好相关领域的自主创新产品认定工作，优先在科技创新示范企业中落实技术开发费用抵扣等各类激励政策措施。科技发展计划要优先支持具有重大影响的科技项目。其次，加大推进技术创新联盟建设。目前，长三角各地已经依据自身产业发展的基础成立了若干产业技术创新联盟。在逐步积累联盟创建和运营经验的基础上，应进一步加大在战略性新兴产业等领域创新联盟的建设。尤其是在"核心电子器件、高端通用芯片及基础软件产品"领域，要加强协同，引导组建跨区域的产业技术创新联盟。

（四）完善减负政策

首先，不折不扣地落实国务院布置的减税降费的各项举措。已经有大量事实表明，有些地区在贯彻执行国家政策时存在不作为、不到位的情况。基于此，长三角各地有关部门，应当组建督查机构，专门督查国家减税降费措施在辖区内的落实情况，确保执行到位，让企业真正享受到国家政策的红利。其次，出台地方减税降费措施。在政策允许的范围内，长三角各地应当针对制造业，尤其是中小微制造型企业专门出台减税降费的具体措施，以进一步降低企业的负担。同时，减税降费要加强针对性和有效性，把重点放在对当地经济增长、产业发展和促进就业有重要作用的领域，让减税降费在促进经济健康、平稳和有序发展方面发挥更大的作用。

二、提升企业创新能力

（一）培育企业家精神

企业家精神对于企业创新能力有着决定性影响，华为的实践已经证明了这一事实的存在。企业家精神的培育，不仅要依靠企业家不断地自我学习，更需要加强培训。为此，要依托长三角丰富的科教资源，开发一系列有针对性的培训项目，例如"人力资源开发与管理高级研讨班""企业战略与策略研讨会""管理技能演示班""创建学习组织与企业文化建设""领导艺术与领导心理""领导潜能开发"等来对企业家进行培训。同时，要健全企业家的职业评价机制，让企业家的成长具有更好的外部环境。将企业家的职业能力、经营业绩和个人信誉等要素，纳入评价体系，由独立的第三方机构开展评价并向社会公布。

(二) 完善现代企业制度

就长三角制造业而言，尤其是部分中小民营企业而言，家族制经营方式还占有相当比重，必须加快组织变革，建立现代企业法人治理结构，以提高企业运营效率和抵御风险能力。企业内部要构建有效的企业激励和约束机制，在进一步完善如企业家年薪制等多种管理机制的基础上，将经营者报酬与公司业绩挂钩。同时，要注重加大企业职工参与企业管理与决策的激励，有条件的企业可以开展内部职工持股改革，让员工在分享利润的同时充分发挥其监督和管理的积极性。除此之外，加速建立学习型企业，打造比竞争对手学习得更快的能力，从而不断推进企业可持续发展能力的提升。

(三) 加大自主创新的研发投入

本报告的分析表明，虽然长三角制造业的研发投入强度历年来一直在增加，但研发投入水平仍然还处于较低的状态，尤其与发达国家相比还存在很大的差距。中外企业的无数经验表明，不断加大研发投入始终是自主创新的第一要务。从本质上看，长三角企业在技术创新领域与国际先进企业的差距首先就是研发投入上的差距。其实，长三角制造业中的许多企业已经具备高投入的实力。因此，企业应当在以往投入的基础上，抓住机遇，继续加大研发投入，并根据新形势下的新特点，在研发模式与投入结构上做相应的改进，真正提高研发投入效益，确保研发高投入的可持续性。

(四) 加大消化吸收的投入

近年来长三角制造业消化吸收费用支出占技术引进费用的比例不高，

上海接近50%，而江苏和浙江不足30%。"重引进、轻消化"的状况依然存在。所以各地区应当利用经济全球化的契机，进一步加大消化吸收费用的投入，以推动工艺升级持续发展。这方面有很多的国际经验值得借鉴。比如，"二战"后日本靠引进技术，迅速建起重化学工业为主的工业结构，通过大量的消化吸收投入，出口商品结构不断高级化，极大地提高了产业的国际竞争力。日本特别注重引进专利、技术许可证等软技术，并通过后继的研发，能使他们快速形成有自己知识产权的技术，走上自主创新的道路。

（五）加大人才建设力度

本报告的研究表明，长三角从业人员中高端人才的比例还不够高，应进一步加强人才建设的力度。为此，应加大人才培养与引进的力度。首先企业要致力于人才的培养，加强对员工的培训，尤其要重视对知识型员工的选拔、激励与约束。事实上，员工培训是通过传授知识让员工成为适合企业成长的人才，进行培训后，员工的素质和能力得到提高，工作动机和工作态度得到改善，更重要的是强化了企业的价值观念。同时要注重引才，尤其是引进国内外优秀人才，这样可以为企业带来新的科技知识和工艺技术。

三、提升要素供给质量

（一）加大教育投入

首先，进一步加大政府教育投入。长三角各地区各级政府要着力优化财政支出结构，统筹各项收入，把教育作为财政支出重点领域予以优先保障。严格按照教育法律法规规定，年初预算和预算执行中的超收收入分配都要体现法定增长要求，保证教育财政拨款增长明显高于财政经常性收入增长，并使按在校学生人数平均的教育费用逐步增长，保证教师工资和学生人均公用经费逐步增长。与此同时，进一步拓宽投入来源。对于培养制造业转型升级所需大量人才的高等教育而言，其实行的是以举办者投入为主、受教育者合理分担培养成本、学校设立基金接受社会捐赠等筹措经费的机制。在现有政策框架下，可以大力挖掘校友会、工业行业进行捐赠和投资的潜在可能性，保证教育投入经费的来源。

（二）加强金融供给

首先，充分利用科创板的功能。所谓科创板其全称为科技创新板，是国家专门为便利科技型和创新型中小企业融资，在上海证券交易所新设立的独立于主板市场的业务板块。科创板实施股份发行注册制和合格投资者制，有效降低了企业的上市门槛。随着2019年7月科创板在上海证券交易所的正式开市，缘于有利的地缘优势，长三角各地区内符合国家发展战略、以突破关键核心技术为目标、市场认可度高的科技型创新型中小企业，要千方百计利用好这一融资渠道，为企业发展添翼助力。其次，基于上海自由贸易试验区临港新片区、江苏自由贸易试验区南京片区、苏州片区和连云港片区的设立和运行，银行部门开展高质量的金融服务。比如，针对民营中小企业的业务需求特点，可以设立更加便捷的线上金融服务业务，在线上实现额度审批和放款提款；还可以为专门针对科技型中小企业设置贷款产品，以解决这类企业的资金需求。

第三节　增强各类主体的协同性

在长三角一体化大背景下，各地区各类主体创新能力的提升是提高协同创新水平的基础，但各类主体创新能力的提升却不一定能显示出协同性，因此，要实现从低端同构到协同集聚的有序升级，就要求在提升各类主体自身能力的基础上，增强它们之间的协同性。

一、加强各级政府的协同

（一）中央政府要做好顶层设计

在长三角一体化上升为国家战略的大背景下，中央政府必须承担起顶层设计的重任。应当在国家层面成立长三角一体化发展协调领导机构，统筹、协调和指导包括制造业一体化在内的各项一体化工作。除了做好专项发展规划外，尤其要针对地区内存在的行政分割和地方保护主义等体制机制问题指导开展系列改革创新，以消除行政壁垒，破除制约制造业一体化协同发展的深层次障碍。

（二）地方政府要做好产业政策协同

对于以往过多使用的选择性产业政策，要进行深入的评估与反思，并作出适应性修改。要从产业政策的制定、实施、效果等多环节进行优化，以最大限度发挥政策的导向功能。同时，要平衡好选择性产业政策与功能型产业政策的关系，避免出现政府主导市场，使产业发展遭受不应有的扭曲。产业政策的制定与实施必须回归到市场主导、政策引导的轨道上来，以实现真正促进制造业发展的目的。

（三）基层政府要做好底层治理优化

对于基层政府而言，其是产业政策的具体执行者，一方面，要通过改变现行的考核评价机制，为基层政府减负，让其真正把营商环境的改善作为主要任务，为企业提供高质量的服务，以降低企业的交易成本。另一方面，基层最熟悉本地的产业发展情况，因此要系统设计相关机制，激发基层管理人员的积极性、主动性和创造性，真正实现以满足真实需求为出发点、以解决现实问题为导向的工作状态。

二、加强地区之间的协同

（一）增强上海辐射带动功能

就整个长三角而言，虽然科技创新能力较国内其他区域具有一定优势，但与建成"亚太地区重要的国际门户、全球重要的现代服务业和先进制造业中心、具有较强国际竞争力的世界级城市群"的目标要求相比，还有不小的差距。就龙头城市上海而言，在服务业占 GDP 的比重已接近 70% 的条件下，关键是要按照建设具有全球影响力的科技创新中心、国际经济中心、国际金融中心、国际贸易中心和国际航运中心，即"五个中心"的战略定位，大力推进现代服务经济尤其是生产性服务经济的发展。与此同时，要借助上海自由贸易试验区临港新片区、科创板开市等重大战略机遇，在理顺政府、市场与社会之间关系的基础上，加大现代服务业的制度创新力度与供给的质量，塑造出上海服务的品牌，进而提升辐射带动功能。

（二）推进浙江的特色化发展

在建设"具有全球影响力的先进制造基地和国内领先、有国际影响力的制造强省"战略指引下，近年来浙江互联网平台经济发展和特色小镇建设如火如荼，借助互联网平台经济的强大优势和特色小镇建设的良好基础，将二者深度融合和系统提升，在更多小城镇空间上发展各具特色的智慧型大产业。通过此举，一方面可以改造传统产业，让其插上腾飞的翅膀。另一方面，可以继续保持"四新经济"的领导地位，进而全面带动制造业的有序升级。尤其像纺织服装等传统产业在浙江仍占有较大比重的前提下，智能化改造升级前景广阔。

（三）推进江苏代工企业有序升级

以建设"具有国际竞争力的先进制造业基地、具有全球影响力的产业科技创新中心"为指引，以自动化、信息化、绿色化、智能化和服务化为导向，加快推动代工型企业的转型升级。同时，要加快构建以战略性新兴产业为先导、先进制造业为主体、现代生产性服务业为支撑的现代产业体系和以市场为主导、企业为主体、政府为引导、产学研深度合作为支撑的现代产业科技创新体系，从而为构建现代化经济体系奠定基础。

为避免制造业领域的同质化竞争，各地区应当利用长三角地区主要领导定期会晤机制（长三角地区主要领导座谈会）、长三角地区合作与发展联席会议及其重点专题合作组的沟通协商渠道以及长三角区域合作办公室，努力协调制造业领域的政策。比如，以集成电路产业为例，上海应当以全产业链的方式集成发展，而江苏应当偏重于封装和测试，而浙江应当侧重于设计，在发挥市场的决定性作用和更好发挥政府作用的基础上，形成良好的产业互补和分工协作的格局。

三、加强各类企业的协同

(一) 协同推进不同类型企业的能级提升

传统制造型企业要在工艺和技术升级方面下功夫，进一步加大技术改造和工艺创新的投入力度，扭转投入强度上的下滑态势。要基于"机器人+""互联网+""大数据+"，通过自动化、信息化、绿色化、智能化改造向高端迈进。新兴制造型企业要在产品与功能升级方面下功夫，要在保持目前良好发展态势的前提下，进一步提高升级的质量和效能，大力培育高价值核心专利，并加快推进专利实施。同时，要以关联业务为纽带，以服务化为取向，着力向科学技术服务、现代物流服务、高端商务服务和数字信息服务等先进生产性服务业升级。

(二) 推进不同所有制企业的协同发展

在长三角制造业所包含的绝大多数行业中，均有不同所有制性质的企业存在，尤其外资和民营企业占有较高比重。因此，必须促进国有、民营、外资企业的协调发展。在经过长期模仿学习外资企业所积累的经验基础上，国有和民营企业要更加注重对其技术溢出效应的吸收，以增强自身的创新能力，从而实现自身的升级。同时，民营企业还要做好对国有的配套以及深度的融合，比如通过混合所有制改革的实施，促进深度军民融合战略的推进，就有可能实现两种所有制的双赢发展。

(三) 推进不同规模企业的协同发展

尽管长三角大中型制造型企业的主营业务收入占整个制造业主营业务收入的比重超过了70%，但毕竟有将近30%的产出是由小微企业创造的，所以必须重视小微企业的发展。可行的路径是，小微企业可以跨地区给大中型企业进行配套，通过承接大中型企业外包的专项技术开发等业务形成专业化竞争优势。还可以通过大中型企业的担保，使有市场发展前景的小微企业获得更多的投融资支持，最终形成大中型、小微型企业协同发展的局面。

四、加强市场服务的协同

（一）促进各地产品和要素市场的协同

建立统一、协调、有序、开放的市场是高质量推进长三角制造业一体化发展的重要前提。通过建设统一竞争规则，以市场主体来引导劳动、资本等生产要素在长三角区域进行合理配置，消除区域间、城乡间的要素和产品流动歧视。同时，加强市场监管协同机制建设，搭建市场监管信息共享平台，建立征信联动机制，统一市场执法标准，构建起良好、有序的市场体系，使得要素投入能够获得合理回报。

（二）促进中介机构的服务协同

激励各类金融机构、研发机构、咨询机构等积极主动融入长三角制造业的网络体系，为长三角制造企业在研发、管理、咨询、后勤等方面提供一体化服务。建立跨区域专利技术交易平台，促进科技研发成果的有效转化和利用，强化知识产权在区域高质量发展中的作用。

五、推进政产学研协同合作

（一）进一步加强政产学研合作的机制建设

尽管长三角两省一市在政产学研合作的机制建设方面已经取得了一定成绩，但尚不系统和完善。因此必须进一步加强产学研合作的机制建设。第一，引导企业、高等学校和科研机构在权责明确的基础上，进一步完善利益共享机制。如科技成果如何定价、归属于谁、如何使用、收益如何分配等均要有明确的执行机制；第二，引导企业、高等学校和科研机构在利益共享的基础上，进一步完善风险共担机制。科技创新一般而言具有高投入、高风险的特征，要充分估计各类风险，如技术风险、市场风险、财务风险、竞争风险发生的可能性，并作出合理的风险防范和分担的制度安排。

（二）进一步加强政产学研合作的平台建设

平台是开展政产学研合作的载体和基础，虽然长三角两省一市在该方面的建设已经取得了很大成效，但仍然需要进一步加强。第一，进一步加强"三站两中心"建设，即要加强企业研究生工作站、博士后工作站、院士工作站和企业技术中心、工程技术研究中心的建设，使其真正发挥应有的作用；第二，进一步加强产业技术创新战略联盟建设。深度整合企业、高等学校、研究机构的产业技术创新资源，瞄准制约产业发展的重大关键技术，开展协同攻关与创新；第三，进一步加强公共服务平台建设。主要是丰富重大仪器设备、科技基础数据、专利标准等科技资源，提升科技咨询、专业检测、委托研究等服务能力。

（三）进一步加强政产学研合作的环境建设

长三角两省一市政产学研合作的环境建设也尚有改善的余地。第一，进一步加强科技服务业的发展。主要是在尊重市场规律的前提下，拓宽科技服务业的融资渠道、加大对科技服务业的财税支持，以促进其发展壮大；第二，进一步改革考核评价体系。上级部门或主管部门对高等学校、科研机构进行绩效考评时，应当将开展产学研合作的情况作为一项重要的评价指标。同时，对产学研合作绩效突出的高等学校、科研机构应予以重点支持，对产学研合作绩效突出的个人应予以奖励。

本章小结

本章首先从结构、能力、效率和绿色四个方面给出了长三角制造业升级的目标取向。然后从增强各主体创新能力和协同能力两大方面给出了升级的路径。增强各主体的创新能力主要包括完善政府管理政策、提升企业创新能力和提升要素供给质量三方面，增强各类主体的协同性主要包括加强各级政府的协同、加强地区间的协同、加强各类企业的协同、加强市场服务的协同以及推进政产学研合作等。

后记　总结与展望

　　长三角制造业既低端又同构的低端同构现象是本研究的逻辑起点，而与同构现象紧密相伴的是长三角制造业的集聚现象，如何在现实起点上实现长三角制造业高质量的协同集聚，是长三角制造业有序升级的目标取向。也就是说，低端同构是起点，协同集聚是目标，有序升级是路径，全文据此逻辑进行了内容的安排。

研究总结

　　从低端同构、协同集聚和有序升级三个方面对相关研究进行了较为系统的梳理。通过梳理发现，关于制造业低端问题和同构问题的研究很多，但将二者结合起来进行低端同构问题研究的还不多见。同时，关于产业集聚的研究浩如烟海，但产业协同集聚的研究多聚焦于制造业与服务业的协同关系探讨上，鲜见有分析制造业内部协同集聚的研究。进一步，关于产业升级的研究也十分丰富，但从有序性角度对其进行分析的也不常见。缘于此，关于低端同构、协同集聚与有序升级关系的研究还存在很大的探索空间。

　　在对产业同构与结构趋同这两个概念进行界定的基础上，对常用的几种测度产业同构的方法进行了比较分析。结果表明，结构重合度指数可能是比较理想的测算制造业同构度的方法。以同构度是否大于分工度为界限，确定出了判断地区间制造业同构与非同构的一个基准值0.667，并依据数值所处区间，定义了同构程度。对制造业同构测度中使用的指标类型进行了对比分析。结果显示，无论使用就业数据，还是使用主营业务收入数据来测度长三角制造业的同构度，所得结果并无显著差异。这样就可以选择比较容易获得的数据来计算长三角制造业的同构度。

基于对低端性和同构性的内涵界定，设定了甄别低端性的比较对象和比较指标，提出了测度同构水平的方法和判断同构程度高低的标准。从整个制造业和高技术产业两个层面论证了长三角制造业是否存在低端同构现象。结果表明，长三角制造业虽然近年来出现了结构趋异的发展趋势，但仍然处于同构状态。同时，像高技术产业这样高端类型的产业也处于低端同构状态。当把区域细分到市级层面，研究发现长三角主要城市间的制造业也处于低端同构状态。

在判定长三角制造业处于低端同构状态的基础上，基于不同分类对长三角各种类型制造业的同构水平进行了较为系统的考察。结果表明，部分产业如轻工业、低端技术产业以及规模以上大中型工业企业等，目前已经基本不存在同构现象。部分产业如重工业、加工型制造业、劳动密集型产业、资本密集型产业等虽然经过了趋异化或徘徊式发展，但仍然处于同构状态。而资源型制造业、中端技术产业、高端技术产业以及小型工业企业，近年来经历的则是趋同化发展，同构度不降反升，低端同构特征明显。

在区域细分条件下对长三角制造业同构问题的考察表明，就平均水平而言，省级地区制造业的同构度大于市级地区制造业的同构度，市级地区制造业的同构度要大于县级地区制造业的同构度。也就是说，随着区域细分，该区域内制造业同构度有明显的下降趋势，这与产业细分条件下制造业同构度的变动趋势是不同的。研究还表明，在长三角，只有在省级地区以及几个主要市级地区间，制造业才存在着同构问题，而其余各级地区间制造业的同构度很小，不存在所谓同构问题。从动态角度来看，长三角几个主要城市间制造业的结构是逐步趋异的。除此以外，本章还从定性角度对比了长三角内全国百强县以及部分乡镇的主要产业，进一步显示了区域细分条件下制造业的专业化发展趋势。

对制造业低端同构与经济效益关系的分析表明，随着制造业低端同构水平的下降，经济效益出现了持续的改善。对长三角制造业低端同构与经济增长趋同关系的分析表明，随着制造业低端同构水平的下降，长三角地区经济增长出现的是趋异化发展。以制造业低端同构为中介变量，对资源型制造业地理集中与产能过剩关系的分析表明，长三角资源型制造业有"越集中、越趋同、越过剩"的趋势，本质上是结构性的低端产能过剩。对长三角制造业低端同构主要影响因素的分析表明，地区间运输条件的改善、人力资本素质的提高、政策环境的改善以及科学技术的不断进步，均有利于促进地区间制造业同构水平的下降。

在对协同集聚内涵进行深入剖析的基础上，选择从分割集聚视角分析了各地区内部制造业是否存在协同集聚。基于成本视角，选择了度量分割集聚的指标，并从横向和纵向角度分析了长三角各地区内部制造业的协同集聚状况。结果表明，从横向看，浙江与上海制造业相关行业的协同集聚水平较高，而江苏制造业相关行业的协同集聚水平要逊色不少。从纵向看，以电气机械和器材制造业为对象的考察发现，上海、浙江电气机械和器材制造业存在分割集聚现象，协同集聚水平较差，而江苏电气机械和器材制造业具有较好的协同集聚性。

构建了测度地区间产业协同集聚的指数，测度了长三角各地区间制造业协同集聚的水平。结果表明，上海与江苏、上海与浙江制造业之间的协同集聚水平呈波动下降发展变化趋势，而江苏与浙江之间呈现的是波动上升的趋势。利用面板数据分析方法，对长三角地区间制造业协同集聚与低端同构之间的关系进行了分析。结果表明，上海与江苏、上海与浙江制造业的协同集聚水平与其低端同构水平之间是正相关关系。而江苏与浙江制造业的协同集聚水平与低端同构水平之间是"倒 U 形"关系。就整个长三角平均水平而言，制造业的协同集聚水平与低端同构水平之间也是"倒 U 形"关系。

依据制造业升级的层次结构，构建了评价指标体系。选择合适的多目标决策方法和有序度评价方法，对长三角制造业升级水平进行了综合评价并对其有序度进行了分析。结果表明，各地区工艺升级水平提升有限甚至出现了下滑，产品升级、功能升级水平以及跨产业升级水平走进了持续提升的通道。分析同时表明，从工艺升级到产品升级，长三角制造业并没有遵循渐次性。从产品升级到功能升级再到跨产业升级是遵循渐次性的。对长三角制造业有序升级与低端同构、协同集聚水平关系的分析表明，不论是低端同构与有序升级之间，还是协同集聚与有序升级之间，均近似呈"U形"关系。

从结构、能力、效率和绿色四个方面给出了长三角制造业升级的目标取向。从增强各主体创新能力和协同能力两大方面给出了升级的路径。增强各主体的创新能力主要包括完善政府管理政策、提升企业创新能力和提升要素供给质量三方面，增强各类主体的协同性主要包括加强各级政府的协同、加强地区间的协同、加强各类企业的协同和加强市场服务的协同等。

研究展望

关于产业同构与协同集聚测度方法的设计还需要进一步研究。尽管关于产业同构的研究很多，也有不少学者尝试设计和构建了测度产业同构的方法，但使用国外学者所提方法的研究仍是主流。事实上，目前的测度方法仍然存在测度结果不能非常准确反映同构内涵的情况。同时，目前关于协同集聚的测度，也主要集中在产业间的协同集聚上，关于地区间产业的协同集聚还缺少深入细致的研究。尽管笔者通过对现有指数的变通改造提出了测算地区间产业协同集聚的指数，但仍然存在反映地区间产业协同集聚内涵不足的情况，设计更为科学合理的测度方法任重道远。

考虑差异化因素条件下长三角制造业产品同构度的测算还有待进一步

深化。在考虑产业类型差异条件下，可以测定地区间制造业门类、大类、中类以及产品层次上的结构重合度。但这种测算是在"产品同质"的假定下进行的，而正是这一假定忽略了许多体现产品差异化的要素，如质量、品种、规格、品牌等。在这样的前提下测度结果就不能完全反映真实情况。因此，如何在考虑差异化因素条件下测度地区间产品的同构度，是值得进一步深入探讨的问题，比如，在考虑品牌影响力的条件下，如何衡量地区间同种产品同构度的大小。

考虑区域细分的长三角制造业同构度测算分析还有进一步拓展的空间。本书在长三角省级层面详尽测算了分析制造业的低端同构问题，在市级层面也进行了一定的测算分析，但还不够深入。尤其在县级层面，由于数据难以获得等原因，对制造业同构水平的测算与分析还很不深入。与此相伴，对这一层面制造业的集聚与升级水平的测算与分析也变得相当困难。而现实情况是，县级地区在长三角制造业发展中扮演着举足轻重的作用，对其进行详尽分析，研究才更具有针对性。

长三角制造业有序升级的评价研究还有进一步深化的余地。尽管本书依据产业升级层次理论设计了评价长三角制造业省级的评价指标和方法，但对于有序升级内涵的体现还是不够到位。制造业的有序升级既有地区间的有序升级，又有要素间的有序升级，还有产业间的有序升级，这些都需要在深入研究的基础上，设计更为科学合理的评价方法。尤其在长三角一体化发展大背景下，地区间的协同发展和产业间的有序升级，是很值得研究的一个领域。